经济所人文库

乌家培集

中国社会科学院经济研究所学术委员会 组编

中国社会科学出版社

图书在版编目（CIP）数据

乌家培集/中国社会科学院经济研究所学术委员会组编.
—北京：中国社会科学出版社，2019.1
（经济所人文库）
ISBN 978-7-5203-3567-6

Ⅰ.①乌⋯　Ⅱ.①中⋯　Ⅲ.①经济学—文集
Ⅳ.①F0-53

中国版本图书馆 CIP 数据核字（2018）第 253999 号

出版人	赵剑英
责任编辑	王　曦
责任校对	王纪慧
责任印制	戴　宽

出　　版	中国社会科学出版社
社　　址	北京鼓楼西大街甲 158 号
邮　　编	100720
网　　址	http://www.csspw.cn
发 行 部	010-84083685
门 市 部	010-84029450
经　　销	新华书店及其他书店
印刷装订	北京君升印刷有限公司
版　　次	2019 年 1 月第 1 版
印　　次	2019 年 1 月第 1 次印刷
开　　本	710×1000　1/16
印　　张	20.75
字　　数	280 千字
定　　价	99.00 元

凡购买中国社会科学出版社图书，如有质量问题请与本社营销中心联系调换
电话：010-84083683
版权所有　侵权必究

中国社会科学院经济研究所
学术委员会

主 任　高培勇

委 员　（按姓氏笔画排序）
　　　　龙登高　朱　玲　刘树成　刘霞辉
　　　　杨春学　张　平　张晓晶　陈彦斌
　　　　赵学军　胡乐明　胡家勇　徐建生
　　　　高培勇　常　欣　裴长洪　魏　众

总　序

作为中国近代以来最早成立的国家级经济研究机构，中国社会科学院经济研究所的历史，至少可上溯至1929年于北平组建的社会调查所。1934年，社会调查所与中央研究院社会科学研究所合并，称社会科学研究所，所址分居南京、北平两地。1937年，随着抗战全面爆发，社会科学研究所辗转于广西桂林、四川李庄等地，抗战胜利后返回南京。1950年，社会科学研究所由中国科学院接收，更名为中国科学院社会研究所。1952年，所址迁往北京。1953年，更名为中国科学院经济研究所，简称"经济所"。1977年，作为中国社会科学院成立之初的14家研究单位之一，更名为中国社会科学院经济研究所，仍沿用"经济所"简称。

从1929年算起，迄今经济所已经走过了90年的风雨历程，先后跨越了中央研究院、中国科学院、中国社会科学院三个发展时期。经过90年的探索和实践，今天的经济所，已经发展成为以重大经济理论和现实问题为主攻方向、以"两学—两史"（理论经济学、应用经济学和经济史、经济思想史）为主要研究领域的综合性经济学研究机构。

90年来，我们一直最为看重并引为自豪的一点是，几代经济所人孜孜以求、薪火相传，在为国家经济建设和经济理论发展作出了杰出贡献的同时，也涌现出一大批富有重要影响力的著名学者。他们始终坚持为人民做学问的坚定立场，始终坚持求真务实、脚踏实地的优良学风，始终坚持慎独自励、言必有据的学术品格。他们是经济所人的突出代表，他们的学术成就和治学经验是经济所最宝贵的财富。

抚今怀昔，述往思来，在经济所迎来建所 90 周年之际，我们编选出版《经济所人文库》（以下简称《文库》），既是对历代经济所人的纪念和致敬，也是对当代经济所人的鞭策和勉励。

《文库》的编选，由中国社会科学院经济研究所学术委员会负总责，在多方征求意见、反复讨论的基础上，最终确定入选作者和编选方案。

《文库》第一辑凡 40 种，所选作者包括历史上的中央研究院院士、中华人民共和国成立后的中国科学院学部委员、中国社会科学院学部委员、中国社会科学院荣誉学部委员、历任经济所所长以及其他学界公认的学术泰斗和资深学者。在坚持学术标准的前提下，同时考虑他们与经济所的关联。入选作者中的绝大部分，都在经济所度过了其学术生涯最重要的阶段。

《文库》所选文章，皆为入选作者最具代表性的论著。选文以论文为主，适当兼顾个人专著中的重要篇章。选文尽量侧重作者在经济所工作期间发表的学术成果，对于少数在中华人民共和国成立之前已成名的学者，以及调离经济所后又有大量论著发表的学者，选择范围适度放宽。为好中选优，每部文集控制在 30 万字以内。此外，考虑到编选体例的统一和阅读的便利，所选文章皆为中文著述，未收入以外文发表的作品。

《文库》每部文集的编选者，大部分为经济所各学科领域的中青年学者，其中很多都是作者的学生或再传弟子，也有部分系作者本人。这样的安排，有助于确保所选文章更准确地体现作者的理论贡献和学术观点。对编选者而言，这既是一次重温经济所所史、领略前辈学人风范的宝贵机会，也是激励自己踵武先贤、在学术研究道路上砥砺前行的强大动力。

《文库》选文涉及多个历史时期，时间跨度较大，因而立意、观点、视野等难免具有时代烙印和历史局限性。以现在的眼光来看，某些文章的理论观点或许已经过时，研究范式和研究方法或许已经陈旧,但为尊重作者、尊重历史起见,选入《文库》时仍保持原貌而未加改动。

《文库》的编选工作还将继续。随着时间的推移,我们还会将更多经济所人的优秀成果呈现给读者。

尽管我们为《文库》的编选付出了巨大努力,但由于时间紧迫,工作量浩繁,加之编选者个人的学术旨趣、偏好各不相同,《文库》在选文取舍上难免存在不妥之处,敬祈读者见谅。

入选《文库》的作者,有不少都曾出版过个人文集、选集甚至全集,这为我们此次编选提供了重要的选文来源和参考资料。《文库》能够顺利出版,离不开中国社会科学出版社领导和编辑人员的鼎力襄助。在此一并致谢!

一部经济所史,就是一部经济所人以自己的研究成果报效祖国和人民的历史,也是一部中国经济学人和中国经济学成长与发展历史的缩影。《文库》标示着经济所90年来曾经达到的学术高度。站在巨人的肩膀上,才能看得更远,走得更稳。借此机会,希望每一位经济所人在感受经济所90年荣光的同时,将《文库》作为继续前行的新起点和铺路石,为新时代的中国经济建设和中国经济学发展作出新的更大的贡献!

是为序。

于 2019 年元月

编者说明

《经济所人文库》所选文章时间跨度较大,其间,由于我国的语言文字发展变化较大,致使不同历史时期作者发表的文章,在语言文字规范方面存在较大差异。为了尽可能地保持作者个人的语言习惯、尊重历史,因此有必要声明以下几点编辑原则:

一、除对明显的错别字加以改正外,异形字、通假字等尽量保持原貌。

二、引文与原文不完全相符者,保持作者引文原貌。

三、原文引用的参考文献版本、年份等不详者,除能够明确考证的版本、年份予以补全外,其他文献保持原貌。

四、对外文译名与今译名不同者,保持原文用法。

五、对原文中数据可能有误的,除明显的错误且能够考证或重新计算者予以改正外,一律保持原貌。

六、对个别文字因原书刊印刷原因,无法辨认者,以方围号□表示。

作者小传

乌家培，男，1932年5月29日生于浙江镇海，1955年进入经济所工作。

乌家培出生后不久，举家由镇海县搬至宁波城区西门外筱墙弄。6岁上学，在宁波鄞西小学毕业后升入宁波效实中学。因家境贫寒，读完高中第一学期后辍学，随后于1948年起到上海开始了学徒生涯，并持续到中华人民共和国成立初期。1951年乌家培结束了三年多的学徒生活，由上海店员工会保送到沈阳的东北计划统计学院（后更名东北财经学院，即东北财经大学前身）就读工业统计本科。在校期间，曾任学生会主席和宣传部长，先后加入了共青团和中国共产党。1955年3月大学毕业时被评为优秀毕业生。

大学毕业后，乌家培被分配到中国科学院经济研究所财政组从事研究工作。入所初期随苏联专家研究我国流动资金问题，从事国民经济部门财务这一学科的建设工作，还任该所团支部书记。1957年因工作需要，被调到中国科学院担任专职团委副书记，先后被评为中国科学院、中央国家机关的社会主义建设积极分子。

1959年，访苏归来的孙冶方对苏联兴起不久的"经济数学方法研究"给予高度关注，准备在经济研究所组建相应的研究机构，决定派乌家培去苏联学习经济数学方法。乌家培在中国科学院留苏预备班学习了三个月，准备赴苏联西伯利亚经济数学方法研究室深造，但临行前因中苏关系破裂而未能成行。乌家培就留在经济研究所国民经济平衡组工作，并受命负责新成立的经济数学方法研究小组。但在"文化大革命"期间，兴起不久的经济数学方法研究遭到"批判",被迫停止。

1978年终于迎来了经济数学方法研究的春天。那年3月,于光远创办了技术经济研究会,乌家培被选为干事。1978年冬到1979年年初两度召开的北京地区经济科学规划座谈会期间,根据于光远的建议,由乌家培负责发起成立了中国经济数学方法研究会。1979年3月,经济数学方法研究会更名为数量经济学研究会,1984年又改名为中国数量经济学会,乌家培被选为第一、第二届理事会理事长,第三届年会(1987年)被选为名誉理事长。

1980年2月,乌家培受美国福特基金会资助赴美进行为期两年的深造,是"文化大革命"后第一批赴美深造的经济学家之一。他首先用半年时间在美国科罗拉多州学习英语,然后转入宾夕法尼亚大学经济系,在诺贝尔奖得主克莱因的指导下从事研究工作。访问期间,撰写了专著《经济数量分析概论》(1983年版),学会了使用电子计算机对各种经济模型进行初步研究,并且参加了世界连接项目中的中国模型的研制工作。

1982年2月,乌家培按期回国,不久受中国社会科学院院长马洪委托,在院内筹建数量经济技术经济研究所。全所人员来自经济研究所、工业经济研究所和技术经济研究所,他做了大量的组织和思想工作,把三部分同志团结起来,经过三年多的努力,完成了建所的任务。同时创办了《数量经济技术经济研究》期刊,并担任该刊第一任主编。

1984年、1986年乌家培在中国社会科学院建立了全国第一个数量经济学专业硕士点、博士点,是国内第一位招收数量经济学硕士生、博士生的研究员。他培养了一大批人才,为中国数量经济学的发展做出的巨大贡献,不仅在国内经济学界有口皆碑,也得到国际数量经济学界的高度评价,被日本学者矢吹晋称为"中国从事数量经济学研究第一人"。

1986年10月,乌家培告别了工作31年的中国社会科学院,调到国家经济信息中心(1988年因邓小平题名改为"国家信息中心")工作,历任总经济师、副主任,兼信息科学与应用研究所(后更名为"信息经济与技术研究所")所长,学术委员会、专家委员会主任、名誉主任,以及原国家计委学术委员会副主任。其研究领域开始扩展到信息经济学。1989年8月,乌家培创办了中国信息经济学会,并当选为理事长,连任三届,至1998年第四届年会时被选为名誉理事长。他还是国家信息化办公室专家委员会委员,并先后担任中国信息协会副会长,特约副会长。

1985年至2002年任国务院学位委员会第二、第三、第四届经济学、应用经济学学科评议组成员。国家自然科学基金委员会管理科学部第一、第二届专家咨询委员会委员。此外,还曾担任中国社会科学院第二、第三届学位委员会委员,清华大学现代管理研究中心学术委员会委员,吉林大学数量经济研究中心学术委员会主任等职。乌家培的论文和专著,先后于1985年获首届(1984年度)孙冶方经济学论文奖、1992年获原国家计委科技进步奖、2003年获第六届国家优秀图书奖。1991年因其科学研究成绩卓著受国务院表彰,从该年起享受政府特殊津贴。20世纪80年代后期受外交部邀请,为太平洋经济合作会议(PECC)的太平洋经济展望(PEO)专家组中方经济学家,由外交人员陪同多次参加国际会议。

乌家培在社会上有许多兼职。先后担任华侨大学特聘教授,经济与金融学院、工商管理学院名誉院长;江西财经大学信息管理学院名誉院长;清华大学、中国人民大学、南京大学、复旦大学、中国科技大学、同济大学、中山大学、东北财经大学、西安交通大学等40多所高等院校兼职教授、特邀教授、客座教授、顾问教授、名誉教授等。另外,乌家培还应聘赴日本国立大阪大学社会经济研究所任客座教授,在香港上市的"中国民航信息网络股份有限公司"任三届六年独立非执行董事。

目　录

论信息与管理 …………………………………………………… 1
论战略信息 ……………………………………………………… 8
经济信息与信息经济 …………………………………………… 13
信息资源与信息经济学 ………………………………………… 26
信息市场与信息政策是促进信息资源开发的有效手段
　　——为纪念邓小平同志"开发信息资源，服务四化建设"
　　题词十周年而作 …………………………………………… 34
关于我国发展信息产业的若干思考 …………………………… 41
中国信息产业的现状与未来 …………………………………… 48
培育信息市场　促进经济发展 ………………………………… 64
电子商务是21世纪主要贸易方式 ……………………………… 77
电子商务与税 …………………………………………………… 84
信息社会的经济如何称谓 ……………………………………… 91
信息经济及其管理 ……………………………………………… 95
网络经济给中国带来的挑战和机遇 …………………………… 106
网络经济及其对经济理论的影响 ……………………………… 115
关于网络经济与经济治理的若干问题 ………………………… 124
发展网络经济　改进经济治理 ………………………………… 142
信息社会与共产党的任务 ……………………………………… 153
信息革命对经济学的影响 ……………………………………… 166
网络革命与网络经济学 ………………………………………… 175
探索有中国特色的信息化道路 ………………………………… 186

关于中国信息化道路几个问题的探讨 ………………………… 193
国民经济信息化的战略思路 ………………………………… 212
正确处理信息化与工业化的关系 …………………………… 217
中国在政府管理中促进信息技术的应用 …………………… 225
我国政府信息化的过去、现在与将来 ……………………… 237
关于推进企业信息化的思考 ………………………………… 243
信息经济学若干问题 ………………………………………… 253
加强信息经济学的研究 ……………………………………… 271
数据库在中国的发展 ………………………………………… 279
网络安全管理是信息管理的重要内容 ……………………… 287
论信息及其产业化、商品化是决定生产力发展的重要因素 …… 289
电子商务的理论与实践 ……………………………………… 298
对信息高速公路要全面理解 ………………………………… 301
用互联网促进经济发展和社会进步 ………………………… 305
信息化与西部大开发 ………………………………………… 307
编选者手记 …………………………………………………… 315

论信息与管理

一　信息是管理的基础

　　管理离不开信息，信息在管理的全过程中起着基础性作用。管理活动是管理者向管理对象施加影响和管理对象向管理者做出反应两个相互联系的过程的统一，而整个活动是在一定的环境中进行的。如果没有管理者、管理对象、管理环境以及管理活动的有关信息，任何管理都是无法进行的。

　　邓小平说"实行关闭政策的做法对我们极为不利，连信息都不灵通。现在不是讲信息重要吗？确实很重要。做管理工作的人没有信息，就是鼻子不通，耳目不灵。"[1] 这段话形象地阐明了环境（外部）信息对管理者的重要性。

　　同样，系统（内部）信息对管理者也是十分重要的。管理者若无"自知之明"，又缺乏对管理对象的足够认识，他是不可能把管理搞好的。

　　信息对管理的基础作用，还可从管理诸环节中信息的重要性来说明。管理的主要环节有决策、计划、组织实施、调节控制、监督和评估等。这些环节及其相互协调，均依赖于足够数量的优质信息及其有效利用。

　　信息是进行决策的关键因素。决策正确与否又是影响管理成败

---

[1]　《邓小平文选》第3卷，人民出版社1993年版，第306—307页。

的关键所在。科学的决策要有准确可靠的信息,民主的决策要有社会化的信息。决策是谋与断的结合,先谋后断,多谋才能善断,但无论是多谋还是善断均以信息为基础。信息不在于多而在于适用,即要符合决策的需要与目标。

信息是制订计划的基本依据。国民经济管理、企业管理,以至于家庭管理,都包括计划即事先部署或安排的内容。但计划要反映实际、改变实际,必须收集和分析过去的、现时的实际信息,掌握和运用反映未来变化趋势的预测信息。信息的拥有情况和利用水平决定着计划的质量。

信息是组织实施的保证条件。在管理中,决策和计划是要组织实施的。组织实施是为实现决策和计划规定的目标(包括长远的和近期的目标)而采取的行动,如设置机构、配备人员、动员财力和物力等。这些工作的顺利进行,同样要以相关的信息,如人员、物资、资金、执行单位等具体信息作为前提条件,加以保证。

信息是调节控制的指示器。调节控制是管理的主要内容之一,它以决策和计划的目标为目标,在组织实施中进行调节控制,缩小或纠正管理活动实际结果偏离既定目标的差距。任何调节控制都必须以信息为指针,要有反映管理系统运行动态的监测信息和调整实际参量以接近目标参量的反馈信息。反馈信息对修改调控的方向和力度至关重要。

信息是完成监督和评估的必要手段。在管理过程中为了进行组织实施和改进调节控制,不能没有监督,以及对管理活动结果的评估。监督不仅以信息为基础,还以信息为手段。尤其是舆论监督,就是利用信息的威力。评估则是对各种同类信息的比较分析,从中找出"前车之鉴",发挥信息的导向作用。

从信息对上述管理诸多内容的作用看,说管理以信息为前提和基础,是毋庸置疑的。

二 信息是管理的对象

信息同物资、资金、人员、技术等各种客体一样，可以成为管理的对象。任何其他管理都需要由相应的信息管理来支持。信息管理既是一个独立的领域，又依附于其他管理并为之服务。管理系统越庞大、越复杂，信息管理就越重要。信息管理的发达程度常常成为管理系统现代化的主要标志。

信息管理的发展有一个漫长的历史过程。20世纪50年代以前，就已有信息管理，所管理的信息为印刷型信息，包括图书、文献、档案、学术情报等。60—70年代的信息管理由于以计算机为基础的信息系统的出现，数据的录入、组织、处理、提取、保护成了信息管理的主要内容，数据库是这一时期信息管理的特殊标志。80年代以来，信息管理又进入了新的更高阶段，开始把信息作为资源加以管理，对多种媒体（声音、文字、图像等）的信息进行综合管理，并把管理范围扩大到信息本身以外与信息紧密联系的信息设备、信息技术、信息人员等相关资源，以达到更有效地利用信息资源的目的。

信息管理由信息的技术管理、经济管理、社会管理三个依次递进和相互结合的层次组成。信息的技术管理并非信息技术的管理，指的是从技术的角度来管理信息资源。例如，建立和运用信息系统、信息网络，使信息资源得到更有效的开发和利用。同理，信息的经济管理和社会管理，也是指从经济的和社会的角度来管理信息资源。在前一种情况下，把信息当成投入要素和产出成果，使其商品化和产业化，作为可经营的资源，加以开发和利用。在后一种情况下，采用信息政策、法律规章、伦理、道德以及其他文化措施，把信息作为社会财富加以组织和共享。信息的技术管理是基础层次，信息的经济管理是核心层次，信息的社会管理是最高层次。这三个层次互相协调配合，才能真正把信息资源管好用好。

信息管理一般分为微观（组织机构）的、中观（产业行业）的、宏观（国家高层）的信息资源管理。

组织机构的信息管理包括政府部门、企事业单位、社会团体等单位内部的信息资源管理，它的管理对象除信息内容外，还有信息设备、资金、人力等支撑条件或要素。这种组织机构可以是非信息组织机构，但它内部有信息工作部门，也可以是信息组织机构，例如各种类型的信息中心、信息企业等。近十多年来，中国涌现出大批独立的和非独立的信息组织机构，它们对信息管理还缺乏经验，大多数的效益不够理想，关键在于促使它们转换运行机制，提高服务效率。目前中国的信息机构中事业单位居多数，内部运行机制很不健全，也很不协调，过多地依赖于国家的投资和事业费，缺乏活力，亟须通过改革引入竞争机制和完善激励机制，逐步扩大企业化经营的比重。

信息产业和行业的管理包括各种类型信息系统、大大小小的信息行业以及整个信息产业的管理。从"六五"至"八五"时期，中国已建设了国家经济信息系统等十多个大型信息系统，对这些信息系统的建设和运行进行管理是一项艰巨的新任务。关键在于充分配合、协同运作、利益均沾，更好地发挥各系统的整体优势。至于行业管理，如信息服务业的管理问题，虽已引起重视，开始制定长远发展规划，但至今没有统一的行业管理部门，以致信息工作管理体制不顺，许多事情不大好办。就整个信息产业的管理而言，在中国，电子计算机产业、通信业、信息咨询业、广播电视业、新闻出版业等，部门林立，各行其是，缺乏总体协调。我们应当针对信息产业发展中呈现出来的新特点，改进对信息产业的管理，使其真正成为国民经济发展的倍增器。

国家对信息资源的管理，首先是一种战略管理，它体现在法律管理和政策管理上。在当代世界空前激烈的综合国力较量中，每个国家都不得不考虑国民经济和社会信息化的发展战略，统筹规划信息基础设施及其作用的发挥问题。由于全球信息差距的拉大，跨国数据流等新事物的出现，为了保护国家的信息主权、保障国内信息系统的安全、加快国家信息化进程，各国政府必须考虑信息法律、信息政策等问题，以确立和改善对信息活动的宏观管理。近几年来，中国政府已把国民经济信息化发展战略以及信息立法、信息政策等宏观信息管理工作提到自己的议事日程上了。

除上述三种信息管理外，还存在：第一，地区（如中国的省、自治区、直辖市）信息管理。就地区来说，相对于国家而言，这是一种二级宏观信息管理。第二，跨国区域（如亚太地区）信息管理。这是一种与经济区域化、集团化趋势相适应的国际信息交流与合作中的协调性管理。第三，全球信息管理。这是为在世界范围内建立国际信息秩序而需通过联合国组织或多国共同协商来实施的宏观信息管理。

三　信息资源的开发利用程度与管理水平的高低互为因果

信息资源的开发和利用的程度，主要表现在信息的利用效率上。大家知道，对信息资源的开发，就是要把潜在的信息资源变成现实的信息资源，而对信息资源的利用则是使现实的信息资源发挥作用、产生效益。开发的成果最终会体现在利用的效益上。开发若无效果，利用便失去了基础。利用一旦失败，也会使开发的效果化为乌有。开发的目的在于利用，通过利用把信息的作用发挥出来。我们用信息效率（Information Efficiency）来反映信息发挥作用的程度，近似地描述信息资源开发利用的程度。一条资料的引用率、一个数据库的检索率、各种信息系统的费用与效益的比率……都是信息效率的具体表现。

影响信息效率的因素很多，如信息管理的水平、信息需求的大小、信息人员的素质、信息设备的状况等。其中，信息管理的水平是关键因素。不管对信息的客观需求多么大，信息供给的主观条件多么好，如果管理不当或不善，信息效率是不会高的。信息管理水平与社会管理水平有相关关系。由于信息管理是崭新的工作，人们对此缺乏经验，故其水平一般低于社会的平均管理水平。这在当前中国尤为如此。管理水平的高低反映在管理效率（Management Efficiency）上。我们把信息效率记为 IE，信息管理效率记为 IME，除 IME 外影响信息效率的其他因素记为 O，则有以下函数关系式：

$$IE = f(IME, O) \tag{1}$$

由于 IME 一般低于 ME，即 IME = αME，其中 α 为换算系数，$0 < \alpha < 1$，则式（1）可改写为：

$$IE = f(\alpha ME, O) \tag{2}$$

式（2）表明信息效率是如何决定于管理效率的。

另外，需要注意的是，管理效率也决定于信息效率。影响管理效率的因素很多，如信息支持的状况、管理者素质的高低、管理对象的复杂程度、管理手段的先进程度等。其中，第一个信息因素是关键性的，它不仅直接影响管理效率，而且通过其他因素如管理者素质对管理效率产生间接影响。管理是驾驭信息的工作，管理者才能主要表现为其处理信息的能力，以及由此而产生的创造力。现代的管理要适应迅速变化的环境，及时做出正确的反应。这就要求善于捕捉信息和利用信息。我们把信息效率之外影响管理效率的其他因素记为 Q，则有以下函数关系式：

$$ME = f(IE, Q) \tag{3}$$

由于 ME $= \frac{1}{\alpha}$IME，所以还有：

$$\frac{1}{\alpha}IME = f(IE, Q) \tag{4}$$

从式（2）和式（3）中可以看出，要提高信息效率必须提高管理效率，而要提高管理效率，又必须提高信息效率。这是一个难解的怪圈。许多发展中国家，包括中国，正处于这一怪圈之中，在世纪之交的当代，发展中国家想追赶发达国家，必须抓住信息革命的机遇，利用信息技术的成果，在开发和利用信息这一战略资源上狠下功夫。可是，低下的管理水平却是一个巨大的障碍，要克服这一障碍，比改变技术落后状态还难。管理的落后是最大的落后，管理依赖于信息、知识、智力。只有加强信息资源的开发和利用，才能改变管理的落后状态。然而信息资源的开发利用又很差，信息效率极低。那该怎么办呢？唯一正确的出路在于双管齐下，同时努力提高管理效率和信息效率。这就需要进一步深化改革，扩大开放，在走向世界中既加强国内的信息交流和合作，又扩大同国外的信息交流和合作。

（原载《信息经济与技术》1994年第5期）

论战略信息

信息是为管理服务的。管理有三个层次：战略决策、调节控制、日常作业。后两个层次的管理需要战术信息，前一个层次的管理需要战略信息。

一　战略信息的性质、作用和特点

战略信息是国家、企业和其他组织的高层领导进行战略研究或战略决策时所需要的信息。它主要为确定战略目标与选择未来行动路线提供依据。通常编制中长期计划和制定重大方针政策，就应有反映外部环境变化的战略信息。

与战术信息由一个组织系统的内部信息所组成不同，战略信息基本上来源于外部信息，包括系统所处环境的信息，以及同类系统即竞争对手与合作伙伴的有关状态和动向的信息。在这里，环境信息是广义的，系指政治、经济、科技、社会、自然等各种条件和因素的变化。战略信息还包括部分系统内部的信息，这主要是有关系统的实力与潜力，以及最高决策人的意志、能力等方面的信息。决策者通常对系统内部的情况比较了解，而对变动着的外部环境一般较为生疏。

在军事和政治活动中，战略情报的重要性是众所周知的。在经济和管理活动中，战略信息的巨大作用，也日益为人们所认识。古时候一国领导人很注意观察邻国的意图。现代，每个组织也十分注意同一环境中其他组织的行为。航行在大海中的船只，为抵达目的地，其舵手不仅要掌握船内的一切情况，而且必须了解远方洋面上可能发生的变化，以选取正确的航线。战略信息的作用就在于：①探明未来变化的征兆，指出可能发生的危险，或可供利用的机遇，向决策者报信，提醒他并促使他及时采取行动；②评估未来的行动方案，说明不同可行方案的种种后果，帮助决策者从中选取较好的方案及其组合。如无这种信息供决策之用，就不可能利用由于条件变化所带来的机会，而陷于盲目行动，导致重大失利，甚至遭遇灾难。

为使战略信息得到有效的利用，它必须是清晰的、简明的、可靠的、及时的、内部一致的，并综合各方面因素的作用，能被决策者所理解和接受。战略信息往往是非量化的、不很完整的、非结构化的，主观成分较大，而机密性又很高，这是它的特点。

二　战略信息的形式、来源和保密

战略信息的基本形式有三种：①描述性的。从以往历史发展出发，对某个主题做一般性考察。②报告性的。从现行发展状况出发，对最新的主题提出分析报告。③预期评估性的。从未来前景着眼，对今后发展的可能性进行推断，并陈述对策。这三种形式常常是相互结合、并存的。

战略信息的来源是多方面的。首先是公开的信息，这些信息作为事实而存在，量大面广，与外部环境的自然、技术以至部分社会属性有关，需要有目的地加以筛选和取舍。越是高层的领导对公开信息的依赖程度越小。其次是个人提供的信息，有些高层领导往往喜欢通过个人接触的途径或个人联系网来取得有关信息，因为它能反映较深的内幕情况。再次是完全机密或部分机密的信息，这通常与竞争对手的意图、目标和计划有关，一般不易取得，也较难鉴别其真伪与可靠程度。有关其他系统在类似环境下的行为特征和活动方式，经常是构成战略信息的重要内容。最后是系统内信息，能说明本系统的潜力大小,以判定拟采取行动的可行性和现实程度。大系统比小系统更重视这部分信息来源。

一个组织系统应在多大程度上致力于战略信息的取得,这决定于一系列客观因素,诸如与自己相竞争的对方力量的强弱;本组织内部凝聚力的大小;组织系统的运转与外部环境相适应的程度;组织系统的规模大小。其中最后一个因素对战略信息的需求,还通过前三个因素起作用。

战略信息的使用有成功的,也有不成功的。不成功的原因很多。有时是由于人们"有眼不识泰山",忽视了不连贯的、片断的,甚至被掩盖的重要信息。有时是由于受传统观念和理论的束缚,对现有信息的意义和作用做了错误的理解和说明。有时是由于未能及时把重要信息传递给有权力采取行动的高层领导。在层次较多的大组织内,常会发生后一种情况。

战略信息的保密问题,比战术信息更为重要。战术信息的泄露,会使对手了解到本系统的状态、特点,以及实现某种活动路线的潜力。战略信息的泄露,则会使竞争者获悉某个组织将采取特定行动的意图,并有可能据此施展对策加以阻挠或破坏。通过破获的战略信息,还可以评价竞争对手处理解决系列问题的知识水平,如其知识水平较低,往往意识不到某些问题的存在。为使战略信息不外泄的保密方法很多。其中较好的方法当推经常变换有关的程序和手续。但是,任何秘密以至绝密的信息总要为个人所接触,这个事实就使最好的保密制度也难免有隙可乘。不过,失密和窃密行为同样都是能够加以避免和防范的。

三 战略信息的收集、存储和提供

战略信息的收集、加工、存储、更新和提供,形成一个完整的系统。

在限定时间和资源的条件下,收集可供战略决策用的信息越多越好，而对重大信息的遗漏和曲解越少越好。收集的方式有三种：一般浏览、直接细查、积极采掘。一般浏览的范围较广、数量较大，心中无专门目的，所需费用较低，所得材料可用于描述环境。直接细查集中力量考察环境的某个部分或方面，其线索常常是通过一般浏览得来的。积极采掘要求用预定的方法和程序寻求关于专门问题的信息，它与前两种方式被动地去发现问题有所不同。但是上述三种方式并不彼此排斥，相反可以互相结合或同时并用。

积极采掘的方法多种多样，包括公开查询、内部调查、暗中侦探、非法窃取等。公开查询是常用的可接受的方法，大多数情况下证明是最有效的。例如，其中向有知识的专家们征询意见的特尔斐方法，由于它是背靠背进行的，用反馈迭代程序集中意见，能提供现成的有价值的信息。内部调查是取得组织系统所积存的信息及其个别成员所掌握的信息的好办法，暗中侦探常常采用拉拢、伪装等不道德手段来达到摸底的目的，但还不是非法的。采用窃听、偷盗、贿赂、敲诈勒索、派遣特务或间谍等方法来获取情报，则是非法的。通过暗中侦探、非法窃取所得到的信息不一定是最可靠的，过高地评价这种秘密活动对收集战略信息的作用不完全正确。

在战略信息的收集过程中伴随着对信息的加工。其目的在于理解信息的含义，使信息有序化。加工常因人而异，因此需要有一定数量的人员共同进行加工，相互检验补充，使所得结果能满足组织整体的期望。这种加工常会引起原来所采用的收集方式的改变。能否把新的重要信息结合到已收集的原有信息中去，以扩大战略信息量，可作为加工是否成功的检验。要防止两种倾向：或者投决策者之所好，只提供他偏爱的信息；或者不管所提供的信息是什么，决策者只挑选自己所偏爱的信息。克服上述缺陷的办法是加强决策者与信息加工者之间的紧密合作。

收集到的经过加工的信息需要存储起来以便日后更新。只存储，不更新，信息会老化。但更新要以存储为前提。这就要有存储手段、与所有信息相连接的通信系统，特别是组织、编目和检索信息的系统。如果收存的信息结构化程度很低，还需要有使用指南，使信息使用者便于查阅。同信息使用者紧密配合下，应建造成套的汇编，反映各部分信息之间的联系和交叉参考的关系。目录索引、使用指南、信息汇编等都是为使用者提供便于寻找信息的工具。

向决策者提供战略信息，就是使战略决策能有可用的信息。提高从信息库中取得所需信息的便利程度，是信息系统改进信息服务所追求的目的之一。现代视听显示技术，使建立信息显示室为在短时间内向高层领导人展现综合性战略模拟成为可能。发表和出版信息公报，对在规定的范围内传播一部分敏感性较差的信息，也有一定的作用。

充分发挥战略信息系统收集、加工、存储、更新、提供信息的功能，是信息系统建设的一项重要任务。战略信息系统的建设，不像作为一个组织系统的行政管理或业务经营部门的重要部分的内部信息系统那样复杂和耗资。它要求把已经存在的有关外部活动的信息融合到内部信息系统中去，这可能会遇到某种阻力，高层领导人的支持是减少阻力的关键。

（原载《技术经济与管理研究》1987年第5期）

经济信息与信息经济[1]

一 经济信息的组织

1. 经济信息

从信息的角度看，经济信息是社会信息的一个特定部分。因此，有关信息特别是社会信息的客观特征，如可传递性、可共享性、不可分割性等，也为经济信息所具有；而人们对信息特别是社会信息的主观认识，如把它们视为资源、商品、生产要素等，也可适用于经济信息。

从经济的角度看，经济信息是经济活动的状态和变化的反映或表述。因此，有关经济活动的分类、组织等，如把经济分为宏观经济与微观经济、按部门与地区来组织经济活动，往往也反映到经济信息的分类和组织中来。

在日常工作中，容易把反映经济活动的数据、资料、情报、消息、新闻等同于经济信息。从科学含义上看，它们之间是有区别的。数据、资料、情报、消息、新闻等，都是传输中信息所依附的载体。它们可能有信息的内容，也可能没有信息的内容。因为对信

---

[1] 本文是全国哲学社会科学"七五"重点项目"经济信息的合理组织与效益问题研究"的一篇综合报告，根据课题组的专题报告写成，在"经济信息流"和"经济信息的效用"等部分分别参考了朱幼平同志写的《经济信息的合理组织》和潘皓波同志写的《经济信息及其系统建设的成本和效益问题》两篇报告的有关部分，但本文的观点由作者自己负责。

息不能只从它的表现形式——信号（数据、资料等都是复合信号）来把握，即使从产生信息的客观对象或从接收信息的认识主体来理解信息，也难免有一定的局限性，只有从信息的发送、传输、接收的统一中客体和主体之间的相互作用来认识信息，才是完整的。经济信息是经济活动中反映客体作用于主体和主体了解客体的统一过程的信号。

在经济工作中，还有把经济统计与经济信息相混淆的现象。如果说经济统计指的是经济统计资料，那么如前面讨论的那样，经济统计资料有可能反映经济统计信息，但经济统计信息是一种与统计核算有关的专业信息，具有数字信息和事后信息的特点，它只是经济信息的一部分，绝不能取代整个经济信息。在实际经济工作和经济理论研究中所用的信息，除了经济信息外，还有自然信息、社会政治信息、科学技术信息等，这些信息虽也用于经济活动，但按其性质来说并不是经济信息，所以不应把它们包括在经济信息的范围内。经济信息对于实际经济工作来说，是管理的基础、决策的依据。它的作用在于帮助人们减少从事经济活动的盲目性，提高经济活动的组织性和有序度，把管理和决策中的疑义与不确定因素降低到最小限度。对经济理论研究来说，经济信息又是科学的源泉、知识的材料。经济信息的作用在于帮助人们丰富知识、发展科学。知识和科学是高级形态的信息，要依靠信息的积累、升华、创新而形成。同样的经济信息，对于不同的个人和组织，其作用的大小是不一样的。这与使用者对该信息的需要程度和利用能力有关。

2. 经济信息源

经济信息来自它的发送端或生成端。经济活动是经济信息的初始源，信息部门则是经济信息的再生源，经济业务部门和经济管理部门是产生经济信息的直接来源，大众传播媒介和统计等信息汇集与处理单位则是经济信息的间接来源。对信息源做上述两种区分，是相对的，只适用于一般的经济信息。加工程度高的信息，有可能首先是在特定的信息部门内形成并传播出来的。特殊的综合信息，往往直接来自信息汇集与处理单位。信息源还可按其他标志进行各种分类，如记录信息源与非记录信息源、外部信息源与内部信息源、连续信息源与离散信息源，等等。与自然信息源相比较，经济信息源发送信息不是本能的、自发的、不管它最终是否被接收，而是有组织的、自觉的、以适应接收者的需要为目的的。发送者与接收者之间的关系可以是多种多样的，如报告的关系、命令的关系、合作的关系、教育的关系、告知或启示的关系等。由于经济活动有人的参与，受人际利益的支配或限制，经济信息源发送的信息可能是虚假的、失真的，这与已发送的信息在传输中因受干扰失散而导致损伤或扭曲是完全不同的。

经济信息源发送和传播信息，应充分考虑和尽量满足一定的信息需求。调查信息需求是信息源生成和发送信息的前提。对信息需求的调查可以是有组织的，也可以是非专门组织的。调查的方式、方法种类繁多，如征询用户意见、派遣专人调查和分析等。

经济信息源的存在非常广泛，但寻找合适的信息源和取得合适的信息，并不容易。信息的传播系统既是信息扩散又是信息汇集的地方，从那里可以发现和挖掘信息源。有时，得到所需要的信息就已达目的，用不着再去追究信息源。有时，为了系统地收集信息，就非找到这种信息的生成源不可。在商品经济的条件下，市场是信息的汇集点，进而也是重要的信息源。它连接居民、企业、政府这三个经济行为主体的活动，"顺藤摸瓜"，从市场扩展延伸开去，可以接触到许多信息源。所以，对人们来说，不是有没有信息源的问题，而是能不能选取信息源并从中获取所需信息的问题。

3. 经济信息流

经济信息从发送端到接收端的移动，形成经济信息流。经济信息的流动要通过一定的传输渠道，即信道。流动的信息都是有载体的，信息的流动要以一定的物质和能量为媒介。与一般信息流相同，经济信息流由流向与流量组成。流向可能是不固定的，但多数是固定的。如果信息流的流向不固定，从信源来看，信息流是发散型的，从信宿来看，信息流则是收敛型的。如果信息流的流向是固定的，那么信息流的形式就多了，有直线型（单向流动）、网络型（双向与多向流动）等。直线型还可分简式（只有一个信宿）、链式（一个信宿接一个信宿）、分层链式（多个信宿并组成层次）、树形链式（有层次地传递信息而形成树状）。网络型也可分星式、共享式、环式、网眼式等。流量是指单位时间内通过信道的信息量，按比特/单位时间来计算。信息量就是系统的有序程度的度量，它表现为负熵，它的计算单位为比特。1比特的信息量，是变异度为2的情况下能消除非此即彼的不确定性所需要的信息量。

经济信息流一般表现为数据流、控制流等。在经济活动中，有物流、人流、资金流、信息流。把信息流从物流、人流、资金流中分离出来，并以此来调节和控制它们，这是人类文明的一大进步。

4. 经济信息的合理组织

经济信息既是管理的基础，又是管理的对象。经济信息的组织问题，就是经济信息的管理问题。

对经济信息进行科学的管理，包括三方面内容：①从信息源有效地采集经济信息（如消灭虚假信息、减少冗余信息等）；②按优化方式存储大量的经济信息（如便于联机检索、易于阅读分析等）；③向广大用户及时、准确地传递他们所需要的经济信息（如排除噪音、消去障碍、不延误、不失真等）。存储与流动是相对的，互为补充的，可以彼此转换的。存储是流动的间歇，其目的是为了流动。所以，很明显，科学地管理经济信息要求合理地组织经济信息流。对经济信息的加工和使用不属于管理的范围，而是信息的"生产"和"消费"问题。当然，信息生产和信息消费也有一个管理问题，但不属于信息流的组织之列。生产好了的信息才能进入信息流，被消费的信息已经退出了信息流。对经济信息流的组织是否合理，要看该经济信息流支持经济活动的有效程度，能否使经济决策者和各方面的广大用户满意。具体说来，有四个衡量的标准：①信息交流的关系是否顺；②信息流动的效率是否高；③支付的组织费用是否低；④实际的社会效果是否好。

谁来组织经济信息流？怎样组织经济信息流？这就要依靠政府和企业的管理部门，特别是它们的信息机构，以及社会上专门从事信息工作的单位，通过建立各种类型的信息系统来解决。信息系统与信息网络的建设是合理组织信息流的重要保证。

二 经济信息的效益

1. 经济信息的效用

经济信息正以非同于一般物质的特殊性创造着巨大的财富。这种特殊性，就是经济信息的效用，即有用程度，或使用价值。

经济信息的效用，与物质产品或物质生产要素的效用不同，就其质来说，并不因为经济信息的让渡而使所有者无法利用它，就其量来说，取决于使用者是谁，以及他是在什么时候和什么情况下使用的。这就是说，与其他信息一样，经济信息的使用价值有一种特殊的属性，即能同时满足生产者和消费者的需要，而他们的需要的满足程度还与其自身的素质和使用方式有关。

经济信息的效用是通过它对经济行为产生影响而获得的结果来体现的。这就需要考察和比较在管理和决策中有没有经济信息的前后两种不同的行为结果。可以想见，从中把经济信息的效用同其他因素所起的作用分离开来，是很困难的。所以，对经济信息的效用的度量只能是相对的、粗略的，有一定的主观性。所度量的效用，可以是实际效用，也可以是期望效用。应当说，经济信息的直接效用是提高决策的质量和科学化程度，而这是很难量化的，但近似的量化方法还是有的。例如，常用的统计决策论方法和组队论方法。统计决策论方法，是用决策树、决策表等一般决策分析方法来计算完全信息和不完全信息条件下的不同效用。组队论方法，是在给定的状态和效益下，反映组队的结构和成员，利用信息进行最优决策的方法。此外，还有模拟方法等其他各种方法。

2. 经济信息的费用

经济信息作为产品被生产，或作为服务来提供，都需要耗费物资、人力和资金。从原始信息的采集，经过加工、存储、传输，到信息产品或服务的供应，要支付各种费用，包括硬件和软件费用、工资费用等。计算经济信息的费用比计算经济信息的效用要容易得多。一般按成本项目进行核算和汇总，但与物质产品的成本核算相比较，还是要困难些，这与软件的成本和价格以及不同信息的费用分摊的复杂性有关。

以上说的是经济信息的实际成本或实际费用，至于经济信息的机会成本（影子费用）、预期成本（估算费用），其计算更为复杂，并含有一定的主观因素。

3. 经济信息的费用与效用的比较

根据费用效益分析的原理和方法，对经济信息的费用与效用进行比较，以把它们统一用货币单位来度量为宜。这时，效用就表现为收入或收益。使用经济信息后取得的收入减去取得经济信息的费用（支出），即为该经济信息的绝对效益。正效益表示盈余，负效益表示亏损，使用经济信息后取得的收入除以取得经济信息的费用（支出），即为该经济信息的相对效益。效益系数大于1为正效益，效益系数小于1为负效益。当费用与效用的度量单位不一样时，只能计算相对效益，它表明取得经济信息的单位费用所能带来的效用。

4. 信息系统的费用效益评价

信息是信息系统的原料或产品，而信息系统也可以说是一种产品，因为它是信息系统建设的产物。信息系统包括经济信息系统在内，其费用效益评价问题，远比上面说的经济信息本身的费用效益评价复杂。因为前者属于信息领域的基本建设的效益评价范围，后者属于信息领域的加工生产的效益评价范围，通常基建效益比生产效益的评价更困难，而且基建效益影响生产效益，并体现在生产效益上。

（1）信息系统的费用及其测定方法。信息系统的费用是指该系统在开发、实施、运行、维护、管理各个阶段上投入的和消耗的资源。按其组成要素来说，信息系统的费用包括硬件费用、软件费用、通信费用、人工费用、基建费用、研制费用、培训费用、管理费用、其他费用等。这里既有一次性投资，又有经常性开支。信息系统的费用测定方法较多，它的选取视系统所处的阶段而定。如开发阶段，多用由上而下的测定方法，它含有估算性质，比较粗糙，在实施、运行阶段，则多用由下而上的测定方法，它比较具体和准确。其他方法还有参数测定法、专家评分法、实地调查法等。

（2）信息系统的效益及其测定方法。信息系统是一种人机系统，它的功能是提供信息支持，它的效益是从创收、节支、服务中获得的。例如，由于信息系统提供的信息支持，通过优化决策、科学管理、合理规划、加速周转、提高效率而增加的收入，以及通过减少损失、克服浪费、降低成本而导致支出的节约，都是各种各样的效益。有些效益是硬效益，可直接测定，有些效益是软效益，较难测定。有些效益是有形效益，可用货币来表现；有些效益是无形效益，要靠主观评价。信息系统的效益有一系列特点，如广泛性、间接性、相关性、递进性、软化性等。这些特点决定了测定的复杂性。测定信息系统效益的方法很多，有结果观察法、类比观察法、模拟分析法、专家评分法等。不同方法的选取需依信息系统所处的阶段为转移。

（3）信息系统的经济评价。对信息系统进行经济评价，就是要比较它的费用和效益，确定其有利程度。评价时需要运用费用效益评价指标体系，该体系仿照一般的投资效果和生产效益的指标体系，但必须反映信息系统的建设与生产的特点。对信息系统的评价，要坚持整体性原则、阶段目标原则，以及客观评价与主观评价相结合、静态评价与动态评价相结合、定性评价与定量评价相结合的原则。经济评价还要遵循一定的程序。第一，确定待评价的信息系统的边界，把评价目标弄明确；第二，确定待评价的信息系统的状态，了解其所处的阶段；第三，选取测定其费用和效益的方法以及所用的指标体系；第四，收集数据进行计算；第五，分析评价结果。

三 信息经济的发展

1. 信息商品和信息市场

在商品经济条件下，虽然总会有一部分经济信息如企业和政府的内部信息不是商品，但是商品化经济信息的数量和比重却在不断增大，信息商品化成了发展趋势。

信息商品跟物质商品一样，也是使用价值与价值的统一。然而，信息商品的使用价值与价值，同物质商品不一样，有其自身的特点。就使用价值而言，其特点已在前面论述经济信息的效用时说过了，即信息商品出售后在满足买方需要时仍能满足卖方对它的需要，而买卖双方满足需要的程度又同他们的素质与使用方式相关。这就是说，信息商品的使用价值在交换中为购买者所获得时，销售者并没有因此而失去它。通常人们把这个特点称为共享性或非对称性。就价值而言，信息商品的特点更具复杂性。首先，要分清信息商品的价值的三种不同含义：第一种是效用价值。说的是货币化了的使用价值，即有信息和无信息两种情况下产生的决策后果在经济所得上的比较。这种比较实际上不可能把信息的效用纯化，而包含着其他要素的配合效应。第二种是费用价值，或劳动价值。这里所说的费用不是支出的成本而是耗费的劳动，即包括其中耗费的活劳动所创造的价值。第三种是效益价值。指信息商品的效用与费用的比较。这里所说的费用是成本，所以效益价值实际上是经济所得与成本支出的差额或比率，即使用信息商品的净效益或相对效益（单位成本的收入）。第一种和第三种含义的价值，非商品化的信息也是有的，在第二部分"经济信息的效益"中已讨论过了。现在要讨论的是第二种含义的劳动价值的特点。人们常常用其他两种价值来否定这种价值，这是不对的。他们忽视了信息商品交换活动中人与人之间的关系，即与自然属性相对应的社会属性。从质的方面看，信息商品的价值同物质商品的价值一样，也是凝结在商品内抽象的人类劳动，只是在还原为这种无差别的一般劳动之前它的复杂劳动成分更大而已。从量的方面看，信息商品的价值决定把物质商品中新产品的价值决定方式普遍化了，往往用个别实际需要劳动时间作为社会平均必要劳动时间来决定，而且由于计算信息劳动者的报酬和他所创造的剩余价值的复杂性，使信息商品的价值量具有更大的不确定性。

信息商品的内容要由物质载体作形式。例如，经济信息或印刷在书刊上，或录入在磁盘内，等等。所以，信息商品的使用价值和价值经常是同物质商品的使用价值结合在一起的。尽管前者依附于后者，但这时后者在整个商品中只起从属的作用。定型化大批量生产的信息商品，其使用价值和价值的特点就比较淡薄甚至模糊了，但其信息内容反映在商品使用价值上的特点是决不会消失的。信息商品多属知识型或智能型，具有创造性，一般不易生产，但复制方便，因此其价值或变换价值总是新出现时很高，普及后又变得很便宜。

信息商品是与信息市场紧密联系的，后者是前者进行交换的系统。信息市场的出现意味着商品经济向高阶段迈进。目前，我国的信息市场刚刚萌芽，流通的主要是技术信息，经济信息的有偿服务还不普遍。信息流通的有偿方式既可以避免信息资源的浪费，又可以促使信息商品或服务提高质量。有偿方式不一定以盈利为目的，也可能只收取全部或部分的工本费。信息市场的发展要求有合理的价格制度和较高的法治系统。信息商品的交换价值表现为价格，它的形成与实现远比物质商品的价格复杂和多样化，与其说它决定于价值，不如说更多地决定于供求关系。稀缺性和获利可能性是影响它的价格的一个重要因素。所以，信息商品的定价除近似地反映价值外，往往贯彻买卖双方协商和自愿的原则，因使用该信息商品后可能带来的利益及其如何为双方分享成了价格谈判的依据。信息商品的价格有多种形式。在经济信息市场，大都为成本价格，也有效用价格、供求决定价格等。在技术信息市场则有协商成交价格、专利垄断价格等。在其他信息市场还有考虑心理、福利、社会声望等因素的各种价格形态。用一定的法规条例保证信息商品自由流通和维护信息商品交换秩序，是推动信息市场发育的必要条件。

2. 信息产业和信息经济

信息产业含义广泛，边界在不断扩大。传统的信息产业，包括印刷出版业、新闻报道业、文献情报业、图书档案业、邮政电信业等；新兴的信息产业，包括计算机产业、软件产业、卫星通信业、数据库业、咨询服务业、音像视听业、信息系统建设业等。有人还把科研、教育业等知识生产包括在信息产业内。凡是从事信息产品及其装备设施的生产和流通的部门，均属于信息产业。但是不应当包括政府和企业等内部的信息处理业务，因为它们不向社会提供信息产品和服务。传统的信息产业由于应用了新的信息技术，耳目一新，并与新兴的信息产业一起，成为国民经济的重要组成部分。加快发展信息产业是我国当前调整产业结构的一个基本方面。

信息产业投入大，特别要求有智力和高智力的投入，产出的效益高，特别是社会效益高。信息产业更新快，受科技进步的影响极大。信息产业综合性强，比其他产业部门更要求配套，以发挥整体效应。信息产业的发展需要有一定的环境和条件，它与商品经济的发展、管理水平的提高、复合人才的培养密切相关。当然，社会经济发展所产生的信息需求，是推动信息产业发展的原动力。制定我国信息产业的发展战略，绝不能脱离客观需求、社会环境和忽视信息产业本身的特点。

信息产业在国民经济中比重的增大，意味着工业化经济向信息经济的转变。把经济活动区分为物质、能源的变换活动和信息的变换活动，并对信息活动从宏观上进行总的考察，说明它在国民经济发展中的地位和作用，这是一个创举。为了全面地考察信息处理活动，通常把政府、企业等单位内部的非商品化信息业务，视为准信息产业并加以计算。迄今为止，一般的计算只用两个指标，即信息产业（包括准信息产业）的附加值占国民生产总值的比重和信息产业（包括准信息产业）的劳动力占就业总人数的比重。据波拉特的计算，1967年美国信息产业附加值占国民生产总值的比重为46%，信息产业劳动力占就业总人数的比重为45%。据中国科技促进发展研究中心的计算，1982年我国信息产业附加值占国民生产总值的比重为15%，大大低于一般发展中国家的水平（30%），信息产业劳动力占就业总人数的比重为8.8%。上述计算虽然都是很粗略的，无论就部门和职业的分类以及数据来源看，值得进一步讨论和分析，但是它说明了信息产业的发展规模和信息经济在整个经济中所占的地位，尤其说明了我国经济信息化程度非常低。

信息经济的概念最早是由美国企业家保罗·霍肯在《下一代经济》一书中提出来的，它区别于以物质和能源为基础的经济，而以信息和知识为基础。从生产力的发展里程来看，18世纪中叶以前，社会以手工业生产力为特征，从18世纪中叶到20世纪50年代末，则为机器生产力时代，60年代以来，一些发达国家进入信息生产力阶段。这要求我们奋起直追，在实现工业化的同时研究和促进信息经济。

四 信息经济的研究

1. 信息经济学的兴起

随着对信息经济研究的开展，在信息科学与经济科学共同发展的条件下，为了适应信息资源的开发利用和管理的需要，一门新兴的学科——信息经济学正在逐步形成。

从20世纪60年代初提出信息经济学算起，至今还不到30年。斯蒂格勒在研究信息的成本和价值及其对价格、工资等影响的基础上，于1961年发表了《信息经济学》的论文。后来他又指出应该用不完全信息作前提来研究市场理论和均衡理论。到了 70 年代，阿罗也对信息经济学作了开拓性研究，用模型来计算信息的供求价值，之后还出版了《信息经济学》论文集。

以上两位美国经济学家都是从微观和理论方面来研究信息经济学的。马克卢普和波拉特两位学者则从宏观和应用方面研究了信息经济学。马克卢普 1962 年在《美国的知识生产和分配》一书中，提出了知识产业的问题，他研究了信息产业的机制，考察了信息经济的意义和作用。他于生前还出版了一部巨著：《知识：它的生产、分配和经济意义》。波拉特在马克卢普研究的基础上，对美国信息经济的规模和结构进行了数量测算和深入分析，以九卷本的内部报告《信息经济》形式于 1977 年问世。他测算信息经济的方法在 1981 年为经济合作与发展组织所采用。此外，日本学者如宫泽，也对信息系统的评价原理、方法和信息系统对决策的效益、作用等问题作了研究。

信息经济学历史不长，还未形成体系，但它作为独立的经济学科的地位已经确立。1976 年美国经济学会在其所做的经济学分类中列示了信息经济学，1979 年首次召开了国际信息经济学学术会议，1983 年《信息经济学和政策》的国际性杂志创刊。

信息经济学的研究在我国也已兴起。1987 年和 1988 年先后召开了全国范围的信息经济学研讨会。中国信息经济学会正在筹备建立中。

2. 信息经济学的内容

信息经济学的研究范围还在扩展，人们对它的理解还不尽一致。从目前国内外的研究动态看，信息经济学的主要内容有以下三大方面八个问题：

（1）信息的经济研究。①信息的效用与费用问题；②信息资源的分配和管理问题；③信息系统的经济评价问题。

（2）信息经济的研究。①信息产业的形成与发展问题；②信息经济的含义与测量问题；③信息技术对经济发展的影响问题。

（3）信息（学）与经济（学）关系的研究。①信息与经济的相互关系和作用问题；②信息学与经济学的相互交叉和结合问题。

上述列举的信息经济学主要内容，并没有囊括信息经济学的全部内容，但是从这些内容不难看出，信息经济学是一门研究信息活动的经济问题与经济活动的信息方面的综合性新兴经济学科。

（原载《数量经济技术经济研究》1989年第6期）

信息资源与信息经济学

一　信息资源的配置是信息经济学的一项主要内容

对信息资源有两种理解：一种是狭义的理解，即仅指信息内容本身。另一种是广义的理解，指的是除信息内容本身外，还包括与其紧密相连的信息设备、信息人员、信息系统、信息网络等。狭义的信息资源实际上包括信息载体，因为信息内容不可能离开信息载体而独立存在。广义的信息资源并非没有边际地可以无限扩张。凡与信息的生产、分配、交换（流通）、消费过程即信息周转过程相脱离的信息设备等，均不属于信息资源；凡与信息周转过程有关的非信息设施等，也不属于信息资源。

本文论述的信息资源，包括狭义的和广义的两种含义。未加专门说明时，所讲的信息资源，统称为广义的信息资源。

人们通常把狭义的信息资源同物质资源、能量资源相并列，认为它们共同构成世界赖以存在和发展的基础。但前者是无形的、可再生的，而后两者是有形的、非再生的。三者各有自己的特性，即常说的物质不灭、能量守恒、信息非对称。

狭义的信息资源作为一种经济资源，还可同人力资源、资金资源、物资资源，以及可用于经济目的的自然资源相并列。它同其他经济资源一样，具备有限性（稀缺性）、有用性（满足人类需求的属性）、多用性（其用途可供选择的属性）三大特点。那种认为狭义的信息资源是无限的观点，仅就信息是潜在的资源而言才可成立，但就信息怎样变为现实的资源而言则有问题了。要知道，并非任何信息都能成为这里所说的资源。不经过人的开发，信息不会变成资源，而开发是需要付出劳动的。与其他经济资源不同，狭义的信息资源还具有依附性（与载体不可分性）、共用性（一人对它的使用不影响他人的使用）、非对称性（交易中供求双方拥有它的状态不相互对称）等特点。这些特点来源于信息的特点。信息资源中信息内容以外的资源，则同人、财、物等其他资源没有区别，只是它已专门为信息活动服务罢了。

任何资源都有个配置问题，信息资源也不例外。信息资源的配置同其他资源的配置一样，有时间、空间、数量三个方面的配置问题。由于信息资源（特别是狭义信息资源）的价值对时间的灵敏度很高，即常说的时效性强，信息资源在过去、现在、将来三种时态上的配置，对其效益的发挥影响极大。信息资源的空间配置包括不同部门（产业部门、行业部门以及行政部门等）和不同地区之间的分布，它实际上就是信息资源在不同使用方向上的分配。信息资源的数量配置包括存量配置与增量配置。狭义的信息资源在增量配置中具有边际生产率递增的特点。其他经济资源在一定技术条件下当生产达到饱和点时就会出现边际生产率递减的趋势。信息资源在时间、空间、数量上相互结合后配置的结果，就形成各种各样的结构。信息资源结构合理与否取决于信息资源的配置是否合理。

信息资源配置与其他资源配置相仿，有一个从不合理逐步趋向合理的过程。所谓合理，是指经济上的合理性，即用一定的配置成本取得最大的配置效益，或用最小的配置成本取得一定的配置效益。这是采用对偶规划方法对配置合理性所做的静态表述。有一种动态表述方式，那就是用尽可能小的配置成本取得尽可能大的配置效益。合理配置是各种资源配置所追求的目标，该目标的确立基于资源的稀缺性。配置成本与配置效益以及两者的比较方法，都是十分复杂的问题。从定性上说，成本就有实际成本与机会成本等区别，效益就有经济效益与社会效益等差异。从定量上说，则有绝对比较与相对比较等不同方法。关于这些问题，我们不在这里进一步展开，因为这是一般经济学研究的问题。

大家知道，资源合理配置问题是经济学的一大主题。有些学者甚至认为经济学就是研究稀缺资源最优利用的科学，从而把资源合理配置问题归结为经济学研究的全部内容。我们不想对这类观点发表过多的议论，但必须强调把资源合理配置问题作为经济学的主要问题或中心问题来研究，既有理论意义又有实际意义。从理论上看，研究资源合理配置问题会使经济学走上帮助政府、企业、民众这三类经济行为主体进行科学决策的康庄大道。从实践上看，研究资源合理配置问题有利于我国加速实现两个具有全局意义的根本性转变，即经济体制从传统的计划经济体制向社会主义市场经济体制的转变和经济增长方式从粗放型向集约型的转变。

特别要指出的是，信息经济学应当和必须把信息资源合理配置问题作为自己的研究主题。尽管信息资源合理配置问题比其他资源合理配置问题更为复杂，而且我国经济学界至今对此研究甚少，但是这个问题已被提到日程上来了，想回避也不可能。改革开放以来，我国对信息资源的重要性已引起广泛的重视，信息资源急剧增加，但由于开发不够，信息资源短缺的现象仍比比皆是。仅以数据库为例，至 1994 年，全国有数据库 1000 多个，其数量占世界的 1/10，其容量占世界的 1%，其产值占世界的 1‰，从量到质都远远不能适应国民经济和社会发展的需要。令人担心的问题是，信息资源的浪费与短缺并存。再以数据库为例，死库与空库不少，可用库的比重不高，可用库的利用率又较低，而数据库建设的重复率却达 20%—25% 以上。我国信息资源的配置主要集中于政府部门，他们是信息资源的主要提供者和主要使用者。从地区分布看，沿海地区信息资源远比内陆地区富裕和密集，而农村地区信息资源远比城市贫乏，甚至有些边远地区还处于半封闭状态。这种信息资源配置的不均衡现象亟须改变，否则必将不利于国民经济和社会的进一步发展。为了使信息资源的配置更加合理化，防止出现"信息富裕"与"信息贫困"的两极分化,有必要采取措施促进信息资源的流动和改进对信息资源配置的宏观调控。这在客观上对信息经济学提出了一系列重大的研究课题。

二 信息经济学要为信息资源的开发和利用服务

信息经济学在研究信息资源配置的同时,还要研究信息资源的开发和利用问题,以及信息资源的交换或流通问题。从经济学的意义上说,配置相当于分配,开发和利用相当于生产和消费。信息资源的生产、分配、交换、消费相互联系,形成一个整体。生产表现为起点,消费表现为终点,分配和交换表现为中间环节。在这里我们不专门讨论信息资源的交换问题,而在讨论信息资源的生产与消费时无疑会有所涉及。至于分配问题从资源配置的角度已在前一部分讨论过了。我们要讨论的信息资源的生产和消费问题,也不是它的全部,而着重于从社会的角度通过对影响信息资源的开发和利用的主要因素的分析,来说明信息经济学研究工作应积极为开发和利用信息资源服务。

开发狭义的信息资源有两重含义:一是从外延上发掘信息来源、开拓信息渠道、建立信息库存、加速信息流动;二是从内涵上不断重组和加工信息内容本身。利用狭义的信息资源则是在理解原有信息的基础上,扩展联系,挖掘内核,转换思路,进而产生和运用新的信息,使信息内容本身释放潜能,为政府、企业、民众的各类活动服务。由此可见,狭义的信息资源的开发和利用有一定的"重合",即利用过程同时也是内涵意义上的开发过程,它使信息资源的消费表现为信息资源的生产。

影响信息资源开发和利用的因素主要有:

1. 体制因素

实践证明,现代的市场经济体制比传统的计划经济体制更有利于促进信息资源的开发和利用。在一定阶段,后一种体制甚至会严重阻碍信息资源的开发和利用。所以，即使只从这一点看，我国也需要在今后15年内建立和完善社会主义市场经济体制。

在市场经济条件下，信息资源在商品化，信息单位在企业化，随着市场机制和竞争机制的引入并发挥作用，通过信息市场的发育和日趋完备，以及它同其他非信息市场的结合，共同调节信息资源的供求关系，同时由于政府宏观经济调控水平的逐步提高，这一切使信息资源的开发和利用必然会更有效益，能更好地满足国民经济和社会发展的需要。

2. 政策因素

在信息资源的开发和利用过程中，信息标准需要统一，信息交易需要一定的规则，信息行为需要规范，信息产业的发展需要政府指导，信息的安全和信息的保密、解密问题需要解决，地区间信息差距需要及时调整，各种利益矛盾和复杂关系需要调节与协调，国家的信息主权需要确保，国际信息交流与合作需要扩大和加强，如此等等，这一切都需要政府研究、制定和实施信息政策。各项具体政策及其整个体系是否有效、合理，反过来直接或间接地对信息资源的开发利用起决定性作用。这种作用可能是积极作用，也可能是消极作用，还可能是不起什么作用。

信息政策不是一成不变的，它需要适应信息技术的变革，根据信息管理的环境，及时进行调整或改变。各国国情不同，信息政策也不一样。尤其明显的是发达国家与发展中国家的信息政策有较大差异。一般而言，发展中国家的信息政策方面的进展大大滞后于发达国家。

3. 法规因素

信息资源具有社会共享的特点，它的充分开发与有效利用，需要法律和规章制度的保障。政府信息资源的保密与公开化、知识产权与隐私的保护、文牍的削减、信息的自由流动与查询、跨国数据流的管理等，都需要有相应的法规。信息法具有长期性质，兼备行政形式与经济形式的管理特点，权威性高和影响面大，但立法与执法的程序较烦琐，实行起来颇费时日；信息规章制度周期短，简便易行，满足管理需要快，但它的部门性与地区性较强，有时不易统一，甚至互有矛盾。因此，法律与规章制度应相互配合，以便更有力地促进信息资源的开发利用。

特定的信息资源从其开发到使用以至废弃，为其他的信息资源所取代，有一个生命周期的问题。信息法规要更多地发挥正面效应，尽量避免负面效应，必须适应信息资源开发利用的周期变化及其每个阶段的特点和要求。

4. 技术因素

信息技术是当今世界最活跃的生产力之一。以数字技术革命为基础的电子计算机技术与现代通信技术及其相互融合的革命性变化，包括多媒体技术的出现，不仅仅使信息资源的开发利用发生了质的飞跃，进入到高速度、大容量、交互式、智能型、个人用的信息网络化时代，而且通过这一途径还给人们的工作、学习和生活带来了史无前例的深刻影响。全球的、国家的、区域性的信息高速公路的建设，将使人类活动受时间与空间的限制降低到最小限度。世界化战略正在日益被更多的国家所采纳，同时它们也强调要保存自己的传统、文化和价值。总之，人类的生活质量，会随着信息技术的迅猛发展所导致的信息资源开发利用的巨大变化，而有显著的提高。

各种信息技术的合理选择与正确组合，已成为摆在我们面前的一项艰巨复杂和刻不容缓的重大任务。这个任务完成得好坏，势必影响到信息资源开发利用的效率与效益。

5. 观念因素

民众的信息意识、信息资源战略观念，以及开发利用信息资源的知识与技能，也是影响信息资源充分开发和有效利用的很重要因素。这个问题基本上是由国民素质决定的。我国提出了科教兴国的战略方针，正在切实地把经济建设真正转移到依靠科技进步和劳动者素质的轨道上来，这将有利于通过国民素质的提高和民众观念的转变，促进信息资源的加速开发利用。

以上五个因素有的从生产力方面，有的从生产关系方面，还有的从上层建筑方面，来影响信息资源的开发和利用。信息经济学需要研究这些因素的作用途径和作用方式，使它们相互配合、彼此协调，形成合力，共同对信息资源的开发利用产生积极的影响。

三 信息资源管理学与信息经济学的关系

信息资源的合理配置实质上是信息资源管理的核心要求。信息资源的充分开发和有效利用则是信息资源管理的基本目标。当然，信息资源管理的内容不限于上述两个问题。信息资源管理最早是从传统的图书馆文献管理开始的，它经历了管理信息系统与信息系统的技术管理阶段，20 世纪 70 年代末 80 年代初才进入经济与人文管理阶段，兴起了现代的信息资源管理。信息资源管理这个概念开始出现于美国 1980 年通过的文书削减法。信息资源管理分为宏观管理与微观管理两个层次。宏观管理是指国家对信息资源的管理，微观管理则指企业对信息资源的管理。它们各有自己不同的管理目标、管理对象、管理内容、管理方法。当然，它们也有相同的管理原则和管理理论。目前，在国外信息资源管理已独立成为一门相对成熟的课程，并有发展成为信息资源管理学的趋势。

信息经济学是一门颇为年轻又很有前途的学科。它在国外产生于 20 世纪 50 年代末 60 年代初，在国内兴起于 80 年代中后期，至今才有 30 多年的历史。但它的出现，不但扩大了经济学的领域，改变了传统经济理论的一些基本假设从而得出了新的结论，而且将推动经济学随着时代的前进去研究不同于农业经济与工业经济的信息经济问题。

我曾在《经济信息与信息经济》一书中列举信息经济学研究的主要内容时，把"信息资源的分配与管理问题"作为信息经济学的一个重要研究内容①。本文前两个部分讨论的信息资源配置问题、信息资源开发和利用问题，就属于信息经济学研究的范围。

信息经济学与信息资源管理学各自从不同的角度研究信息资源的管理问题，这是它们相互交叉而有联系的部分，但它们又有明显的区别。信息资源管理学属管理学科，信息经济学则属经济学科。信息经济学按其研究性质分为理论信息经济学和应用信息经济学。应用信息经济学要转化为生产力必须研究管理问题，包括信息经济的管理、信息产业的管理、信息市场的管理，以及信息资源的管理等。但信息经济学研究信息资源管理问题不可能像信息资源管理学那样把信息资源管理作为自己的研究对象，从管理科学角度深入地、具体地研究信息资源管理中的全部问题和技术细节。

当前在信息资源管理的研究中，信息网络管理已成了重要的和紧迫的课题。信息网络管理是个十分复杂的问题，既有经济问题又有技术问题，以及一般性专业管理问题。无论是信息经济学还是信息资源管理学，都应对它进行研究，以便起到两门学科相互促进的作用，同时也可丰富各自的学科建设的内容。

（1995 年 12 月 6 日在中国信息经济学会第三届年会暨信息资源开发利用研讨会上的报告，原载《中央财政金融学院学报》1996 年第 2 期和《经济学动态》1992 年第 2 期以及《情报理论与实践》1996 年第 4 期）

---

① 乌家培：《经济信息与信息经济》，中国经济出版社 1991 年版，第 157 页。

信息市场与信息政策是促进
信息资源开发的有效手段

——为纪念邓小平同志"开发信息资源，
服务四化建设"题词十周年而作

一 开发信息资源的重要性

1984年9月，邓小平同志为《经济参考报》创刊题词："开发信息资源，服务四化建设"。

上述题词具有划时代的重要意义。首先，把信息视为资源，这是认识上的一大飞跃。以往人们只认为物质和能量是资源，物质为人类提供材料，能量给人类带来动力，现在人们进一步认识到信息也是资源，而且是十分重要的资源。它使人类更有组织和创造力。其次，为信息资源的开发规定了明确的目的，即要为农业、工业、科技、国防的现代化服务。这就是要发展生产力，促进经济繁荣、科技进步、社会安定、国家巩固。最后，指明了开发信息资源的重要性。信息资源只有通过不断的开发和利用，才能实现其自身的价值，发挥更大的作用。

在邓小平同志题词的号召与指引下，十年来我国信息事业加快发展，信息产业迅速崛起，国民经济和社会信息化水平不断提高。这表现在：政府部门与大中型企业的信息系统初具规模，各种类型的信息机构遍地开花；信息服务业蓬勃兴起，信息网络日益发达，信息市场发育成长；电子工业已经成为重要的支柱产业，邮电通信业以高于其他行业的惊人速度发展，并开辟了多种现代通信业务；

信息技术正向传统产业渗透，发挥了生产和经济的倍增器作用，自然科学与社会科学的学术情报业正在改变面貌，向现代化迈进；新闻出版、广播电视等传播媒介以及广告业出现了空前活跃与繁荣的局面，等等。最近，还掀起了信息基础设施建设的新浪潮，科技界和产业界在政府的引导和支持下展开了根据国情建设信息高速公路的讨论与建议活动。

在改革开放和现代化建设中，越来越多的人认识到开发信息资源的重要性。

开发信息资源是满足国民经济和社会信息需求的基础。我国正在建立社会主义市场经济新体制，市场经济是由信息引导的经济，它对信息的需求远比计划经济对信息的需求大、要求高而且多样化。信息需求是无穷的，由于信息资源不同于自然资源，是一种可再生资源，它的开发也是没有止境的。任何信息资源很少能自动满足特定的需求，但只要进行各种方式的开发和利用，就能达到满足需求的目的。分散在各处的单个数据，往往没有多大的使用价值，然而一旦把它们采集起来，加以组织和处理，形成数据库，便于用户查找使用，那么数据的作用就大不相同了，它可以满足管理和研究的各种需要。信息资源之所以能满足社会需求，全靠对它的开发。

开发信息资源是推动信息产业发展的关键。信息产业包括信息服务业和信息设备制造业，信息服务业是联结信息设备制造业和信息用户的中间产业，它一方面为信息用户提供信息产品或信息服务，另一方面为信息设备制造业开辟市场或销售渠道。没有信息服务业的相应发展，信息设备制造业的生产就上不去，即使产品生产出来了，也难以卖出去。国内外的经验表明，发展信息产业必须抓信息服务业。信息服务业是以信息资源的开发和利用为内容的，所以开发和利用信息资源就成了推动信息产业发展的关键。当然，要使信息产业成为主导产业，并在产业结构中占据优势地位，还必须同时大力发展信息设备制造业。不容忽视，信息服务业需要依靠信息设备制造业来装备自己。

开发信息资源是提高劳动者素质的保证。劳动者的素质取决于多种因素，其中，劳动者拥有的信息、知识和智力，无疑是最重要的因素。这三者的获得，都要靠劳动者亲自去开发和利用信息资源，并从中提高自身的信息处理能力。我国正在努力把国民经济的发展转移到依靠科技进步和劳动者素质提高的轨道上来，这就要积极加强对信息资源的开发和利用，以人为本，改进管理。

认识到开发信息资源的重要性之后，还应进一步付诸实践。世界各国特别是亚太地区的发展中国家都认为，政府不仅是信息资源的最大拥有者，还是开发与利用信息资源的主要推动力量。政府推动信息资源的开发，主要运用信息市场和信息政策两个手段。

二　信息市场在开发信息资源中的作用

在市场经济的条件下，信息资源大多采取商品形式，而且这部分在整个信息资源中的比重，即商品率，还有提高的趋势。信息资源变成商品后，就要进入市场进行流通。流通联结生产和消费。开发生产出来的信息商品，经过在信息市场的流通，就在使用中被消费。信息商品的消费有一部分是最终消费，但大部分是中间消费，即生产消费。在这种消费中，信息商品作为投入的生产要素，又被进一步开发加工，开始了从生产到流通再到消费的新一轮循环。在商品化信息资源的不断周转中，信息市场对信息资源的开发、利用有着十分重要的作用。具体体现在以下几个方面：

（1）刺激有效供给。信息市场吸纳信息商品，激发信息资源以商品形式源源不断地流进来，使信息商品的有效供给大大增加。市场机制对信息资源的配置发挥着基础作用。在计划经济体制下，单纯采用行政手段配置信息资源。尽管开发信息资源是有成本的，但使用信息资源却是无偿的，往往造成信息资源的索取者能多要的绝不少要，信息资源的提供者能少给的绝不多给，并且影响信息的质量下降，信息的再生产难以扩大。信息资源的提供方式随着经济体制的改革从无偿转为有偿，以至随行就市，按质论价，标价而售，从而刺激信息资源的供给大大增加，而无效供给逐步减少。

（2）满足多样化需求。信息需求量大、质量高、花样多，是拉动信息资源开发的强大力量。对信息资源的需求不同于对物质和能量资源的需求，常有引发效应的特点。这就是说，在满足需求的过程中又会引发新的需求。例如，模型研究对数据的需求，尽管数据在增加，质量在提高，但是用了以后又会需要更多更好的数据。此外，信息需求往往不能靠少品种、大批量的规模生产来满足，而要靠多品种、小批量的综合经营来满足，有时还要采用特殊的订购方式。为了适应和满足不同于一般的信息需求，必须培育和发展信息市场。这样需求拉动开发的作用才能发挥出来。

（3）引入竞争机制。虽然信息市场的竞争还不如物品市场的竞争那么充分和自由，但是竞争机制毕竟已经伴随着市场的出现而产生，今后的任务是不断加以完善而已。像其他市场内竞争的作用一样，信息市场在信息商品交易各方中存在的竞争，能促使信息资源开发者不断降低成本、提高质量、探索创新，多快好省地提供各种信息服务，也会使信息资源使用者注重节约、讲究效果，把信息商品用得更好，少浪费、多受益。

（4）提供观测信息产业的信息。信息市场是反映信息产业的一面镜子。信息市场越繁荣，说明信息产业越发达；反之亦然。据了解，在世界信息市场中，1990年的销售总额，美国占34%，日本占19%，德国占7%，法国与英国各占6%，意大利占4%。信息市场占有额的差别反映了上述各国信息产业发达程度的差别。我国信息服务市场从邓小平同志题词以来已出现过三次高潮，第一次是1984—1985年，第二次是1988—1989年，第三次是1992年至今。这些高潮从一个侧面反映出信息服务业以及国民经济的发展动态。所以信息市场好比晴雨表，它向人们提供了信息资源的开发与利用状况的可测信息。

上述信息市场对开发信息资源的作用表明，建立信息市场是促使信息资源转化为现实生产力的必由之路。《中共中央关于建立社会主义市场经济体制若干问题的决定》把信息市场列为"当前培育市场体系的重点"之一，要求实现"信息商品化、产业化"，"进一步发展"信息市场。这是完全必要和十分正确的。

三　信息政策在开发信息资源中的作用

随着现代信息环境的变化，信息技术日新月异，信息管理急需加强，信息政策已变得越来越重要，迫切需要加以研究、制定和实施。信息法律对信息资源的充分开发和有效利用，固然很重要，但信息法律要解决的问题，如知识产权保护问题、隐私问题等，更具有长期性，解决起来很耗时。而信息政策则灵活得多，对于调节利益冲突、协调多方关系更为有效。信息政策既是技术政策，又是产业政策，它对于开发信息资源起着指导作用。具体说来，信息政策有如下主要作用：

（1）统一信息准则，规范信息行为。在信息资源的开发过程中，要解决统一的信息编码、信息标准及必要的信息保密和信息安全等问题。为此，需要制定和执行相应的政策，以保证全国的一致性。同时，对各种信息行为，如信息发布、信息交流等要进行规范，使其井然有序、相互协调。这也得依靠信息政策发挥行政手段的作用。

（2）提高信息效率。信息政策能促进信息技术，发展信息产业，提高信息效率。信息资源既要开发，又要利用。开发是手段，利用是目的。利用的好坏，就表现在信息效率的高低上。物质和能量的利用，有效率问题。我国生产 1 美元的产品，其物耗与能耗比世界平均水平高出好几倍。信息的利用，也有个效率问题。怎样提高信息效率，即信息资源的利用效率，需要研究和制定必要的信息政策。

（3）缩小国内外的信息差距。国与国之间有信息差距问题，北美和欧洲的发达国家以及日本等，其人口只有世界总人数的30%，但它们却拥有全世界信息资源的85%—95%。发展中国家应当奋起直追，利用后发效应，缩小与发达国家的信息差距。我国也有缩小同发达国家之间的信息差距的艰巨任务。在我国内部，地区之间、居民之间也存在信息差距。沿海发达地区与内地后进地区的信息差距还在拉大。居民内部，文盲、机盲的人数很多，他们之间拥有信息的差距也很大。当前，我们比较重视收入分配不公问题，加强缩小居民收入差距。信息资源分配不均而引起的信息占有差距，也应当引起重视。其实，它正是造成收入差距扩大的重要原因之一。对于信息差距的缩小，信息市场是无所作为的，只有依靠正确的信息政策。

（4）维护国家信息主权，扩大国际信息交流。在现代社会中，出现了电子邮件、电子数据交换、国际联机查询、卫星通信、跨国数据流等一系列新事物，一方面要扩大国际信息交流，另一方面要维护本国信息主权、保护本国信息安全，在这种情况下，不仅要制定本国的信息政策，还要研究国际信息政策。这是一个重大的、紧迫的课题。早解决就主动，晚解决就被动。我们要努力争取建立有利于我国开发信息资源的国际信息秩序。

从上述四个方面可以看出，信息政策是多么的重要。美国、日本、德国等发达国家，新加坡、韩国等新兴工业化国家，以及巴西、墨西哥等发展中国家，在信息基础设施建设、信息产业发展、信息资源开发和利用、国家信息安全、国际信息交流与合作等方面，高度重视信息政策的作用，是有其深刻的原因的。我国虽有信息技术政策，尚需积极研究和制定信息产业政策，以及适应国际信息环境的信息政策。

四　信息市场与信息政策的配合运用

在今后一个相当长的历史时期内，为了进一步落实邓小平同志"开发信息资源，服务四化建设"的指示，我们必须同时运用信息市场和信息政策两种手段，并使它们相互配合好。对于开发信息资源来说，信息市场好比推进器，信息政策好比指南针，两者缺一不可。信息市场是灵活的经济手段，"无形的手"在起作用。信息政策是强制的行政手段，"有形的手"在起作用。只有一只手不行，必须两只手一起抓。

从国外的情况看，其信息市场与信息政策的配合使用方式，无论发达国家还是发展中国家，凡是先行的国家如美国，多为信息市场主导型，凡是后起的国家，如日本，多为信息政策主导型。但采用信息市场主导型的国家也十分重视信息政策，采用信息政策主导型的国家也十分重视信息市场，这说明要从实际出发，根据不同情况，在不同国家和不同发展阶段，信息市场与信息政策的配合运用可以有一定倾斜或侧重。

目前，我国的信息市场还在培育，尚不发达，我国的信息政策已开始研究，尚未引起足够重视。在这种情况下，我们应当双管齐下，两手都抓紧，但在向社会主义市场经济体制的转变中，为使信息市场发育得更好，还需要突出正确的信息政策的指导性，这是不容忽视的要点之所在。

（写于 1994 年 5 月 14 日）

关于我国发展信息产业的若干思考

进入20世纪90年代以来，我国信息产业在全球信息化浪潮和全国经济市场化进程的推动下，以空前的速度向前发展。计算机产业的产值规模从1990年的50亿元激增至1995年的698亿元，平均每年增长69.5%。[①] 通信产业的电信业务总量1995年完成873亿元，比1994年增长47.4%，全国电话普及率已提高到4.66%，数据通信网分组交换用户数激增至28495户，比1994年增长235.2%，移动通信的电话用户数增至362.7万户，比1994年增长131%。[②] 信息服务产业以数据库业为例，据调查，至1995年10月，国内单位自行开发建设、对外提供信息服务并有一定规模的数据库已达1038个，其分布正由少数部门向全社会扩展，特别是与蓬勃发展的各种信息网络相结合。[③] 整个"八五"时期，集成电路增加了2.16亿块，光缆干线铺设了10万公里。[④]

"九五"期间，我国信息产业还会有更大的发展。可以说，"九五"计划是提出国民经济信息化和全面发展信息产业的第一个五年计划。在这个计划中，首次把集成电路和电话交换机总容量作为主要产品产量目录的内容列进去了，到2000年，集成电路的计划数为25亿块，比1995年的实际数3.1亿块增加21.9亿块，电

---

① 郭诚忠：《计算机产业回顾与展望》，《经济日报》1996年4月16日。
② 中国邮电电信总局编：《1995年中国电信》，1996年印制。
③ 国家计委、国家科委、国家信息中心：《中国数据库大全》，中国计划出版社1996年版。
④ 国家计委编：《国民经济和社会发展"九五"计划和2010年远景目标纲要讲话》，中国计划出版社1996年版。

话交换机计划数为 1.74 亿门，比 1995 年的实际数 0.85 亿门增加 0.89 亿门。"九五"计划把邮电通信业作为要继续加强的四大基础设施和基础工业之一（其他为能源、交通、原材料工业）来安排，把电子工业作为要振兴的机械、石化、轻纺、建筑和建材五大支柱产业之一来发展。把信息咨询业作为要积极发展的第三产业中的新兴产业来部署。在实施"九五"计划的基础上，我国还要在 21 世纪前 10 年基本形成现代化通信体系，并使电子信息等高技术的产业化取得明显进展，特别是国民经济和社会文化领域应用现代化电子信息技术要有很大的发展，计算机应用在生产、工作和生活中的普及程度也要有很大的提高，还要初步建立以宽带综合业务数字网络技术为支撑的国家信息基础设施，使国民经济信息化程度得以显著提高。[1]

尽管我国信息产业的发展前景一片光明，但鉴于信息产业在整个产业中占据的特殊地位和对社会经济发展的特殊作用，为了使信息产业循着正确的轨道更快更好地发展，在促进生产力、提高综合国力、改善人民生活三方面产生更大的影响，我仍有以下四点思考。

一　从综合集成的高度来认识和把握信息产业的发展

信息产业的发展历史表明，它的各个组成部分先是或迟或早、独立、分散、不均衡地发展起来的，而后由于信息技术一体化和产业发展的内在规律逐步趋向综合集成，使其各部分间的相互联系变得越来越紧密了。

从计算机方面的发展看，1946 年出现了第一台电子计算机（ENIAC），半个世纪内就经历了主机时代、微机时代、网络时代

---

[1] 乌家培：《我看"九五"计划——关于〈国民经济和社会发展"九五"计划和 2010 年远景目标纲要〉的体会》，《经济与信息》1996 年第 5 期。

三个阶段。由于 20 世纪 90 年代以来计算机网络包括局域网（LAN）、市域网（MAN）、广域网（WAN），以至因特网及其内部的网中网（Intranet）的迅猛发展，计算机与通信、传播媒介、信息服务的结合越来越明显了。

从电信方面的发展看，1837 年发明电报，1876 年发明电话，100 多年的时间内以话音通信为主，逐步转向数据通信为主，模拟式通信逐步为数字化通信所取代，有线通信与无线通信相结合，固定通信与移动通信相结合，传输线路从电缆到光缆，还有微波、卫星等多种方式，特别是在内容上现代通信已不仅仅是单纯的信息传输，而是伴随着日益多样化的信息增值服务。随着现代通信网络体系的形成，通信又从另一端推动了它与计算机、广播、电视、信息服务的融合。

从信息服务方面的发展看，有着悠久历史的传统信息服务，如新闻报纸、杂志、图书和档案、印刷和出版、广播和电影电视、音响视听、市场调查、广告、咨询、培训等，随着电子技术装备的加强和电子信息技术产品应用的增多，与从计算机、通信方面衍生出来的现代信息服务，如电子数据处理、电子数据交换、数据查询和数据传输、电子邮件、数据库联机服务、光盘产品的脱机服务、信息网络服务、信息系统集成服务等，逐步趋近而使它们之间的界限变得模糊起来。它们将共同构成信息内容产业（Information Content Industry），进一步借助于软件产业的发展与计算机信息产业和信息通信产业相结合，形成所谓的"3C"（Content, Computer, Communication）产业，或"大信息产业"。

信息产业的综合集成是由两个因素决定的：一是技术因素，二是产业因素。从技术因素看，信息的数字技术革命，全面实现多种信息表达形式的数字化，把模拟信息变成了数字信息，使任何话音的、文字的、图形的、图像的、视像的信息都可转换成 0 和 1 表示的数字信息，从而随着微电子技术、计算机技术、软件技术、通信技术、多媒体技术、网络技术的发展及其相互结合，促成各国大信息产业的兴起。从产业因素看，信息的采集、处理、传输和应用这四个环节是紧密相连的，它们的能力必须处于动态平衡中，它们所形成的各种信息产业不能不相互依存，并同它们赖以发展的物质基础即信息设备和信息用品的制造业相适应，才有利于大信息产业的整体发展。

从综合集成的高度来认识和发展信息产业，并不排斥或否定信息产业各个组成部分发展的个性和多样化，而是要强调它们之间的协调发展，不断优化结构，不仅要有利于信息产业不同个体的发展，而且更要关注和突出信息产业总体的发展。目前，我国计算机产业和通信产业比较受重视，而信息内容产业的发展相对滞后，如不统筹规划，及时加以扭转，信息产业的兴旺发达就会受到很大的制约。

二 从产业渗透的广度来推动和促进信息产业的发展

信息产业是为其他产业服务的产业。这种服务的提供来源于信息产业的两大支柱：信息技术和信息资源。信息技术有极强的渗透性，它可以向任何产业部门和任何活动领域渗透，并取得应有的成效。信息资源有极广的应用性，它可以为任何产业部门和任何活动领域所利用，并产生一定的效果。

以微电子为代表的、计算机技术与通信技术相结合的信息技术，对制造业和服务业的渗透与应用，一般是通过辅助业务活动、辅助管理活动以及对这两类活动的改造、改组与集成的途径来实现的。在冶金、化工、纺织、机械、航空、建材等工业部门推广应用计算机辅助设计（CAD）、计算机辅助制造（CAM）、计算机辅助工程（CAE）、管理信息系统（MIS）和计算机集成制造系统（CIMS）等技术，在金融、商业、教育、医疗等部门推广应用电子信息技术，不仅提高了这些行业的工作效率、产出效能、经济效益，而且引起了这些行业的结构重组、管理变革、面貌更新。与此相联系的是电子金融、电子货币、电子商业、电子购物、电子文化、远程教学、远程医疗等一类新术语的不断涌现。几乎在所有的行业活动前面都可冠以"电子"（E-）或"远程"（Tele-）的前缀。这说明信息产业的发展扩大了人类的活动空间，从物理空间扩展到媒体空间，同时也缩小了时间对人类活动的限制。

信息资源是一种战略资源，它在制造业和服务业中的使用，是通过改善经营管理、提高决策水平的途径来实现的。各行各业利用的信息资源有从行业内部采集和积累的，还有从行业外部取得和加工的，大部分外部信息资源需靠信息服务业通过信息市场来提供。在全球经济一体化和企业经营国际化的潮流下，其他产业部门对信息资源的需求日益增大，并且越来越多样化且具有多变性，这对信息服务业以至整个信息产业来说，是其发展的强大动力。

所以，信息产业的发展，不能满足于本产业内部的循环，必须扩大外部的循环，抓应用、促发展，贯彻应用导向或市场导向的原则，把其他产业部门对信息技术和信息资源的应用看作巨大的潜在市场加以开拓，并使其成为现实市场来促进和推动信息产业本身的发展。

三　从全球竞争的角度来抓紧和强化信息产业的发展

信息产业的发达程度已成为一个国家的综合国力和国际竞争力强弱的重要标志。信息产业的发展关系到一国的基础设施、技术水平、管理水平、市场发展水平、经济开放程度等一系列因素，而这些因素对提高国际竞争力至关重要。国家在社会经济活动中采集、处理、传输、利用信息的能力，是有效地发展经济和推进社会的关键，而这种能力的增强则以发达的信息产业的存在为前提。

进入 20 世纪 90 年代以来，全球经济一体化加速发展。根据世界银行 1996 年发表的报告——《全球经济前景和发展中国家》，1985—1994 年，世界贸易额在世界各国国内生产总值的总和中所占比例的增长率是前一个 10 年的 3 倍，外国直接投资在国内生产总值中所占比例，与前一个 10 年相比，则翻了一番。① 在这种情况下，由于各国发展不平衡，南北差距的扩大，以经济为核心和以科技为先导的全球性竞争日趋激烈。每个国家尤其是发展中国家都想创造或保有经济持续高速增长的能力，以免在这场世纪之交的激烈竞争中处于劣势而导致失败。尽管发达国家在世界信息产业的发展过程中已牢牢地占据优势地位，大多数发展中国家很难用继续发展传统产业的办法与之抗衡，而传统产业的改造和升级，也需要信息产业的支持。摆在发展中国家面前的唯一出路是向新加坡、韩国以及我国台湾和香港学习，像它们那样抓住全球信息化的机遇，积极地大力发展信息产业，为自己争得在世界信息产业中的一席之地。这是发展中国家增强国际竞争力的一条起点高、风险小、效益大的捷径。

总之，信息产业的发展，不能按先工业化、后信息化的思路，只着眼于国内发展产业的一般规律，而必须立足于全球竞争，在发展传统产业的同时切实抓紧和加快发展信息产业。

四　从持续发展的要求来培育和扶持信息产业的发展

经济发展必须是可持续的。从经济本身的发展来讲，它有一个长期稳定和整体协调的问题，应避免大起大落和出现畸形。从经济发展与资源、环境、生态的协调关系来讲，它绝不能"吃祖宗的饭，断子孙的路"，以破坏资源和放弃环保为代价。这就是说，发展经济要瞻前顾后，不能用牺牲未来发展潜力的办法片面追求眼前一时的增长。

信息产业在工业社会是一种先导产业，在信息社会则是一种主导产业。从先导产业到主导产业的转化，有一个漫长的演进过程。这正如工业从农业社会里的先导产业逐步转化为工业社会里的主导

---

① 参见《人民日报》（国际版）1996 年 5 月 9 日。

产业一样，但可以预见，信息产业这一转化过程将会大大缩短。

无论从信息产业对传统工业的改造和促进作用来说，还是从信息产业与传统工业相比有节能、省料、无污染的特点来说，信息产业的发展既有利于经济在狭义上的可持续发展，因为它使整个产业发展通过升级换代而有了后劲，又有利于经济在广义上的可持续发展，因为它使传统产业发展所造成的浪费资源和损害环境的恶果得以避免。

未来的经济是以信息及由其升华而成的知识为基础的经济。它的发展要求人们从现在起就高瞻远瞩地努力培育和积极扶持目前尚处于幼稚阶段的信息产业。

（为中国科技信息事业创建 40 周年而作，原载《情报学报》1996 年第 5 期）

中国信息产业的现状与未来

一 现状分析

信息产业是一个庞大的产业群，它由信息技术产品制造业和信息内容提供服务业共同构成。从中国现行的行业分类看，信息产业的覆盖面相当于电子工业、邮电通信业、信息咨询服务业等所包括的范围，随着信息网络的发展，这些行业正在相互渗透和融合中。

中国信息产业的发展，与20世纪80年代世界新技术革命和90年代全球信息化浪潮的推动紧密相关，是中国改革开放和社会主义现代化建设的必然结果。从发展历程看，中国信息产业经过"六五"时期和"七五"时期的发展、"八五"时期的大发展，"九五"时期将会有更大的发展。

1. 信息技术产业迅猛发展

世界贸易组织（WTO）的信息技术协议（ITA）中定义信息技术产业的范围，包括电脑、电脑零部件、半导体、电信器材等。这相当于中国界定的电子产品的含义，但后者还包括一部分消费类电子产品，如电视机等。通常，中国把信息技术产业称为电子产业，它正在从单一制造业向硬件制造、软件生产、应用与信息服务诸业并举的现代电子信息产业方向发展。

中国信息技术产业进入20世纪90年代以来已取得显著成就。这主要体现在以下方面：

（1）产业规模持续快速扩大。据统计，1991—1995年产业总值、实现利税平均每年分别递增 29.2%、33.9%，1990—1995 年产业总值、实现利税情况如表 1 所示。

表 1　　1990—1995 年信息技术产业产业总值、实现利税情况　单位：亿元

年份	1990	1991	1992	1993	1994	1995
产业总值	698.1	886.27	1086.76	1395.61	1861.72	2470.95
实现利税	42.2	48.5	58.8	83.4	119.2	155.8

其中，电脑业发展尤为迅速，产值从 1990 年的 50 亿元激增至 1995 年的 698 亿元，平均每年递增 69.5%。

（2）产业结构逐渐趋向合理。从 1990 年到 1995 年，中国信息技术产业的构成发生了重大变化，投资类产品从 14.9% 提高到 26.9%，消费类产品从 49.2% 下降到 38.1%，元器件类产品保持 35% 左右。这表现为国民经济提供信息技术装备的能力在增强。

（3）自主开发能力日益增强。科研开发及其成果转化能力在提高，如大型计算机和超级小型机的研究开发已达国际先进水平，系统软件及中文平台形成了自己的特色，自主开发的一系列大型局用程控交换机已实现规模生产。

（4）国内市场空前活跃，出口增长态势良好。个人电脑销售量 1995 年比 1994 年增长 28%，1996 年又比 1995 年增长 47% 左右。软件销售额 1995 年增长率为 38.8%，1996 年预计达 45% 以上，大大高于世界平均年增长率的 15%。网络市场进展神速，1995 年比 1994 年翻了一番多。从 1992 年开始，电脑进出口已连续 3 年出现顺差，"八五"期间信息技术产品出口的平均增长率约为 34%，出口额已占全国出口总额的 10%。

2. 通信产业取得跨越式发展

在中国，通信产业曾较长时期成为"瓶颈"，制约着国民经济的发展，而今作为基础设施经过几年的努力建设，完成了人工网向自动网、模拟通信向数字通信的转变，一跃成为中国从工业经济向

信息经济过渡的先导产业。

（1）通信能力明显增强。全国局用交换机总容量1995年达到7100万门，1996年又增建约1700万门，电话普及率1995年比1994年翻一番，增加到4.6%，1996年与1997年又每年增加一两个百分点，1997年城市的电话普及率可达到25%。长途传输的光缆总长度已达30万千米，通达除拉萨外的各省区市的首府。长途话音电路1995年为87万路，1996年又增加约27万路，长途自动交换机1995年为350万路端。移动电话、无线寻呼的用户1995年分别为363万户、1750万户，1996年又分别增加约280万户、600万户。邮电通信业务量的增长速度连续数年都在40%左右。

（2）通信的技术水平飞速提高。全国长途传输数字化比重已达89%以上，局用程控交换机的程控化比重达到99%。大部分省区市在开拓建设大容量、高速率、高可靠性的2.5Gb/s光纤环路传输系统，窄带综合业务数字网（N–ISDN）即将投入商用，异步传输方式（ATM）的宽带交换系统正在北京、上海、广州进行试验，"全球通"（GSM）公用数字移动电话网已在全国25个省区市和境外一些地区和国家实现自动漫游。

（3）数据通信网的建设和应用进展神速。中国公用分组交换数据网（ChinaPAC）已于1993年9月开通，现有用户4万个，覆盖全国县级以上的城市和一部分经济发达地区的乡镇，其网络规模和技术水平进入了世界先进行列。中国公用数字数据网（ChinaDDN）于1994年开通，用户已超过3.2万个，覆盖3000个县级以上城市和乡镇，为银行、证券、外商驻华机构、科研教育等单位提供了20万条专线电路。中国公用计算机互联网（ChinaNET）于1995年同Internet互联，覆盖30个省区市，正在建设200多个城市的接入网，将向中国信息服务"超级市场"的方向发展。中国公用帧中继网（ChinaFRN）已在8个大区的省会城市设立了节点，向社会提供高速数据和多媒体通信等多项服务。它作为上述三种网络的骨干网，能起到高速汇接的作用，极大地提高了目前已有网络的能力和水平。

（4）电话信息服务在发展中提高。这是以电话通信网为基础的一项增值业务，在各地发展很快，深受广大用户欢迎，通过整顿提高，正往多层次、全方位的信息服务方向发展。例如，广东的"视联通"、上海的"上海热线"等电话信息服务，在实现社会信息资源共享上颇有成效。

3. 信息服务业从小到大，发展势头强劲

信息服务业是信息技术产品制造业与信息用户之间的纽带。它的加快发展，既可以扩展电子商品市场和提高通信基础设施利用率，又可以推动信息资源开发利用和更好地满足最终用户需求。

（1）从事信息服务的机构和企业大批涌现。到1995年年底，这类机构和企业数已增至15000家左右，从业人员约40万人。其中，政府信息机构和科技信息机构大约各有2000家，从业人员分别为15万人和10万人，他们从过去只为内部服务转向同时也为社会各界提供服务。提供信息服务以及进行软件开发和系统集成的企业已超过1000家，从业人员约10万人。

（2）信息服务营业额以两位数增长。"七五"时期年均增长27%左右，"八五"时期年均增长47.6%。1995年信息服务营业额达到140亿元，成为中国第三产业中发展较快的具有生命力的新兴组成部分。从信息服务业的构成看，软件开发和系统集成占45%，信息加工处理占10%，数据库服务占5%，信息系统维护和设备管理以及其他约占40%。

（3）数据库与信息网络急剧增加。据调查，截至1995年10月，国内单位自行开发建设、对外提供信息服务并有一定规模的数据库，已达1038个，与1992年的137个相比，几乎增加6倍多。数据库的分布正由少数部门向全社会扩展，并开始与蓬勃发展的信息网络相结合。据调查，电脑信息服务网络有100多个，联网用户总数已超过10万个。尤其是1994年以来互联网在中国取得的发展令人瞩目，1996年7月，中国入网主机已达12800余台，域名登记数约有 475 个。

4. 产业内部结构不协调和同发达国家差距大

信息产业是一个有机的整体,并与其他产业有着密切的联系。它的发展一方面要求扩大产业外部循环通过应用来为其他产业服务;另一方面要求协调产业内部结构,在动态平衡中不断建立各组成部分间的比例关系,促进产业升级。但中国的各部分信息产业是独立地、分散地、不均衡地发展起来的,而部门管理的行政分割更加剧了这种趋势,很难适应信息技术一体化和产业演进内部规律的要求,从综合集成的高度来推动信息产业的发展。因此,内部结构不协调势必产生,并因加快发展而日益严重。这种不协调的主要表现如下:

(1) 信息服务业滞后于电脑业和电信业。这导致信息设备闲置或"大材小用"、通信设施利用率低。据了解,目前数据通信网络的利用率只有 15% 左右。电脑网络的建设重硬轻软、以硬挤软,应用方向不明,用户需求不清,这在电脑处理能力每年提高 1.6 倍的情况下,要冒巨大的技术风险和投资风险。

(2) 作为支柱产业的电子工业滞后于作为基础产业的通信业。这导致通信业跨越式发展所需的通信设备和器材大量依靠进口或由外资企业供应,这方面的巨大市场约有 80% 以上已为外国公司所瓜分。国家投资过分向基础产业倾斜,而对支柱产业兼顾不够,使后者难以支持前者的发展。电子工业投资占国家总投资的比重在"六五"时期为 1.8%,"七五"降为 1.5%,"八五"掉到 1%;由于芯片制造和软件开发长期处于落后状态,而信息设备需求旺盛,这也促使外商拥入国内市场。例如,集成电路市场约有 75% 为外商所占领,至于网络产品市场几乎全是外商的天下。

中国的信息产业原有基础薄弱,起步晚但发展快,因此纵向比较的成绩十分显著。然而横向比较,无论就其规模或结构而言,同发达国家以至较先进的发展中国家的差距却又很大。

(1) 信息产业占国内生产总值的比重偏低。这个比重在发达国家为 60%—70%，在新兴工业化国家和地区为 30%—40%，而中国目前只有 20%—25%。

（2）信息服务业与电脑制造业的营业额之比过低。这一比值在 1989 年美国为 1.75∶1，欧盟为 11.1∶1，日本为 10.4∶1，新加坡为 0.37∶1，韩国为 0.18∶1，而我国在 1995 年只有 0.088∶1。这充分说明中国信息服务的产业化和商品化严重滞后，已影响整个信息产业的发展。

（3）电话、电视、电脑的普及率太低。据国际电信联盟 1994 年报告，按上述"三电"普及率计算，中国分别为 2.3%、23%、0.2%，在世界 37 个国家和地区的排位中，仅为第 36 位，远远低于第 1 位的美国（59.5%、79%、29.7%）、第 5 位的法国（54.7%、58%、14%）、第 8 位的日本（47.8%、64%、12%）和第 9 位的德国（48.3%、55%、14.4%）。

二 未来发展

在世纪之交的未来 25 年，中国信息产业必然会出现新的飞跃式发展。它将同中国分阶段实现国民经济和社会信息化的客观形势相适应，逐步缩小与发达国家的差距，进而使中国跻身于世界信息产业大国和强国的行列。

1996 年 3 月 17 日第八届全国人民代表大会第四次会议批准的《中华人民共和国国民经济和社会发展"九五"计划和 2010 年远景目标纲要》，为中国信息产业的发展前景绘制了一幅宏伟的蓝图。按照这一蓝图，中国信息产业的进一步发展将分两步走。

1. 与 2000 年实现初步信息化相适应的"九五"时期信息产业的发展

"九五"计划是中国提出国民经济信息化和全面发展信息产业的第一个五年计划。在这个计划中，首次把集成电路和电话交换机总容量作为主要产品产量目录的内容列进去了。到 2000 年，集成电路的计划数为 25 亿块，比 1995 年的实际数 3.1 亿块将增加 21.9 亿块，电话交换机计划数为 1.74 亿门，比 1995 年的实际数 0.85 亿门将增加 0.89 亿门。"九五"计划把邮电通信业作为要继续加强的四大基础设施和基础工业之一来安排。到 2000 年，全国电话普及率达到 9%—10%，城市电话普及率达到 30%—40%，移动电话达到 1500 万户以上，并实现国内国际漫游，在全国建成"八纵八横"光缆骨干网，连接所有省会城市和大多数地市的光缆 50 万千米。"九五"计划把电子工业作为要振兴的机械、石化、轻纺、建筑和建材五大支柱产业之一来发展。从 1996 年到 2000 年，电子工业平均增速超过 20%，2000 年电子工业总产值计划为 7000 亿元，占全国工业总产值的比重约为 8%，电子产业销售收入将达到 6000 亿元，进入世界前五名，整体技术水平要求达到 20 世纪 90 年代初期国际水平。"九五"计划把信息咨询业作为要积极发展的第三产业中的新兴产业来部署。到 2000 年，信息服务业的增加值将达到 800 亿元以上，占国内生产总值的 1% 左右。"九五"计划还规定，要积极发展计算机软硬件和网络等电子技术、亚微米集成电路和 8 英寸硅单晶制造技术、同步数字系列通信技术、大容量数字程控交换机技术等高技术，并加快其产业化的步伐。

2. 与 2010 年实现基本信息化相适应的 21 世纪前 10 年信息产业的发展

这一时期将基本形成现代化通信体系，并使电信的规模容量、技术层次和服务水平进入世界先进行列。同时，主要信息技术产品的开发、生产水平也将达到世界先进水平，形成一批在国际市场上有较强竞争能力的大公司，使电子信息产业通过集成电路、新型元器件、计算机及其软件、通信设备与产品这四大重点产业的大力发展而成为带动整个经济增长和结构升级的支柱产业。到 2010 年，信息服务业将形成门类齐全的社会化、产业化、网络化、国际化的信息服务体系，达到发达国家 20 世纪 90 年代的水平，为全国创造一个技术较先进、标准较齐全、安全有保障、法规较完善以及改革配套、人才辈出的优良的信息服务整体环境。电子信息等高技术的产业化也将取得明显进展，特别是国民经济和社会文化领域应用现代化电子信息技术会有很大的发展，计算机应用在生产、工作和生活中的普及将有很大的提高，并初步建成以宽带综合数字网络（B-ISDN）技术为支撑的国家信息基础设施（NII），使国民经济和社会的信息化程度得到显著提高。

从 2010 年到 2020 年，中国将向高度信息化社会迈进，作为该社会经济基础的信息产业及其地位和作用必然会发生显著变化。首先，信息产业的各个部分进一步相互渗透和融合，电话、电脑、电视的"三合一"将成为现实。其次，信息产业的结构进一步"软化"，以硬件为主导转向以软件为主导，信息服务业将占据主要地位。再次，传统的信息服务业与现代化信息服务业进一步"合二为一"，并在高新信息技术的支持下形成高速度、大容量、多媒体、交互式、宽带化、智能化、个人化的信息网络体系。最后，信息产业将由现在的先导产业变成未来的主导产业，对国民经济和社会的发展起主导作用，并给农业以及非信息的制造业和服务业以根本性改造而出现崭新的面貌。通过这些变化，届时中国信息产业的整体水平同发达国家的差距将从现在落后 20—30 年缩小到落后 5—10 年，部分产品与个别行业则有可能跃居领先地位。

三 实施途径

在加快国民经济信息化进程中大力发展被世界公认为战略产业的信息产业，这是调整和优化产业结构、提高经济增长集约化程度、推动经济持续快速发展、尽快同国际经济接轨、在全球竞争中赢得优势和增强实力以及改善人民生活的迫切需要。为了实现信息产业的发展目标，应广辟各种途径。

1. 抓紧落实经济体制和增长方式的转变，为信息产业的发展创造前提

实现信息产业目标的关键是抓好两个转变，即经济体制从传统计划经济体制向社会主义市场经济体制的转变、经济增长方式从粗放型向集约型的转变。为此，信息产业要以市场需求为导向，以提高经济效益为中心，深化改革，扩大开放，把工作重点放在提高技术水平和管理水平上来。必须逐步理顺电子工业、电信行业、信息服务业各自内部与相互之间的种种体制关系，打破行业垄断，消除部门分割和地区封锁，区分基础性、公益性、商业性等不同类型的信息网络或系统的建设项目，研究政府监管范围，方式不同和程度不等地引入竞争机制。必须培育和发展各种信息产品和信息服务市场，建立统一、开放、竞争、有序的信息市场体系。各级管理部门则要坚持政企分开，进一步转变职能，增强行业管理和宏观调控能力，对产业由微观管理转向宏观管理，对企业由直接管理转向间接管理。在国有的电子、电信、信息服务企业中逐步推行现代企业制度，加快转换经营机制，使其焕发出新的生机和活力。必须从根本上改变传统的主要靠增加投入、偏重追求增长速度的发展方式，反对重复建设、盲目发展，充分利用现有基础，更多地借助更新改造，通过改组，优化产品结构和企业结构，发展规模经济和范围经济，开发和生产适销对路、有竞争力的产品，增加产品的技术含量和附加价值，节能降耗，改进服务，提高质量和效益，用较少投入取得较多较好的产出，走集约化发展道路。

2. 全方位开拓需求，把信息产业列为新的经济增长点，替信息产业的发展开辟道路

在中国市场，电子工业、电信行业、信息服务业的产品和服务有巨大的现实需求和潜在需求。中国有 12 亿人口和 3 亿个家庭，随着居民购买力的提高和现代化建设的发展，强大的市场需求拉动信息产业的高速增长。当国内生产满足不了上述需求时，外国产品便蜂拥而来，"填补空白"，甚至抢占国内产品的原有市场。当前，

全国性信息基础设施建设的兴起,包括中央和地方的重大信息工程的建设、传统产业的信息化改造和新兴服务产业的崛起、电话通信和数据通信在城乡的普及、家电产品进一步销往千家万户、电脑进入家庭的步伐有可能大大加快,以及出口在广阔国际市场吸引下的急剧增长,这一切对信息产业的产品和服务产生了空前的巨大需求。据预测,仅电子产品一项,到 2000 年的市场需求就将超过 1 万亿元,到 2010 年则可能达到 6 万亿元。到 2000 年,通信设备和产品市场规模可超过 1800 亿元,年均递增 30% 左右;电子计算机及其配套产品的市场规模将达到 3500 亿元,年均递增 40% 以上;软件的市场容量在 400 亿元以上;消费类电子产品的市场容量在 2600 亿元以上;元器件等基础类电子产品的市场容量约为 2700 亿元。

把信息产业特别是电子信息产业列为新的经济增长点,是十分正确的。因为信息产业及其产品适应国民经济和社会发展的客观需要以及城乡居民消费结构变化的新趋势,其市场需求量和科技含量大,产业关联度高,经济效益好,对经济的带动作用强。信息产业对经济增长的贡献度大,对产业结构高级化的作用也大,具有先导产业、支柱产业和基础产业三种类型增长点的特性。这不仅是一个经济增长点,而且还是一个经济成长链。为了促进信息产业的发展,有必要扶持一批生产经营多元化、资产负债率低、技工贸一体化、具有独立投融资能力和较强国际竞争力的大型企业集团,鼓励信息产品和服务出口,实施名牌战略,同时强化设备引进的审批管理,从海关和销售市场两头打击走私,为本国信息产业的发展鸣锣开道。

3. 自主开发,锐意创新,增强技术后备,革新管理方法,为信息产业发展打好基础

信息产业是高技术产业和知识密集型产业。在其发展过程中,必须处理好自主发展和国际合作的关系。这要求在自主发展的基础上加强国际合作,在国际合作中坚持自主发展。为此,应把立足

点放在依靠自己的力量进行研究和开发上。对引进的先进技术，也应在加强消化和吸收的基础上，鼓励再开发，实现"二次创新"。改变"二次创新"与自主创新的关系，逐步提高自主创新的比重，会有一个长过程。技术自主是经济独立和国家安全的一个重大因素。创新是生产要素的一种重新组合，具有使技术和经济两者有机结合的特点。创新有不同层次和各种类型，既要重视技术创新，又要讲究制度创新，特别是管理创新。这就需要建立创新机制，实施创新战略，发挥企业在创新中的主体作用。同时，国家还应跟踪和研究信息领域的未来产业技术，如超导技术、纳米技术等，组织联合攻关，增强技术后备，以及研究和革新信息产业的管理方法，建立与信息产业及其发展的特点相适应的有效的管理制度和方法。

4. 调整和优化内部结构，动态平衡，协调推进，使信息产业的正常发展得到保障

信息产业既有制造业又有服务业，被称为"液态的混合体"。同时，信息产业集信息技术的研究和应用、信息资源的开发和利用于一体，涉及信息活动中信息的采集、加工、传递、运用等各个环节。这就决定了信息产业是一个多层次的行业繁杂的大产业，而且由于它比别的产业更具专门化的特点，随着社会分工的发展，新的行业层出不穷。尽管目前尚无规范的行业分类标准，电脑业、电信业、信息服务业三大类行业还在相互渗透和融合，尤其是互联网络的发展，使它们的联系更趋紧密。在信息产业内部存在着纵横交叉的行业互联关系，形成一个产业循环链，这也说明信息产业的结构是复杂的。它的各个部分的发展，必须随着该产业与整个经济的发展，进行动态平衡和协调推进，以防止彼此间畸轻畸重，甚至出现"瓶颈"。同时，由于信息产业结构变动频率较高，更需要不断调整和优化，使其由硬件为主逐步转向以软件和服务为主，达到产业升级的目的。

5. 扩大应用，服务于其他产业的改造和升级，为信息产业的发展开拓空间

信息产业是为其他产业服务的产业。这种服务来源于信息技术极强的渗透性和信息资源极广的应用性，以及信息技术与信息资源相结合而形成的信息网络对各项产业活动极大的改组作用。信息产业及其产品或服务，无论对农业还是对传统的制造业和服务业的改造、更新换代和集约化发展，都有不可估量的巨大作用。这种作用是通过改造传统产业以发挥技术创新的扩散效应和集群效应，发展新兴产业以优化产业结构和增加提高经济效益的途径、管理和决策的科学化、人力资源的知识化，以及发挥网络效益以改变信息交流和共享的方式，使经济活动的时空局限性降到最小限度来实现的。加大上述服务的广度和深度，扩大信息技术产品和信息内容服务的应用面，使信息产业的外部循环链不断拉长，反过来又会促进信息产业的发展。

信息产业是节能、省料、无（或少）污染、大就业量、高增值、经济效益好、社会效益大，特别是间接效益显著的产业。它的发展关系到一国的基础设施、技术水平、管理水平、市场发展水平、经济开放程度等一系列因素，而这些因素对提高国际竞争力至关重要。所以，信息产业的发达程度已成为一个国家的综合国力和国际竞争力强弱的重要标志。

四 对策建议

近几年来，世界信息产业的增长速度为世界经济增长速度的5—6倍，今后几年仍将以15%—20%的速度增长。据预测，到2000年世界信息产业的总值将达到300万亿美元，而成为世界上最大的产业。21世纪的世界信息产业将具有一系列新的特点，例如，在技术上开放系统的网络计算技术将起主导作用；在市场上竞争更趋激烈，竞争方式将从单纯的竞争转向与合作相结合的又竞争又联合的战略联盟；在格局上进一步向国际化和多极化方向发展，

除少数发达国家外，新兴工业化国家和地区以及广大发展中国家纷纷致力于信息产业的发展。在这种形势下，中国要在21世纪进入世界信息产业大国和强国的行列，必须采取相应的对策。

1. 推行工业化与信息化相结合的方针，研究信息产业与信息经济的发展规律，处理好信息产业发展过程中统一决策、多层次分级管理、多元化和多样化经营的关系

中国正处于工业化中期向后期过渡的发展阶段，又面临着全球信息化的挑战与机遇。发达国家已开始从工业社会向信息社会过渡，"建立网络社会将成为走向成功的关键因素"的呼声日益高涨。在这种情况下，中国决不能埋头工业化而置信息化于不顾，也不能脱离工业化现状盲目追求信息化，而应实施"机遇战略"，把工业化与信息化结合起来，用信息化促成工业化，引导21世纪的工业往高增值、高竞争力、高信息含量的方向发展，用工业化支持信息化，为信息产业的发展和信息基础设施的建设提供物资、能源、资金、人才以及市场。

21世纪的技术和经济将有众多的全新特点。至今已能看清的新动向，至少有：技术从模拟向数字化、从单一媒体向多媒体、从低速窄带传输向畅通的信息高速公路、从一般网络到智能化网络等的转变；经济从物质型经济向信息型经济、从物质生产为主向知识生产为主、从实体经济向虚拟经济、从单纯的规模经济向以范围经济为主并兼有规模经济、从部门林立向相关部门综合集成而形成联网关系、从单一国家经济向全球经济等的转变。建立在这种技术基础上的和处于这种经济环境中的信息产业，其发展有着完全不同于现有传统产业的规律性，例如创新在产业发展中的决定性作用等，都需要人们去认识和掌握。

信息产业量大面广，联系复杂，其发展应同信息化建设和信息技术推广应用结合起来，为此必须正确处理决策、管理、经营三方面的关系，真正做到统一决策、有效管理、搞活经营。建议在国务院信息化工作领导小组的基础上成立国家信息委员会，对邮电、电

子、广电、新闻出版、现代信息咨询服务，以及图书馆和档案馆等文化事业的发展进行统一的决策、规划、协调和调控，至于管理则应按口分别实施，把经营交给从政府部门分离出来的经济实体去负责，严格划清管理和经营的界限。

2. 分析国内外环境，注重研究和开发，抓好大型企业集团和放活中小企业群相结合，运用市场机制与依靠政策法规相结合，加强协调，及时调整产业发展方向与结构

收集技术、市场等信息，分析国际国内影响各部分信息产业发展的环境变化，捕捉机遇，供宏观决策和微观经营参考。这种工作在中国相当薄弱，亟须加强。增加研究和开发费用，加强研究和开发力量，使企业逐步成为研究和开发的主体。以电子工业企业为例，中国企业的研究和开发费用占销售额的比重目前还不到1%，而国外企业一般为10%—20%。在信息产业的发展过程中，中国比较重视大型企业集团的组织和建立，而对中小型企业的培育和扶持则注意不够。日本与韩国确有依靠大型企业集团来发展信息产业的经验，但中国台湾利用个人电脑的特点发展中小型企业也取得了成功。所以，这不可一概而论。由于技术进步快、市场变化大，有时中小企业反而灵活，能规避风险，优势比较明显。

在信息产业中既有竞争性产业又有基础性产业。对前者而言，引入竞争机制是天经地义的事情，对后者而言，近几年来的国际经验表明，适度引入竞争机制也是提高服务质量、抑制价格上涨的有效手段。过去被认为是"天然垄断"的行业，由于技术变革和市场变迁，现在已开始程度不同地加入竞争行列。所以，运用市场机制对发展信息产业来说是绝对必要的。但反映市场规律的政策法规同样是不可少的和十分重要的。因为政府在信息产业发展全过程中扮演着越来越重要的角色。没有政府的干预和协调，市场是不会自行发挥正面作用而无负面效应的。当然，政府的干预必须合理，协调必须恰当。同时，这种干预和协调要及时、灵活，并富于弹性。任何瞎指挥的后果不会亚于市场的失败。政府是帮助而不是代替企

业解决企业不能解决的问题。例如，为产业指明发展方向，在全球生产链中找到本国产业的定位，积极拓展本国产业的营销渠道，并根据世界行情不失时机地调整本国产业的相应结构。

3. 从领导、规划、管理、政策等各方面，积极加强信息产业的薄弱环节即信息服务业的发展，使其与信息产业其他部分发展相适应，并逐步发挥它对信息产业的引导和推动作用

信息服务业包括数据库服务、软件服务、网络服务、系统集成服务等行业，它们在整个信息产业中的地位和作用，至今未被中国社会各界所充分认识。信息产业的其他部分都有相应的管理部门，唯有这一部分处于多头分散管理以至无人管理的状态。由于信息产业各个部分的相互渗透和融合，电子工业和邮电事业等部门开始把业务范围向信息应用服务或信息增值服务延伸，出现"电子信息产业"和"信息通信产业"等新称谓，而且这两个部门在数据联网服务的领域相互交叉重叠，有所争夺。事实上，信息服务业同电子工业和邮电事业既有密切联系又有明显差别。为了遵循信息服务业的发展规律推进信息服务业的发展，理应有单独的管理部门。同时，还应加强组织领导和统一规划。虽然国家计委的长期规划和产业政策司在规划信息服务业的发展方面做了大量工作，中国信息协会也对加快信息服务业发展问题多次呼吁和写报告，但是由于没有对口的管理部门，全国性的业务协调和规范化管理以及有关投资、财税、信贷、资费（价格）等政策扶持，迟迟难以落实而告吹。信息服务业滞后对整个信息产业与国民经济的影响，短期内似乎不甚明显，越往前去其后果的严重性将越清晰。因此，需及早解决信息服务业的管理和发展问题。

4. 加大对信息产业的宣传力度，使人们认识到这一战略产业对经济发展和社会进步有长远的全面影响

在国外，信息产业有"3C"产业之称，即电脑（Computer）、通信（Communication）、信息内容（Content）的总称。这从一个角度说明信息产业不只是以信息资源的开发和利用为内容的"小口

径"的信息服务业，而是包括信息设备制造和通信在内的"大"信息产业。然而受现行管理体制的影响，在中国，人们对信息产业的认识往往局限于它的个别部分，"只见树木不见森林"。这种观念上的狭隘性往往阻碍信息产业的总体发展。因此，需要有正确的舆论导向，宣传"大"信息产业的重大作用。人们应当从综合集成的高度来认识和把握信息产业的发展，从产业渗透的广度来推动和促进信息产业的发展。对中国来说，还应当从全球竞争的角度来抓紧和强化信息产业的发展，从持续发展的要求来培育和扶持信息产业的发展。

5. 人才为本，教育为先，为发展信息产业加强人力资源的开发和利用

中国在 20 世纪 50 年代的工业化初期，曾大规模培养工业化所需的人才，并源源不断地从其他战线向工业战线输送人才。当时的一个口号是，"要造就一支产业大军"。那么，在现今信息化启动时期，中国同样需要高瞻远瞩，培养和造就一大批为信息化所需要的发展信息产业的技术人才和管理人才。在高等学校的专业设置上，应适当增加信息科技、信息工程、信息经济、信息管理等院系。在信息产业的各部门和单位内，应大力加强从业人员的在职培训。在企业实践中，应物色和造就一批信息企业家。同时，还应创造条件吸引海外留学人员归国工作，使他们致力于信息产业的发展；合理规范信息产业领域各类人才的流动，使他们更好地发挥自己的聪明才智，为发展信息产业效劳。

（系为 1997 年 3 月 19—21 日国家计委政策研究室举办的"迈向 2020 年的中国"首次国际研讨会而作，载《2020 年的中国》，中国计划出版社 1997 年版，《中国软科学》1997 年第 7 期以《中国信息产业的现状、展望与对策建议》为题发表了部分内容）

培育信息市场　促进经济发展

当前，我国的改革开放进入了一个新阶段，社会主义现代化建设正在加快步伐，国民经济呈高速增长势头，第三产业将全面、迅速发展，政府（包括计划部门）的职能和管理方式已在转变，国有大中型企业的经营机制也在转换。社会主义市场经济新体制将逐步建立，广大干部和群众的积极性、主动性、创造性空前高涨。这是1997年年初邓小平同志"南方谈话"和中共中央政治局全体会议重要决定的精神传达后，进一步发动群众、解放思想、真抓实干所出现的大好形势。在新形势下，我国信息业要发展，非走市场化道路不可。

一　培育信息市场的重要性和紧迫性

信息市场是个新生事物，人们对它的了解，相对于物品市场来说要少得多。信息市场往往被理解为信息作为商品进行交换的具体场所，这是一种狭义的概念，广义地说，信息市场就是人们信息交换关系的总和。因此，信息市场的含义可以扩展为信息商品的交换、流通或信息贸易。这样理解的信息市场也就包括了信息商品化所引起的信息有偿服务。

市场要靠自身的发育，同时也要靠政府和公众来培育。信息市场也不例外，而且更需要培育。以培育促发育，在发育过程中进行有利于发育的培育。这样，信息市场才能迅速发展，并健康地成熟、完备起来。

1. 培育信息市场的重要性

（1）信息市场是社会主义统一市场体系特殊的重要部分。十年规划和"八五"计划纲要规定，要努力发展信息市场，使其与其他市场相适应。在社会主义统一的市场体系中，不仅有消费品市场和生产资料市场，而且有资金市场、劳务市场、技术市场、证券市场、房地产市场、信息市场等。各种市场要在经济发展的不同阶段以不同的方式和程度进行协调，使其相互配合，更好地发挥统一市场的整体效应。这是加强市场组织建设的任务。信息市场既是产品（包括服务）市场，又是生产要素市场。它在市场体系中占据特殊的重要地位。一方面，信息市场是独立的、有形的市场，它不同于其他市场，并为其他市场服务；另一方面，信息市场是寓于其他市场之中的无形的市场，它与其他市场结合在一起，成为其他市场的要素。任何市场都是信息系统与激励系统的统一，没有信息市场的繁荣也就没有其他市场的繁荣。信息市场基于其他市场又高于其他市场。这个特性对于期货市场、金融市场、股票市场、外汇市场、技术市场等非实物化的市场尤为明显。有些市场如技术市场，几乎同信息市场即技术信息市场是分不开的，也很难分清。

（2）信息市场是信息商品化、产业化的突破口。无论在我国还是其他国家，信息资源的开发利用日益走上信息产业化和商品化的道路。信息产业化和商品化是发展生产力的要求和条件。我国软件业之所以落后，一个主要原因就是软件生产产业化和软件产品商品化的程度低。整个信息业也有同样情况。现在，我国在加快发展第三产业中已把信息业与咨询业、各类技术服务业一起作为新兴的、重要的第三产业来抓。同时，信息可以作为商品来经营，信息服务要更多地采取有偿服务的方式，这一切已被越来越多的人所接受，并正在成为现实。因而，进一步推动信息商品化、产业化的发展，还必须大力培育和发展信息市场。抓中间带两头，用促进信息流通的办法来推动信息的生产和消费（使用），从这个意义上说，信息市场是个突破口。信息市场能使信息产品变成信息商品，根据需要来组织生产、降低成本、提高质量。这样，就不会造成那种"你要的我没有，我有的你不要"因产销脱节而使资源浪费的状况，也可避免或减少在信息产品生产中不惜工本和不讲质量的现象发生。信息市场还能使提供信息的单位变成信息企业，在公平竞争中优胜劣汰，焕发生气和活力，求得自我发展，并逐步壮大产业群体。

（3）信息市场是深化改革、扩大开放的催化剂。我国的改革是市场取向的改革，深化改革包括计划体制的改革，就是要在国家的宏观调控下充分发挥市场调节的作用。我国的开放意味着市场开放。一方面对外开放国内市场，从比较利益出发，进口国外商品、引进国外资金和技术；另一方面向外进入国际市场，出口商品、输出劳务、对外投资和转让技术，全方位参与世界性竞争。扩大开放就要使国内市场与国外市场进行对接，进一步缩小市场的封闭性。在这种情况下，政府尤其是计划部门必须转变职能，政企分开，研究市场和培育市场，通过市场来配置资源、提高效益；企业尤其是国有大中型企业必须转换机制，走向市场，经受国内外市场的考验，在激烈的竞争中求生存和发展，居民也会越来越多地被卷入市场，他们的收支状况和生活水平在更大程度上取决于市场及其变动。市场既不是一目了然的，又不是毫不可知的，需要依靠信息来加以认识和运用。政府调控市场、企业占领市场、居民适应市场都需要各种各样的信息。而信息日益变成商品，越来越多的信息要通过信息市场来取得。信息市场是改革开放的产物，它反过来又像催化剂一样促进改革的深化和开放的扩大。

（4）信息市场是促进经济发展和提高经济效益的有利因素。我国由粗放型经济转向集约型经济，速度要快，效益要好，就得依靠科学技术的进步和经营管理的改善。信息既是经营管理的基础，又是科技进步的因素。信息市场的发展，有利于更好地满足经营管理和科技进步对信息的需要。一方面，信息市场是科学技术和经济建设高度发展、相互结合的产物。另一方面，信息市场的出现，有助于企业和政府改善经营和管理，提高经济效益和社会效益，以及促进科技和经济的进一步结合，加快科研单位和生产部门的横向联合，调动科技人员和管理人员的积极性、创造性，采用新技术，开发新产品。

（5）信息市场是学习和吸收人类社会文明成果的有效途径。国内有信息市场，国外也有信息市场。随着信息技术的飞速发展和跨国信息流动的增多、加快，信息市场日趋国际化、全球化。美国信息产业协会认为，全球信息市场的兴起不仅与全球范围信息需求的扩大、信息技术和信息产业的发展有关，而且与世界经济的剧变、经济相互依存性的增进等因素有关。他们注重研究世界经济中信息市场的组成要素。我国培育和发展信息市场，应当学习和借鉴经济发达、信息富裕国家的经验。在这一基础上，我们还可通过信息市场，尤其是国际化的信息市场，来吸收人类社会所创造的决策科学化和现代化、先进的经营管理方式和方法等方面的有用成果。

2. 培育信息市场的紧迫性

（1）培育信息市场是尽快改善信息环境以利抓住良机来加速改革开放和发展的需要。当前，要加快改革开放和发展的步伐，必须紧紧抓住国内外政治经济环境比较有利的时机。深化改革、扩大开放、加快发展，必须从中国和世界的实际出发。这就必须有反映实际情况的各种信息，并且对它们进行筛选和提炼，而要做到这一点，必须有一个良好的信息环境。20世纪80年代早期，在世界新技术革命的推动下，我国曾出现"信息热"。90年代初期，在客观需求的推动下，我国又出现了"信息热"。怎样改善信息环境，使各种信息需求能得到及时的、比较充分的满足，以促进改革开放和发展呢？一个有效的办法就是培育和发展信息市场。"以销促产"，用市场来带动信息服务的发展，使其进一步适应改革开放和国民经济上新水平、新台阶的需要。这是关键之所在，要早抓、快抓、狠抓。

（2）尽快改变我国信息产业尤其是信息服务业落后状态的需

要。我国信息产业同世界各国平均水平相比，大约落后几十年。在信息产业的结构中，信息服务业占信息设备制造业的比率远远低于世界平均水平。在国民生产总值中，信息含量很少。据估计，每百元国民生产总值的信息含量我国仅为世界平均水平的1/10。目前，我国信息服务业规模小、技术落后，效益差、结构不合理，信息流通不畅、专业化协作程度低，缺乏统一规划、政策引导和组织管理。这种状况同国民经济发展几年上一个新台阶的需要不相适应，亟须改变。而信息市场的发育，则有利于信息产业首先是信息服务业的加快发展。

（3）尽快形成我国统一市场并使其与全球市场连接的需要。统一市场是多种市场相互协调的体系，是没有壁垒的一体化市场。各国经济学家都认为，统一市场才有完整的市场机制，会给经济发展带来巨大效益。我国统一市场尚未形成，这不仅表现在各种市场成熟程度不同，相互配套不够，而且表现在各个地区之间由于经济利益的矛盾彼此封锁市场，前几年实行财政"分灶吃饭"更加剧了市场割据，这种状况不利于全国范围内有效地发挥市场调节的作用。因此，要努力促进国内统一市场的形成。不仅如此，我国一旦恢复关贸总协定缔约国的席位后，还要进一步使国内统一市场与世界市场或地区性国际市场相连接，国内外市场的相互影响也就比原来更明显和增大了。显然，国内外的市场信息必将成为影响我国贸易、金融和整个经济发展的关键因素。尽管市场信息有别于信息市场，但市场信息同其他信息一样也会越来越多地要通过信息市场来取得。培育和发展信息市场，针对需要提供各种市场信息，是促进我国统一市场的发育、成熟并使其缩短与世界市场的差距的当务之急。

（4）尽快增强综合国力和提高国际竞争力的需要。信息影响企业的竞争力，同样影响国家的竞争力。它关系到一国的综合国力。国外有些专家学者把一国经济和社会的信息化程度，作为衡量该国实力强弱的一个重要标志。他们认为，国家有信息富裕与信息贫穷之分，一国要富强起来，不仅要降低物质消耗率、提高能源利用率，而且要不断优化"信息效率"，充分利用和发挥信息资源的作用。而要做到这一点，必须在发挥计划调节的积极作用的同时，抓紧培育和发展信息市场，通过市场机制来配置信息资源，以提高信息资源的效益。

二　我国信息市场的状况、问题与培育意见

1. 关于我国信息市场的状况

（1）初步兴起。信息市场的出现，是从专业信息市场和地方信息市场开始的，而全国性和综合性信息市场还在形成过程中。信息市场的形式多种多样，目前主要有：①网络组织。发展网络成员，收取加入网络的费用，除提供网络刊物和联机信息服务外，还通过信息发布会、业务洽谈会、商品展销会等活动开展其他有偿的信息服务。②咨询业务。设置咨询机构，从事信息咨询研究，开展经济咨询、科技咨询、工程咨询、管理咨询等专门业务，收取咨询费用。③交易场所。设置信息交易所、信息茶座等固定交流点，提供有关商情信息、项目信息、科技信息等信息服务，互通情况，调剂余缺。④中介服务。如招聘信息经纪人，由他们为买卖双方牵线搭桥，成交后收取一定比例的佣金，并由经纪人服务所对他们进行培训，向他们提供开展活动的各项服务，同时收取服务费用。⑤公司实体。成立各种信息技术或信息服务公司，作为经济实体开展信息业务。他们与各种信息中心的关系，有依附于信息中心的，所谓"大中心小公司"；有成为信息中心的主要依托的，所谓"大公司小中心"；还有是一个单位挂两块牌子的，所谓"前店后厂""分工不分家"等。另外，有很大一部分信息公司是独自成立的，在组织上同信息中心无关。⑥专项经营。与商品或物资的专项购销活动相结合，按产品或行业经营专项信息服务，如粮食贸易、钢材贸易等活动中关于粮食、钢材等商情的信息市场。上述各种形式的信

息市场虽然比较活跃，但尚未定型，还在探索中前进。信息市场的历史比技术市场的历史短，其中有固定交易场所的信息市场的历史更短，它最初出现于1988年，其兴起只有三四年的时间。

（2）尚不发达。上市的信息商品（包括服务）种类少、质量低、初级形态的多、销售价格或收费标准不规范；市场交易行为不规则，缺乏应有的政策指导；信息服务业的经营活动以收抵支比较困难，还活跃不起来；信息市场在全国发展不平衡，有些地方还很落后。据调查，信息市场供应的信息，历史的和现时的信息多，未来信息少；时效性长、频率低的信息多，时效性短、频率高的信息少；国内信息多，国外信息少；一般性信息多，能满足特定需求的具体信息少；相互转抄的低水平信息多，经过深入分析和科学加工的高质量信息少。据反映，"信息不值钱"和"信息乱收费"两种现象同时并存，信息服务的价格较为混乱，这不利于调节供求、繁荣市场。虽然1989年以来不少地区根据具体情况先后制定和发布了信息市场管理暂行条例，但是全国对信息市场缺乏统一的管理，由于政策不明确，某些信息企业就往技术市场靠拢，以争取优惠待遇。目前通过信息服务进行创收比较艰难，大多数信息企业不得不经营其他业务。这说明信息服务收入的数额及其盈利部分都比较小。

（3）潜力很大。从需求方面看，随着国民经济和社会的发展，国内外对各种信息的需求急剧增大，而信息需求又具有在满足过程中不断引发新需求的特性；从供给方面看，十多年来信息系统建设的成就为信息生产奠定了基础，拥有信息设备和信息人员资源80%以上的政府机关信息部门正在逐步面向社会、走向市场，开始对外提供信息商品，实行有偿服务；从市场条件看，信息市场由小到大，在统一市场体系中的地位和作用，将不断被政府与公众所认识，它崭露头角的日子不会太远了。

（4）前途广阔。信息市场同信息产业、信息经济、信息社会一样，有极其诱人的发展前景，信息市场把知识产品变为商品，把智力服务变为财富，国外把它称为"奇妙的市场"。奇就奇在"信息"上，信息能使世界更有秩序；妙就妙在"市场"上，市场能使经济更为繁荣。

2. 关于我国信息市场存在的问题

（1）自发性大于自觉性。我国信息市场的发展具有一定程度的自发性。它不完全是有计划地发展起来的，很大一部分是发展起来后为领导部门和社会所接受的。当前，政府机关要精简，而信息工作要加强。因此，一些信息部门通过企业化、社会化而进入信息市场。这有客观的必然性，但也不完全是自觉的。由于信息市场的发展缺乏计划性，对信息市场的规划、布局、组织、扶持也就很差。信息市场的发展需要有知识、会经营的人才，目前人才缺乏，亟待培养。这不是自发地能解决的。为使今后全面、健康、快速地发展信息市场，还应加强预见性和宏观调控。

（2）地区性多于全国性。我国的信息市场大多是地区性的，虽然其中有些信息市场的辐射面超出了本地区，但覆盖面遍及全国的不多。在几个城市的边缘地区发展起来的跨地区的信息市场，有较强的生命力，可是它的作用仍未遍及全国。全国统一的信息市场，对发展我国信息产业和其他产业有极其重大的作用。它的形成，一方面要求信息市场具有较高的发育程度，另一方面可把辐射力扩展到全世界。

（3）综合信息少于专业信息。发展专业信息市场，在信息市场发育的早期阶段，起步比较容易，也有成效，需要继续发展。但是，专业信息不能代替综合信息，经营专业信息的市场的总和，不等于经营综合信息的市场。后者的形成有其特殊的规律性，这与信息技术的集成化、信息服务的综合化密切相关。在专业化分工的条件下，发展不限于经营专业信息商品的综合性信息市场是信息市场高级化的需要，也是国民经济及其管理全面优化的需要。

（4）规范性不够，政策指导不强。信息商品的市场交易应有一定的规则。无论是信息商品的质量和价格，还是信息商品的买卖行为和中介活动都要有规范。只有遵守市场准则和维护市场秩序，才能保证公平竞争。现阶段信息市场规范差，除信息商品较难规范外，主要是由于信息市场本身发育程度不高。信息市场的发展条件、经销范围、收费标准、纠纷仲裁等都存在问题。为了保护买卖双方和中介人的利益，必须制定相应的市场政策。加强政策指导，才能使信息市场健康发展。

（5）外部环境较差，内部管理较乱。我国市场经济不够发达，统一的市场体系还不成熟和完备，作为主要用户的企业对信息需求往往还不怎么明确，国内外信息渠道不大畅通，通信环境不够好，信息产业发展水平较低，全民信息意识不强等，这些情况说明我国信息市场的外部环境需要不断改善。我国信息市场的规章制度不健全，插手管理的部门较多，而且管理不统一，有些地区的管理办法不当，束缚多于引导，反而影响了信息市场的发育，这些情况说明我国信息市场的管理还应逐步改进。

3. 关于培育我国信息市场的意见

关于培育我国信息市场的意见，中国信息协会在1991年年会上提出的《加快发展信息服务业、积极培育信息市场的基本思路和若干建议》已有反映。在这里，根据一年来信息市场的发展情况，有针对性地就信息市场培育和发展问题再提几点意见。

（1）转变观念。要加强信息观念、市场观念为市场服务的观念，以及讲究核算、注重效益的观念。长期以来由于我国经济是一种产品经济，人们不重视信息和市场，不认为信息可以成为商品，不了解生产信息需要投入，取得信息需要付费。这些观念已与新的发展形势不相适应。随着社会主义商品经济的发展，市场问题变得日益重要。国家在加快改革开放的进程中以市场为导向发展经济，政府的工作转向培育和调控市场，企业走向国内外市场，参与竞争。信息工作也就需要树立为市场服务的观念。为市场服务，既有微观问题，也有宏观问题。统一市场的建设和组织，就是一个宏观问题。为市场服务，就必须打破高度集中的计划经济体制形成的

"重生产、轻流通"的传统观念。为市场服务，就必须抓市场信息，搞信息市场。市场信息涉及方方面面，综合性强。信息市场反映信息交换，有助于克服相互封锁信息的本位观念。培育和发展信息市场，要增强信息意识和市场观念。信息就是金钱，市场就是"战场"。通过信息市场获取所需信息是要支付代价的，这有利于促进信息资源开发和强化其使用中的核算意识和效益观念。

（2）加强引导。引导要有目标，我们的奋斗目标是，经过"八五"和"九五"期间的努力，争取到20世纪末为建立符合我国国情的、充满生机和活力的社会主义信息市场统一体系奠定基础。正确的引导对减少信息市场盲目发展和防止信息市场消极作用十分必要。有些省市的信息中心或信息协会正在开展信息需求市场容量、信息企业供给能力的调查，为规划信息市场的发展做准备，这是加强引导的有效措施。选择重点，总结现有信息市场的经验，组织交流，找出发展信息市场的规律，这很重要。培育和发展信息市场，还要研究战略、制定规划，并把它纳入整个市场体系的组织建设中，同时应注意点面结合，采取依托国家重点专业市场和区域市场来建设信息市场等办法，更好地解决信息市场在全国布点的问题。

（3）改良条件。首先，要改善信息网络方面的条件。开拓信息市场，应有完备的信息网络，包括人工信息网络和计算机信息网络。可以联结的网络越大越多，分散在各地的信息市场也就越活跃越兴旺。网络建设的关键是通信。要统一领导、集中规划，把通信网络建设得更好。各地区、各部门已经形成的计算机通信网络要扩大信息资源的开发和交流，并向社会开放，进行有偿服务。我们建议国家信息中心协助国家计委做好全国信息网络建设和服务的总体规划以及协调工作。其次，要改善资金供应方面的条件。经营信息市场，应有充足的资金准备，包括流动资金和固定资产。有些地方的信息市场往往苦于资金拮据而打不开局面。国家除在信息市场的基础设施上增加必要的投入外，还应帮助信息市场解决所需贷款的渠道问题，在培育和发展信息市场中还应适当引进和利用外资。最后，要改善通信保障方面的条件。通信应更好地为信息企业服务。目前通信保障差，通信费用高，还有重复收费的不合理现象，这会严重影响信息市场的发育和形成，应设法加以解决。

（4）突出重点。培育和发展信息市场，要把工作重点放在发挥各级政府部门信息中心的主力军作用上，要求他们进一步搞好为宏观决策和调控服务的同时，允许他们按企业组织形式经营信息商品，在信息市场中起主导作用，对他们"松绑"，并使他们能带动集体的、个人的、外资的等其他所有制形式的信息企业的发展。

（5）落实优惠政策。我们建议信息市场享受与技术市场相同的优惠政策。技术市场是新生的重要事物，信息市场比技术市场更新，其重要性也不亚于技术市场。技术市场实际上是一种技术信息市场，国家用一定的优惠政策来扶持它的发展，自然也应用同样的优惠政策来培育整个信息市场的发展。信息市场的存在，会给国民经济和社会发展带来巨大的效益，不从政策上给予优惠无异于因小失大。当然，信息市场不同于技术市场的特点，除需要实现税收、信贷方面的政策扶持外，还需要技术、通信方面的政策支持。

（6）完善管理。我们建议成立国家信息管理局来统一管理信息市场。在管理中应与工商行政管理、物价、财政、金融、通信等部门进行充分协商。在总结各省市的信息市场管理暂行条例实施经验的基础上，制定全国信息市场管理办法，经国务院批准后发布实施。该办法应体现国家促进信息市场发育的方针政策，确立原则精神和重大规则。各地的信息市场管理办法则应以此为依据，结合当地情况加以具体化。正确的管理应在放开中引导，在服务中调控，绝不能用"卡死"来代替管理，要努力加强和完善信息市场的法制建设。

三　立足国内、面向世界、繁荣市场、振兴经济

在我国，培育信息市场还应解决以下两个问题。

1. *正确处理国内信息市场与世界信息市场的关系*

世界信息市场是一个快速成长的庞大市场，它的购销营业额将从 1990 年的几百亿美元增加到 2000 年的上万亿美元，世界信息市场的扩大促进了世界服务贸易的发展。近几年来，世界服务贸易的增长速度远远快于货物贸易的增长速度。

培育和发展我国信息市场，必须考虑国内市场与国外市场的相互联系和影响，把我国市场作为世界市场的一个部分来处理。我们要立足国内信息市场，面向世界信息市场。在前者的开拓和发展过程中，学习和借鉴后者，同后者进行合作和交流。在采取必要的适当的保护措施的同时，实行开放政策，在开放中求发展，通过参与世界信息市场的竞争来逐步缩小同它的差距。

市场全球化是当今世界的发展趋势，生产具有全球标准的高质低价的信息商品，提供为其他国家和人民所需要的信息服务，努力熟悉世界信息贸易业务，是扩大信息市场的关键。国内信息市场与国外信息市场相结合，有利于推动国内信息市场的发展和促进国外信息市场的开拓。

2. *正确处理信息市场与整个市场以及整个经济的关系*

在信息时代，信息市场的发展适当超前于整个市场和经济的发展，有利无弊。信息市场的发育程度固然取决于整个市场的发育程度和整个经济的发达程度，然而信息是制约市场发育和经济发展的关键因素，信息市场的发育反过来有助于整个市场的发育和整个经济的发展。正如通信的发展要适当超前于国民经济的发展一样，信息市场的发育也要适当超前于整个市场的发育和整个经济的发展。因此，在调整产业结构时，应对信息市场和信息产业进行必要的倾斜和扶持。

信息市场与其他市场相结合，有利于整个市场体系的发展。由于全国范围内经济发展不平衡，各地信息市场的发展也会不平衡。然而，在信息市场的发展过程中，有计划地在经济不发达地区适当超前培育信息市场，使全国的信息商品能流向这些地区，以促进信息分布均衡化，将有利于全国经济比较均衡地发展。

培育信息市场是促进市场和经济发展的必由之路。对信息市场，我们不是为培育而培育。繁荣统一市场，振兴国民经济，才是培育和发展信息市场的根本目的。

（系中国信息协会 1992 年年会主报告，原载《信息经济与技术》1992 年第 9 期，转载《电子软科学》《经济与社会发展》《山西经济信息与预测》）

电子商务是 21 世纪主要贸易方式

电子商务的英语原文有两个：一为 Electronic Business，另一为 Electronic Commerce，后者在国内也有译作电子商业的。电子商务是从个别商务活动的电子化开始的，逐步扩展到整个商务活动及其相关环节的综合电子化。电子商务这种贸易方式开始时比较适宜于标准化程度较高、交易时便于鉴定其质量的那些商品或服务，如电脑软件、书籍、视听音像产品、旅游和保险的服务等，后来逐渐延伸到其他一般商品或服务，但不一定在网上完成全部交易活动，也可以先在网上促销、选购、洽谈以至付款，后在网外取货或提供服务。实际上，不可能也无必要使所有商品或服务的贸易都采取电子商务方式，传统商务方式还会继续存在和发展。但是，电子商务在整个商务中的比重定将迅速增加，甚至在未来成为全球贸易中的主要方式。正如江泽民同志所说的，"电子商务代表着未来贸易的发展方向"。[①] 电子商务引发了一场深刻的贸易革命以至经济革命。

一　电子商务迅速趋热的原因

电子商务的热潮从国外扩散到国内。在国外，电子商务的热源是美国。20 世纪 60 年代美国就把计算机广泛用于商业上，出现了电子记录机式会计（ERMA），70 年代与 80 年代又推行了企业间的电子数据交换（EDI）以及与其相联系的增值网（VANS），进入

---

① 参见《江主席谈电子商务》，《计算机世界》1998 年 11 月 30 日。

90年代后因特网的商业应用立即使电子商务加速发展。目前在美国，因特网的普及率已达到23%，上网的6900万人中有32%使用了电子交易方式，约有10%的商品的销售是通过电子商务完成的，电子商务至少每年增长50%。今后三五年内，美国绝大多数企业将普遍开展基于因特网的电子商务。虽然美国的因特网商务还处于萌芽期，但是预计其贸易额在未来5年内每年将达到3000亿美元。[①] 1997年7月美国政府提出《全球电子商务框架》，同年12月美国与欧盟发表有关电子商务的联合宣言，1998年5月世界贸易组织第二届部长级会议在庆祝多边贸易体制50周年时把电子商务自由化作为主要议题，并发表《全球电子商务联合宣言》。6个月以后，美国白宫又推出了发展电子商务的最新计划，强调保护在线购物的消费者的利益。同年11月亚太经合组织第6次领导人非正式会议也把电子商务作为重要议题之一，成立了电子商务专题工作组，并在随后召开的部长级会议上通过了关于亚太经合组织电子商务前景的声明。1998年成了全世界的"电子商务年"。

近几年来，电子商务迅速趋热绝不是偶然的，有其深刻的社会、经济原因。

首先，这是信息技术、信息网络尤其是因特网逐步普及的产物。与电话、电视、广播、传真、书报刊等信息传播渠道不同，因特网作为一种多向互动的、多种媒体结合的、受时空限制最小的现代化传播渠道，为人类交易活动提供了方便快捷和经济高效的途径。

其次，这是市场、金融、经济全球化发展趋势的要求。市场范围日益扩大，资金流动越来越快，各国间经济依存关系更加紧密，传统的商务活动方式已不能满足全球经济发展的需求，必须部分地代之以电子商务。电子商务真正的用武之地主要在于国际贸易，它

---

① 参见美国商务部《崛起的数字经济》(*The Emerging Digital Economy*)，1998年4月。

在未来的全球经济中必将扮演越来越重要的角色。

再次，这关系到企业增强竞争力和国家提高综合实力的问题。电子商务通过交易成本的降低等途径正在改变企业的竞争基础，通过供销渠道选择多样化等途径正在改变企业的竞争方式。小企业借助于电子商务改进了同大企业展开竞争的条件。各国企业纷纷采用电子商务方式来增强自己的竞争力。相当多数的国家已意识到电子商务对于争夺国际市场和提高综合实力的重要性，都想抢先占领电子商务中的有利地位，力图变被动为主动。例如，欧盟与日本紧随美国大力发展电子商务，新加坡还企图使自己成为一个全球的电子商务中心。

最后，这归根结底取决于电子商务与传统商务比较有种种不可比拟的优越性，它增加了贸易机会、降低了贸易成本、提高了贸易效率、简化了贸易流程、改变了贸易模式、带动了经济变革。据美国商务部分析，企业与企业之间的电子商务可降低采购成本、压缩库存、缩短周转时间、提高为顾客服务的效率、减少销售与营销的成本、增加新的销售机会。[①] 特别要指出的是，上述各种效益的提高会随着企业赖以进行电子商务活动的信息网络的扩大而加速。

二　我国政府发展电子商务的必要措施

电子商务对我国来说，既是机遇又是挑战，有可能挑战大于机遇，但应对得当，也可能机遇大于挑战。

我国信息产业部的领导十分重视电子商务的发展问题，把它与企业信息化、金融电子化相并列，作为国民经济信息化的三大重点之一，并说明了三者之间的关系，指出电子商务是核心、金融电子

---

① 参见美国商务部《崛起的数字经济》，(*The Emerging Digital Economy*)，1998 年 4 月。

化是保证、企业信息化是基础。① 电子商务的发展不是一个局部问题，而是一个与企业信息化、金融电子化、政府信息化、家庭信息化以及这些方面信息化主体本身的基础与素质密切相关的全局性问题。

电子商务的发展，应由政府引导、企业运作。江泽民同志正确指出"在发展电子商务方面，我们不仅要重视私营、工商部门的推动作用，同时也应加强政府部门对发展电子商务的宏观规划和指导，并为电子商务的发展提供良好的法律法规环境"。② 我国电子商务的起步虽然只比国外稍晚几年，但实际存在的差距比较大，如信息基础设施相对薄弱、因特网普及程度低、社会信用条件差、企业现代化和金融体系现代化均较落后等。因此，在推进电子商务方面，应区分国际电子商务与国内电子商务，先重点抓好前者，再逐步加强后者。

首先，我国政府应加强紧迫感，采取积极主动的态度，参与各种国际组织关于全球电子商务的框架与规划的讨论、谈判，使其构建的体系与制定的协议、条款等，有利于我国和其他发展中国家在发展国际电子商务中争取到平等的地位和权利，以保护电子商务不发达国家的利益。

其次，我国政府应尽快出台正在拟定中的电子商务总体框架，这对全国推动电子商务有指导意义。目前，我国还只有个别行业、地区的电子商务框架，如中国对外贸易电子商务框架，以及刚启动不久的首都电子商务工程框架。

最后，我国政府需着力解决电子商务发展中遇到的身份认证、安全保障、支付结算、协同作业、知识产权与隐私的保护、法规和政策等主要问题，同时还应帮助解决信息网络的技术障碍、管理体制与运行机制、费用与回报等经济问题。总之，要使企业、消费者

---

① 参见吕新奎《发展电子商务、加快推进国民经济信息化》，《计算机世界》1998年5月4日。

② 参见《江主席谈电子商务》，《计算机世界》1998年11月30日。

以及政府本身的部门或机构愿意采用电子商务方式。电子商务的生命力在于它能提供远高于传统商务的经济效益与社会效益。正因为如此，越来越多的国家把电子商务视作未来经济增长的发动机。

三 我国企业应用电子商务的有关问题

我国应用电子商务较好的企业多为外贸企业和外资企业。作为我国企业主体的国有企业，有17%左右对电子商务已有一定的了解，其中，大型企业了解的比例较高，接近100%，而中型和小型企业的比例则较低，分别为20%和10%左右；有9%左右的国有企业准备采用电子商务，其中，大型企业有此意向的比例较高，差不多为50%，而中型和小型企业的比例则较低，分别为10%和5%左右；只有不到10%的国有大型企业正在或即将实施电子商务。①

在我国企业中推广应用电子商务需注意以下问题：

（1）推进企业信息化是发展电子商务的基础。无论是企业与企业之间的电子商务，还是企业与消费者之间的电子商务，都要求企业在业务活动和管理工作中实现信息化。企业的信息化程度决定了电子商务特别是EDI电子商务和因特网电子商务开展的可能性。1993年以来，我国国民经济信息化进展迅速，但迄今为止，信息化水平还比较低，尤其是企业信息化工作尚需大力加强。在我国发展电子商务，必须同时推进企业信息化，提高企业的信息化水平。

（2）国际商务领域是应用电子商务的突破口。我国外经贸部门的领导十分重视和积极支持进出口企业应用电子商务。实际上，我国外贸企业不仅信息化程度相对较高，而且对国外电子商务的发展情况比较了解，有条件率先应用电子商务。在所有企业中全面开展电子商务的条件还不成熟的情况下，选择外经贸企业作为突破口，使他们在应用电子商务方面取得成效，积累经验，然后向其他

---

① 参见宋承敏《电子商务挑战与企业改组》，《计算机世界》1998年11月2日。

企业逐步铺开，这无疑是一种稳健可行的方案。集中力量优先发展国际电子商务，使外经贸企业应用电子商务先行一步，有以下主要原因：首先是发展外向型经济的需要，在我国扩大内需的同时仍应努力开拓国际市场；其次是与国际接轨的需要，我国要进入国际商品和服务贸易新体系，并在其中发挥日益重大的作用，就必须搞好电子商务；最后是提高企业效益和竞争力的需要，外经贸企业应利用电子商务的兴起和发展，寻求经济增长的新路子。

（3）发展电子商务要结合我国国情。电子商务是舶来品，要让它在我国生根开花，就应重视和保证它的本土化问题。我们既要追踪研究国外电子商务的发展动向，如 EDI 电子商务由封闭到开放的转变问题、因特网电子商务中大宗交易的保密和安全问题，以及全球电子商务的纳税及其管理问题等如何解决；又要认真考虑电子商务在我国的发展如何从简单到复杂、从初级到高级循序渐进，以及我国企业应用电子商务将会遇到的企业改制、市场发育、金融质量、网络环境、国家政策、人员素质等诸多问题。从我国国情看，除这些问题外，还应特别注意以下几个问题：首先，要正确处理与传统商务的关系。现阶段传统商务处于主导地位，不可能一下子为电子商务所取代；没有传统商务作基础，电子商务也不可能发展起来；应使这两种商务方式结合好，相互取长补短。其次，多种方式的电子商务，也应相互补充和配合。除 EDI 和因特网这两种高级形式的电子商务外，还有通过电话、传真、电视、电子邮件、电子支付以及货币传递系统实现初级形式的电子商务。在我国，应大力提倡和积极推广初级形式的电子商务，并使之与高级形式的电子商务相结合。这有利于为电子商务的寻求阶段、订货及支付阶段、运输阶段积累经验和创造条件。采用多种方式有机结合的电子商务综合发展模式，更符合我国商务活动的实际情况，更容易被企业与客户所接受，更有利于电子商务在我国的逐步推广和健康发展。最后，电子商务的发展要因时因地因物制宜，不能追求单一模式，也不能急于求成。应用电子商务，需视企业与客户的情况，以商品或服务的性质、销售批量为转移，绝不能生搬硬套。同时，电子商务的发展总有一个过程，需要积极创造条件，稳步前进。那种盲目追求一步实现全过程无纸化电子贸易的倾向，则应注意防止和克服。

（4）应用电子商务的核心在于信息资源，关键在于组织协调。发展电子商务既要重视信息技术问题，更要重视信息资源和组织协调问题。企业需要拿出更多的力量，用于解决电子商务的信息流程和数据建设，这是企业应用电子商务能否成功的前提。同时，电子商务涉及众多部门，有企业内的还有企业外的，必须搞好各部门之间的相互协调，这是企业应用电子商务能否成功的保证。在电子商务活动中，所采用的电子信息工具只是一种手段，提高商务活动的效率和效益才是真正的目的。人们常说，被誉为结构性商业革命的 EDI，不是个技术问题，而是个组织问题，它要求把商务活动中票证和单据流转的相关环节，如纵向的材料采购、产品制造、出入库、销售和发送，以及横向的金融、保险、运输、税务等业务活动通过标准化商业文件的联网传输和自动处理整合在一起。从中可以看出，信息资源的组织和各方工作的协调是多么的重要。基于网际网/内联网/外联网（Internet/Intranet/Extranet）的电子商务也不例外。

（原载《财贸经济》1999 年第 4 期）

电子商务与税

一　电子商务的优越性

为什么电子商务这么"热",而且可能会更热?从 2000 年 4 月初在北京召开的第四届中国国际电子商务大会的情况看,其原因很多。各国企业纷纷看好这个虚拟的大市场,为了在因特网的环境下更好地生存和发展,他们需要借助电子商务来增强本身的竞争力。各国政府为了抢占全球信息化的制高点,也需要通过电子商务来提升本国的综合实力。全球公众无论作为消费者还是作为投资者,都希望从电子商务中得到实惠。这些情况的出现,归根结底同电子商务具有现实的和潜在的优越性分不开。

电子商务与传统商务相比的现实优越性主要有:

1. 交易虚拟化

在电子商务中,交易双方即卖方和买方,以及交易中介的商务活动,全部或大部分是在互联网络中进行与完成的。无论是企业对企业还是企业对消费者的电子商务,前者的商谈、签约、订货、采购、营销、支付、报关、纳税等活动,后者的购物选择、订单输入、商家回应、信息确认、电子支付、无形商品或服务(如软件、报刊、贺卡、娱乐等)的传送等活动,都可在网上进行。只是有形商品(如电脑、汽车、家电、衣服、食品等)的传送需由网外的实物配送系统来完成,但其整个传送过程仍可通过网络来查询、跟踪和督促。电子商务充分体现了用信息流组织和支配资金流、货物流的优点，使整个交易活动在虚拟的网络世界中实现。因此，它不受时空的限制，可以全天候实时地和全方位无边界地来进行。这种表现为数字化、符号化的虚拟化交易活动，是现实的交易活动的反映和模拟，它源于现实但又超越现实，极大地扩展和丰富了现实的传统商务活动。

2. 交易成本低

由于买卖双方在网络上直接进行交易，并把商务活动转化为信息活动，不仅中间环节大大减少，甚至都不需要了，而且商业用楼、地面店铺、商品库存、办公经费、文件处理、人员开支等都可大幅度压减、节省，有的甚至会降低到零（如无库存生产、无库存销售等）。最明显的表现就是采购成本、销售成本的降低。例如，美国 GE 公司采用电子商务后 1997 年采购人员减少了 60%，采购成本降低了 30%。交易成本降低后，企业竞争力提高了，消费者购物便宜了，社会的资源节约了。

3. 交易效率高

电子商务使交易快捷、方便，瞬间即可完成交易各方的复杂联系，把每项交易的有关环节整合在一起同时加以完成，这样，周转时间缩短，服务质量提高。例如，美国的汽车生产周转时间在 20 世纪 80 年代需 4—6 年，比日本的 3 年要长得多，但采用因特网商务后，只要 2.5 年，已快于日本。又如 Cisco 公司实施电子商务后对顾客服务的效率一下子提高了 200%—300%。此外，网上购物尤其是节假日购物，还可使消费者从个性化选择中感受到乐趣。

上述三个优越性中，后两个是紧密相连的，为电子商务优于传统商务的生命力之所在，但它们又都是从前一个派生出来的。所以，虚拟交易乃是电子商务之根本。

除现实的优越性即直接的或直观的优越性之外，电子商务还具有潜在的优越性即间接的或外在的优越性。这表现在：

1. 增加商贸机会

随着互联网络的延伸与扩展，加上网络效应的作用，电子商务会给人们带来无限的商机。对中小企业与社会成员来说，进入商务活动的门槛变低了，拥有与大企业相同的参与交易的机会，因而能促进市场竞争和改善企业组织结构。

2. 改变商贸模式

通过多向的信息交流和有效的信息应用，电子商务不仅变革了传统的商贸模式，使商家与客户的沟通更直接了，使企业与企业之间、企业与消费者之间的关系发生了大的变化，建立在更高的信用度和更严的商务合同的基础上，使整个贸易趋向无纸化，而且出现了一系列新的商贸模式，如企业间的增值链模式、信息中介模式、消费者居家购物模式、在线销售服务模式，以及消费者相互间在网上的"拍买""拍卖"模式、消费者对厂商企业集体讨价还价的模式等。

3. 带动经济变革

电子商务处于整个网络经济的顶层。从产业角度看网络经济，它可分为四层，从低层到高层，依次为基础层、应用层、服务层、商务层。居于顶端的商务层与最终消费的距离最近，它的发展以其他三层为依托，但又会带动其他三层的发展，促进网络经济的繁荣。同时，由于商务层会吸引更多的传统企业纷纷"触网"，使它们产生巨大变革，进而提高企业竞争力。所以，电子商务还是促进经济变革与发展的一个驱动力。

二　发展电子商务的条件

电子商务的优越性很大，但推动电子商务的发展，需创造一系列条件。这些条件可分为两类，一类为"硬"条件；另一类为"软"条件。

1. "硬"条件

（1）信息基础设施的建设和信息化的程度。这是首要条件。现行的电子商务是基于因特网的，高效的信息基础设施是推动电子商务发展的物质基础。没有一个好的网络平台，就谈不上什么电子商务。网络的容量、速度、带宽、互联互通的情况，以及管理的有效程度，都关系到电子商务的正常开展，如能否使厂商公平合理地接入、低成本运行和获得良好的服务。电子商务一方面构成国民经济信息化的重要内容；另一方面取决于企业信息化、政府信息化和家庭信息化的发展程度。企业内联网、外联网、网际网的发展至关重要。政府和家庭、社区的信息化程度也会影响政府采购的电子商务和政府级非支付性电子商务的发展进程。

（2）信息网络的安全性和可靠性。电子商务涉及商务谈判、资金划拨等重要事宜，网络运行必须安全、可靠，保证不出差错。应采取必要措施，确保网络的外部安全和内部安全。需研究开发商业密码及其技术，还需加强密码管理。应防范网络入侵行为，使电子商务有个安全可靠的环境。

（3）用户身份识别与认证。建立和完善身份认证机构（CA），提供网上认证服务，是开展电子商务的必备条件。认证中心应是一个负责发放和管理数字证书的权威机构。该机构必须对信任它的各方负责，切实履行本身职责。

（4）电子支付系统。界面友好的、安全有效的电子支付系统，是推进电子商务的重要条件。用户根据自己的需要可选择合适的支付工具，如信用卡、电子支票、数字现钞、电子钱包等。网上支付应逐步完善，以便从金融服务方面支持电子商务的发展。在线的支付结算方式需有一定的灵活性，以适应网络市场的变化。

（5）货物配送系统。通过电子商务买卖的有形商品，如图书、药品、杂货、玩具、鞋帽、家具、鲜花等，不管是厂家直销还是商家零售的，都必须由强大的、高效的货物配送系统，准时地、完整无损地、可即时查询地传递到顾客手中。这是开展电子商务的一个容易被忽视却十分重要的条件，而电子商务的发展反过来又会带动快递公司、货物配送企业等物流产业的兴起。

2．"软"条件

（1）法规与政策、标准与规范。电子商务有着与传统商务不尽一致的特殊的交易规则，启动电子商务需要新建法律、规章和政策的环境，以及必要的标准与规范。这既应从中国实际出发，又应考虑与国际接轨的需要。国际组织和电子商务先行国家都十分重视这方面的工作。例如，联合国国际贸易法委员会于 1996 年提出了"电子商务示范法"，美国在 1997 年发表了"全国电子商务纲要"，欧盟于同年也颁布了"电子商务行动方案"，新加坡则在 1998 年制定了"电子交易法案"。我国也正在研究起草"电子商务框架"。

（2）政府的有效管理。电子商务能否取得成功，既决定于企业的主动性和首创精神，又决定于政府的指导、协调和管理，政府与企业的有效合作尤为重要。对电子商务的管理，涉及政府诸多部门。有关部门应协调一致，根据电子商务发展规律进行有效的监管，保证电子商务的灵活性和适应性，以促进企业通过电子商务赢得国际竞争优势。

（3）知识产权和信息隐私的保护。在开放的网络环境下，随着电子商务的开展，对知识产权（包括著作权、专利、商标、网络域名等）、商业秘密、个人隐私的保护，显得日益重要。把这方面工作做好，有利于电子商务健康持续发展。

（4）信用和声誉。电子商务不是面对面地进行的，它比传统商务更要讲信用、树声誉。交易双方相互信赖是进行电子商务活动的基础。无论是企业还是个人，都有资信问题。网上交易前，要了解对方的资信情况，以免上当受骗。电子商务的参加者应遵守商业道德，加强自律。

（5）转变观念和培养人才。观念的滞后会对电子商务的发展产生阻碍作用，而人才的缺乏是电子商务难以快速发展的主要原因。电子商务的真正发展，有赖于从事传统商务活动的广大员工对电子商务的积极参与和大批传统企业尤其是有影响的大型企业转向电子商务。加强电子商务知识的宣传与普及，改进电子商务从业人员的知识结构，培养我国自己的电子商务人才（包括实际工作者和理论工作者），乃是当务之急。

以上"硬""软"十个条件，并非一蹴而就所能创造出来的，需做长期不懈的努力，尤其是"软"条件，更需认真下功夫逐步加以完善。电子商务的启动与推行，要有一定的基本条件，但不能等到各项条件十全十美以后才开始。"发展是硬道理"，应在电子商务的发展过程中去检验已有的条件并加以改进和补充。这是符合辩证法的。

三 税的征收或缴纳是电子商务的难点

在电子商务发展过程中，我们会遇到一些难点问题，如电子商务的规模、占网络经济的比重、对经济增长的贡献等的精确统计和计算问题，不可回避的一大难点问题，则是税的征收和缴纳问题。

根据一切销售活动不管其是如何进行的都需同样征税的财政理论，电子商务应同传统商务一样实施相同的税制。但为了激励电子商务这种新生事物的发展，并考虑到目前电子商务的销售额占全部商务活动的销售总额的比重非常小（如美国1999年第四季度网上零售额只占全部零售额的0.6%），有一种主张反对征收网上交易税。1998年年末美国就通过了《因特网税收自由法案》，推迟3年开征任何影响电子商务发展的新税。

由于电子商务是在网上进行的，不仅交易活动可能跨国境，而且很难确定其交易场所，这就对征税、纳税以及税务管理提出了较难处理的新课题。

首先，是国与国之间的税收分配问题。发达国家与发展中国家有着不同的收税原则。发达国家，如美国采用居住地原则，其税务管辖权为居民管辖权，即把管辖权同收益实体的居住地联系起来，国家对其境内居住的所有人（包括自然人或公司法人）的全球收入征税，而对非居民在国内获得的收入不予征税。这是因为发达国家通常拥有正的国外资产净值，居住地原则可使它们的税收最大化。发展中国家则多采用税源原则，其税务管辖权为收入来源地管辖权，即把管辖权同收入源或经济活动的场地联系起来，国家对其领土内获得的所有收入征税，不管是居民还是非居民的收入，至于居民在国外获得的收入则可不纳税。这是因为发展中国家往往是大量外国直接投资的所在国，税源原则可使它们的税收最大化。不同的国际组织对上述两个原则也有不同的偏向。例如，经合组织（OECD）制定的条约倾向于居住地原则，而联合国（UN）制定的条约则倾向于税源地原则。电子商务的发展，要求混合采用这两种原则，建立公平合理的全球征税体制，为国际税收合作奠定基础。这也是使同一家厂商在全球电子商务活动中避免双重纳税的需要。如何建立有利于发展中国家，尤其是像中国这样的发展中国家的更公平的电子商务税收分配制度，尚需在国际谈判与合作中去努力争取。另外，发达国家特别是美国从自身利益出发，竭力鼓动电子商务免征关税，这种实行零关税的办法对发展中国家经济增长也会产生不利影响，但需要争取一个缓冲期，以便逐步进行调整和慢慢适应新环境。

其次，是一国内部不同地区之间的税源分配问题。电子商务征税后，会使一些地区的税源流失，因为很难向外地的商人收税。以美国为例，全美 50 个州中，就有 22 个州的商人在网上交易的收入中有一半以上来自流失的州政府销售税。能否将销售税的征收范围扩大到外地商人，并使他们把税款缴回到流失的地区，尚需通过立法和税制加以解决。

电子商务中的税收征管问题，作为一个专门问题，有待进一步深入研究。

（写于 2000 年 4 月 12 日，为 "21 世纪电子商务与税收国际研讨会" 而作，原载《财政研究》2000 年第 6 期）

信息社会的经济如何称谓

信息革命正在把人类从工业社会引向信息社会。20世纪60年代中期，有人（如D.贝尔）曾把信息社会称为后工业社会。至80年代中期，苏联一些学者（如尼库里切夫等）还抵制和批判过信息社会的提法。90年代初期，我国不少同志也不愿提信息社会，不得已时就改叫信息化社会。但时至今日，信息社会这一概念，终于被国内外越来越多的人所接受和承认了。

至于信息社会的经济，是不是像工业社会的经济叫工业经济那样，称为信息经济，迄今仍有争论，这是可以理解的。实际上，信息经济的兴起，并不会否定农业经济、工业经济、服务经济的存在，而是促使这三种经济的素质通过信息化后有所提升，并导致信息经济在整个经济中居主导地位而已。

江泽民同志在《论世界电子信息产业发展的新特点与我国发展战略问题》一文中指出"电子信息产业的发展，电子信息技术的广泛应用，正在把世界推进到一个所谓信息经济的时代"。[①] 他在1997年12月召开的中央经济工作会议上的重要讲话中，又提到"国际上有这样一种说法，下一世纪将进入信息经济、科技先导型经济和可持续发展经济的时代"。

所谓信息经济，是以现代信息技术等高技术为物质基础的，信息产业起主导作用的，基于信息、知识、智力的一种新型经济。如果说，在工业经济中，钢铁、汽车、石油化工、能源、交通运输等

---

① 参见《中国科技论坛》1991年第1期。

传统产业部门扮演着重要角色，那么，在信息经济中，居重要地位的则是芯片、集成电路、电脑的硬件和软件、光纤和卫星通信、信息网络与信息服务、新材料、新能源、生物工程、环境保护等新兴产业部门，同时，科技、教育、文化等部门通过产业化而变得越来越重要。

美国是目前世界上信息经济最发达的国家。这首先表现在美国同信息直接或间接有关的部门在国内生产总值中所占的比重已达80%，1996年国内生产总值增幅中约有1/3来自以数字化和网络化为特征的信息产业。其次表现在蓝领职工占全体职工的比重，正在从20世纪90年代中期的20%缩减到21世纪前10年的10%；非专业的白领职工占全体职工的比重，在这15年的时间内，也将从40%减少到20%—30%；而专业性白领职工，即知识型人员，则有可能从40%迅速增加到60%—70%。这后一类人员就包括研究开发人员、设计人员、信息咨询人员、经理、教授、科学家，以及其他有各种专业知识的智力劳动者。

自1996年经济合作与发展组织发表《1996年科学、技术和产业展望》的报告中提出"以知识为基础的经济"以来，特别是1997年美国总统克林顿在一次演讲中提到知识经济以后，我国的报刊等新闻媒体中关于谈论知识经济的大批文章纷至沓来，使人目不暇接。但是，人们读罢便会发现这些文章所说的内容全是信息经济。例如，以比尔·盖茨所创立的微软公司的市场销售额已大于美国三大汽车公司销售额总和。这类软件产业的勃兴作为知识经济来临的标志[1]，正是从软件这类特殊的信息产品来说明其知识含量之高及知识致富的重要性。众所周知，软件是兼具产品和著作两种特征的智力劳动成果，它既是信息产品，又是知识产品。

经济合作与发展组织对知识经济的定义：建立在知识和信息的生产、分配和使用基础上的经济，就是将知识和信息相提并论的。

---

[1] 《谈谈"知识经济"》，《人民日报》1997年12月19日。

实际上，知识是浓缩的系统化了的信息，信息经过提炼才成为知识。显然，没有信息，就谈不上什么知识。信息经济正是一种基于知识的经济。信息经济与知识经济这两个提法是可以互换使用的。当然，在不同场合、不同层次，还有个合理选择的用法问题。

从宏观的、应用的信息经济学发展历史看，知识产业和知识职业概念的出现，还早于信息产业和信息职业的概念。美国普林斯顿大学教授 F. 马克卢普早在 1962 年发表的《美国的知识生产和分配》一书中，就提出了知识产业和知识职业问题，并对 1958 年美国知识产业的生产进行了统计测定。他把生产知识的科学研究和分配知识的教育部门当作知识产业，同时还把知识作为一种商品来研究其成本和效益。美国斯坦福大学 M. U. 波拉特博士在马克卢普教授研究工作的基础上，把知识产业和知识职业扩大为信息产业和信息职业，最终于 1979 年完成了《信息经济》的研究报告，并在 1981 年为经济合作与发展组织采纳，用来测算其成员国的信息经济的发展程度。鉴于知识生产和分配也是一种信息活动，波拉特在上述报告中一开始就强调"以制造为中心的经济"将发展成为"以信息业为中心的经济"。

谈论知识经济的有些文章，离开信息技术与信息产业，单纯地强调一般性知识对经济发展的作用，这就显示不出信息经济相对工业经济而言的本质差别。大家知道，在经济学中一直认为人类劳动创造的物质产品就是"物化的知识"，社会生产力早已在很大程度上表现为"知识形式"。科学知识为直接的生产过程服务，在工业社会就已成为不争的事实了。另外，有的文章把知识与物质相对应，也不尽妥当。因为构成客观世界的三大要素乃是物质、能量、信息。没有物质的世界是虚无的世界，没有能量的世界是黑暗的世界，没有信息的世界是混乱的世界。所以，与物质相对应的是信息而非知识。据此推理，与其用知识经济，不如用信息经济来同农业经济、工业经济这类物质生产经济相对应，似乎更为贴切。

除信息经济、知识经济的称谓外，对信息社会的经济还有数字经济、网络经济、比特经济，以及智力（或智能）经济、非物质经济、后工业经济、新经济等称谓。这些称谓都是从某一个特定方面来反映信息经济的特征的。

对一种经济的称谓，原本是约定俗成的问题。当然，这种称谓应当尽可能反映该经济的本质。在上述多种称谓中，我认为信息经济最能直接反映信息社会的经济的本质，并能同信息革命、信息技术、信息产业、信息文化、信息社会等一系列概念相统一。

就信息经济这一称谓而言，我们可以从信息技术和信息内容两个方面来考察。从信息技术的发展看，由于它具有数字化和网络化的特点，所以把信息经济称为数字经济或网络经济是合乎逻辑的。同时，由于信息的单位是比特，因此，有些技术专家喜欢把信息经济称为比特经济，以便与以原子为特点的物质生产经济相对应。从信息内容的层次看，由于信息升华而成为知识，知识激活而成为智力，所以把信息经济称为知识经济或智能经济，也是在情理之中的。至于非物质经济与后工业经济的提法，虽然都有一定道理，但由于前一种提法太模糊，而后一种提法又显得过于笼统，其使用范围自然也就不那么广泛了。新经济的说法相对于传统的旧经济而言，在一定时期内有其可用性，但不能永久使用，因为"新"的要变"旧"的。

在结束本文时，我要强调一句，对信息社会的经济叫什么经济，既应力求统一，但又不必强求统一，多名并存，有益无害，然而不能花过多的精力用于抠概念上，而应开拓创新，研究正确的战略和采取切实的措施，积极发展信息产业，使工业社会的经济逐步过渡到信息社会的经济。

（原载《经济学动态》1998 年第 7 期，发表时略有删节）

信息经济及其管理

一 信息经济的两种含义

信息经济这一概念正在为更多的人士所接受和熟悉。继农业经济、工业经济之后，信息经济日益成为现实，变成经济发展的一个阶段或整个经济的一个部分。

如果说近200年来工业经济的大发展是18世纪60年代开始的工业革命的产物，那么21世纪信息经济的大发展必将成为20世纪40年代开始、70年代加速的信息革命的产物。与工业革命相比，信息革命来得更迅猛，其影响也更深远。因此，世纪之交的信息经济与工业经济相比，其发展速度一定会更快，其社会效果一定会更大。

在信息革命中出现的数字化与网络化两大趋势，具有特殊重要的意义。所谓数字化，指的是用0和1两位数字编码来表达和传输一切信息，把电脑的二进制普遍化。所谓网络化，指的是用纵横交叉的互动式信息网络来实现信息的交流和共享，把电脑的互联网络普遍化。因此，信息革命有时又被称为"数字革命"或"网络革命"。实际上，这说的是数字化或网络化的信息革命。与此相联系，作为信息革命产物的信息经济有时也被称为数字经济或网络经济。

信息经济有两种含义，一种指的是信息社会的经济，需从社会经济的宏观层次上去理解它；另一种指的是信息部门的经济，则需从部门经济的中观层次上去理解它。前一种理解是广义的，后一种理解是狭义的。广义的信息经济，正像广义的工业经济指的是工业居主导地位的经济形态一样，所要表明的是信息产业居主导地位的一种经济形态，较为强调信息产业与其他非信息产业之间的联系和协调。狭义的信息经济，也像狭义的工业经济指的是工业部门经济一样，所要表明的是信息部门经济本身，而不涉及同时存在的农业、非信息的制造业和服务业等其他经济部门。

那么，能否从信息商品或信息企业的微观层次上去理解信息经济呢？当然，这是不言而喻的事情。但是，广义的信息经济和狭义的信息经济，恰恰是以信息商品或信息企业为基础的。信息部门经济无疑是信息企业经济的总和，而信息社会经济同样要以信息商品或信息企业作为自己的经济细胞。所以，除上述两种含义的信息经济外，没有必要出现第三种含义的信息经济。

有的同志鉴于农业经济与工业经济都是从事物质生产的经济而把它们称为物质经济，进而提出与其相对应的非物质经济的新概念，并在此基础上探讨这种经济在未来世界中的地位和作用。这是一项很有意义的研究工作。但是，在经济学中有物质生产、物质生产劳动、物质资料再生产，以及物质技术基础等概念，却较难找到"物质经济"的经典出处。当然，由于农业经济、工业经济所从事的都是物质和能量在形态上的转换活动，为了使它们区别于从事信息形态转换活动的信息经济，而称之为"物质经济"也未尝不可。然而，为了与其相对应，提出"非物质经济"的概念，就不如用信息经济的概念更贴近实际生活和更符合理论习惯。从这一点看，使用非物质经济的概念时，如果把"非物质"的前缀延伸用于其他相关的社会、文明等方面，那么就会出现"非物质社会""非物质文明"这类难以认同的怪概念，而使用信息经济的概念，进而产生信息社会、信息文明等提法，却是十分贴切的，而且已经这样叫开了。

二 广义信息经济的特点

研究特点是为了揭示规律,任何特点总是相对于一定对象比较而言的,广义信息经济的特点产生于同工业社会经济的比较研究。由于工业社会与信息社会的分界不是截然割裂的,在前者向后者演进的过程中,有一段时期新兴的信息经济同传统的工业经济在一国内或各国间往往是相互交融在一起的。因此,有些特点为两种经济形态所共有,但它们会随着经济发展而不断强化,并在程度上显示出差别来。具体而言,广义信息经济的主要特点一般有以下各种表现:

(1)知识型。信息经济的发展主要不是靠体力而是靠智力。应用知识、添加创意成了经济活动的核心问题。财富再定义和权力再分配取决于拥有的信息、知识和智力。智能工具与人力工具、动力工具相比处于主导地位,智能产品比比皆是。智力劳动者在整个劳动者中的比重高于以往任何时期。为了获取和运用知识,学习成了工作和生活的重要内容,三者的关系在变化。终身学习将成为必然的需要和事实。

(2)创新型。信息经济的活力源于创新。技术创新、制度创新、管理创新、观念创新,以及各种创新的相互结合,成了生存和发展的诀窍,成了经济增长的引擎。二次创新与自主创新相结合,渐进式创新和质变式创新相结合。在技术和产品的生命周期日益缩短的情况下,唯有持续创新和全面创新,使技术与经济以及教育和文化有机结合、综合协调、一体化发展,才能赢得和保持竞争优势。

(3)整合型。信息经济是在整合即综合集成中发展的。信息整合、经济整合,整合本身就是突破,能使生产力大发展。多项功能的整合,多种产品的整合,以及多个部门(或组织)的整合,都会带来根本性变化。电脑、电信、电视的"三电合一",就是一项意义重大而深远的整合活动。电子信息服务业与传统信息服务业的整合,使两者的界限变得模糊起来,又会引起一场巨变。整合意味着一体化的发展。

(4)互联型。信息经济是建立在无处不在的公用信息基础设施之上的一种互联互动的经济。从世界互联网络和各种内部网络的发展可以看出,各部分经济及其发展的相互依存性达到空前紧密的地步。各类经济组织与企业以及它们内部的信息交流和业务联系,均不是单向的,而是双向和多向的。企业通过网络在互联中开展活动。封闭和孤立已被开放和互联所取代,并成为历史。

(5)紧迫型。信息经济是节奏空前加快的实时性经济。信息化使时间变快,极大地提高了时间利用效率。经济活动的离散性减弱,而连续性增强,经济活动的频率在提高,反映经济活动的信息是以光速传输的。快速反应、灵敏决策成了企业成功的关键。新产品或新技术一旦出台,就应考虑到它们的过时或变化。分秒必争,只争朝夕,真正成了经济发展的现实需要。

(6)全球化。信息经济是以全球为系统的经济。信息化使空间变小,距离对经济活动的约束日益弱化。经济活动的国内和国外的界限变得模糊起来。知识无国界,作为主要经济资源的知识,必然导致经济活动突破国界而成为全球性的活动。世界出现了全球统一的大市场,货物(和服务)、资金、技术、劳动力、信息都在全球流动,受国家疆界的限制在缩小,而且还将进一步缩小。产业布局将在世界范围内重组。经济的区域化和集团化成了经济全球化过程中一种发展需要和阶段表现。地区性和全球性的经济组织日益兴起,单纯依靠各国政府间的协商已较难处理和解决经济全球化过程中遇到的新问题。跨国公司扮演着日益重要的角色,企业的总部不一定设在本国而可以迁往地点适中的其他国家。各国企业(包括广大的中小企业)之间的全球合作变得容易了,不会因区位限制而受影响。

(7)数字化。信息经济又是数字经济,任何信息都可转化为数字而以光速进行传输。以往的模拟式产品或技术，正以不同速度向数字式产品或技术转化。例如，模拟电话已变成了数字电话，模拟电视正在变为数字电视。这是一场革命。政府文件的收发、企业商务的交割、居民通信的实施等，同样都程度不等地从物理模拟型转向以 0 和 1 为基础的数字型。

（8）虚拟化。信息经济是一种虚拟的现实经济或现实的虚拟经济。经济活动的数字化和网络化，一方面使空间变小了，世界成了"地球村"，另一方面使空间扩大了，除物理空间外多了一个媒体空间（Cyberspace）。因此，经济活动不仅可以在物理世界中进行，还可以在媒体空间中进行。种种虚拟现实，如虚拟商店、虚拟市场、虚拟银行、虚拟公司、虚拟的研究中心，以至远距离的多主体的虚拟合作等，纷纷涌现出来。虚拟现实系统能提供动态反馈，并使数据和实时信息形象化而有直观性。

（9）分子化。信息经济是使经济成为分子式结构从而可以根据不同需要进行重组的新型柔性经济。它不同于以大批量生产、大规模组织为主要特征的工业经济。经济活动的单元趋向微型化，但它们又是相互联结的，易于面向服务对象和特定需要进行综合集成。经济组织已不是铁板一块的庞然大物，指令性控制的等级制将为基于个体或群体的分子式结构所取代，各个分子组织在被授权的情况下发挥主动性和首创性，因而富有活力和灵活性。

（10）中空化。信息经济是使经济活动无（或弱）中介从而社会交易成本达到最低限度的一种经济。信息化导致最高决策层能同最基层的执行单位直接联系，而使中间组织失去存在的必要性。因此，经纪人、批发商以至某些零售商的作用正在逐步弱化。管理层次在减少，中间管理层（或管理者）的作用会消失。中间"梗阻"的现象不易发生。生产者与消费者之间的鸿沟缩小了，界限模糊了。他们可以直接挂钩，相互掌握对方信息。信息与技术的消费者往往同时也是信息与技术的生产者。消费者可参与产品（或服务）的设计和生产过程，反映自己的意愿和爱好而与生产者合作。

以上关于广义信息经济的"五型"和"五化"互有联系的十大特点，仅为列举性的，难免挂一漏万，但合起来已足以使我们认识到信息经济是什么样的新经济了。

三 狭义信息经济的特点

相对于一般的工业部门经济而言，狭义的信息经济主要有以下一些特点：

（1）综合性。这包括混合、融合和结合三种情况。首先，信息经济不是单纯的制造业经济，而是制造业与服务业相混合的经济。由于数字技术发展和政府管理放松，制造业与服务业的界限日趋模糊。以软件为例，它从开始时依附于硬件，属制造业，后来发展到独立于硬件，且支配着硬件，特别是随着互联网络的发展，又进一步从定制转向租用，成为纯粹采取劳务活动形式的产品而归属服务业。信息产业随其发展而改变其结构，即从制造业为主逐步转向以服务业为主。其他产业（如汽车工业）的一些大公司也由于廉价电脑的广泛应用，把绝大部分零部件的制造发包出去，只剩下研究和开发、设计和营销，而变成非物质化的"服务"企业了。其次，在信息经济部门，物质产品与精神产品并存，且相互融合。物质产品中因智能化而增大了信息价值的份额，在精神产品中一次性的、多次重复使用的和有转型功能的物质载体日益发挥重要的作用。信息产品以物质产品为主转向以精神产品为主，但始终采取两者融合的形式。最后，随着人类物质生活水平的提高，非物质消费占全部消费的比重在增长。从中不难看出，信息经济部门的活动有着明显的文化性。它既反映国家和民族以至特定区域的传统文化的深刻烙印，又体现迅猛发展的现代科学技术的文明硕果，进而实现了物质文明和精神文明相统一的结合。在两个文明的结合中，精神文明的作用伴随着信息部门经济的增长而加强。

（2）集约性。信息经济把信息作为对经济的一种重要投入要素，并通过它对劳动者、劳动工具、劳动对象以及科技、教育、管理等其他要素产生乘数效应，从而提高经济增长中的集约化程度。一般地说，信息产业是依靠科技进步和劳动者素质提高的集约型产业，它的能耗和物耗低，但它的效率和效益高。信息部门提高经济效益的途径较多。它除了与工业部门一样，通过生产规模的扩大导致的经济性来提高效益外，还常常通过经济范围的扩大导致的经济性，以及通过依靠信息来捕捉机遇和快捷反应等方式达到谋取效益的目的。尽管信息行业因资金密集、技术密集、知识密集而需要高投入，但与此相对应也可得到高产出的回报，并且其增长主要依赖于投入要素产出率的提高。这说明它有显著的集约性。

（3）高技术性。高技术是当代科技的前沿，具有跨学科的特性，同新兴产业关系密切，对经济发展影响深远，经常表现为上、中、下游技术相互联系的一个个技术群。信息经济是把高技术产业化的一种新经济。这种经济的研究与开发费用占销售总额的比重要比制造业的平均水平（2.5%）高 2—6 倍，技术人员数量也要比制造业的一般水平多 2—3 倍。信息部门是增长最快而又最活跃的部门，其产品更新换代快，且有国际性的特点。据估计，在美国信息产业的产值约占高技术产业总值的一半以上，全球与高技术产业有联系的贸易额已占世界贸易总额的 1/4 以上。目前已形成规模的高技术产业，除新材料技术产业外，主要是信息技术产业。世界上已出现的高技术园区，从其产业组成看，除生物技术产业外，主要也是信息技术产业。可以说，信息技术产业是高技术产业的核心。

（4）高增值性。信息经济的产品成本相对较低，由于技术进步和竞争推动，其产品的性能价格比几乎每隔两年就增加一倍以上。信息企业的盈利水平和增速要比一般制造企业高出好几倍。从劳动生产率的比较情况看，如果说传统工业与手工业相比为 10∶1，那么信息产业与传统工业相比，则为另一个的 10∶1，甚至还高于这一比率。在信息部门，信息资源不断传输与加工处理，就不断增值，其增值程度以加工层次深化为转移。如果说，传统工农业生产在一定技术水平下存在边际效益递减的趋势，那么就信息资源的开发与利用而言，这种规律已不复有效。增值服务是信息经济发展过程中一项延伸价值链的重要活动。不断增值是信息经济活动的一大特性。

（5）可持续性。发展信息经济有助于减少人均资源（不包括信息资源，主要指自然资源）使用量并降低人均废物产生量。它还有利于用信息文明来弥补工业文明之不足，特别是工业文明在发展生产和改善生活的同时加剧人口膨胀、粮食和能源短缺、自然资源枯竭、环境污染、生态破坏，进而影响人类的永续生存和发展。可持续发展以追求代内和代际的公平（公正和平等）为目标，而信息技术、信息产业和信息经济的发展，能为上述目标的逐步实现做出贡献。例如，它们通过改造和取代传统技术，通过调整和优化整个产业，通过信息的自由交流和更大范围的共享，来提高政府、企业、公众获取和处理信息的能力，力争达到经济繁荣、社会平等、人类和自然相互协调发展的目的。

以上关于狭义信息经济"五性"的特点，也是列举性的，但它可帮助我们略窥其相比于传统工业部门经济的诸多优越性之一斑。

四　信息经济管理的特点

管理起源于有组织地利用资源的客观需要，根植于各个时期各个国家的社会和经济的发展实践。近代管理的发展与近代工业文明密切相关。20世纪初有基于"经济人"假设的泰罗的科学管理，强调以效率为核心。30年代以后出现了基于"社会人"假设的梅奥等人的行为管理，强调人际关系。至50年代又兴起了基于"自我实现的人"假设的马斯洛等人的人本管理，强调新人道主义。进入80年代，文化对管理的决定性影响被提到应有的高度，带有中国儒教文化烙印的日本式管理引起全世界关注。在管理的研究中，人们越来越认识到，管理是人的管理，管理主体是人，管理兼有对人和对物的管理，但归结结底是对人的管理，因为对物的管理取决于对人的管理，所以管理客体主要也是人。随着工业经济向信息经济的演进，管理正在逐渐发生变化。值此世纪之交信息文明悄悄崛起而使工业文明相对逊色之际，人们不能不思考信息经济管理究竟会有哪些不同于工业经济管理的特点。这个问题由于实践的限制尽管一时还难以说清，但是从管理发展中对其主要趋势仍可略见端倪，至少有以下几点变化：

（1）重视社会整体目标。在传统的工业管理中，把追求企业经济目标放在压倒一切的地位上。但在现代信息经济中，企业管理在追求企业自身经济目标的同时，还追求整个社会的发展目标。企业日益重视它对社会进步所负的责任。越来越多的企业家认识到，社会环境的改善有利于企业的发展，企业是在与社会的相互促进中成长壮大的。世界最大的电脑厂商 IBM 公司等企业，曾提出不仅要使顾客满意、员工满意、投资者满意，还要使社会满意，即所谓"全方位满意"的管理原则。企业为了适应社会现实发展和未来发展的需要，在管理中强调快速反应、灵活机动和超前领先、开拓创新。

（2）重视精神激励。在传统的工业管理中，虽有精神激励，但更重物质激励。在现代信息经济中，无论是企业管理还是国家管理，既有物质激励，又重精神激励，而且不只是那种给予赞赏、表扬或荣誉的传统式精神激励，还有另一种新型的精神激励，即赋予更大的权力和责任，使被管理者意识到自己也是管理者的一员，进而发挥自己的自觉性、主动性和首创性，充分挖掘自己的潜能，以实现自身的人生价值和对社会的贡献。

（3）重视知识和人才。传统的工业管理往往以物质资源和资本的管理为中心，而在信息经济管理中，更强调对知识和人才的管理，对发挥组织内外相关专家学者的智囊作用给予高度重视，甚至连企业都被看成是"学习型组织"，要求员工不断地获取新知识和自学成才，发挥知识或团队的整合效应。

（4）重视组织文化建设。传统的工业管理一般只重视规章制度建设这种管理"硬件"，而现代信息经济管理还同时强调组织文化建设这类管理"软件"。就企业而言，即要重视企业文化建设。每一个成功的企业必有自己的企业精神，用一种共同的价值观来熏陶全体员工。例如，美国的电话电报公司以"服务全世界"的响亮口号来动员和鼓舞其员工。总之，独特的组织文化全面地影响着各项管理职能的实现以及组织效力的发挥。在管理民族化和本地化的发展过程中，涉外企业还必须以其企业文化帮助解决跨文化的种种文化摩擦问题。

（5）重视领导方式转型。传统的工业管理，往往"管理过度"而"领导不足"，存在着平时"一管就死，一放就乱"和转型期领导"僵硬"的通病。现代信息经济管理则强调在组织转型的同时领导方式要随之转型。在组织转型或企业转型中，把各行其是的众多部门整合为一体，既要保持员工个人和团队的高效率，又要重整对外关系和创造新机遇。在这种情况下，需要有新的领导方式，让每个成员都有参与领导的机会，要领导组织进行学习，扩展其成员的能力。未来的领导应当是集体领导，集中公众智慧和统一公众行为的领导，领导者必须以身作则，勇于接受改变和发挥示范作用，充分施展其领导的"感应"力，真正成为在信息时代的汪洋大海中乘风破浪、勇往直前的领航人。

五　如何研究信息经济及其管理问题

1997年4月，国务院召开了第一次全国信息化工作会议，总结信息化建设的经验和成就，明确指导方针和奋斗目标，全面部署主要任务。这标志着我国信息化建设进入了一个新的发展阶段。

随着我国工业化的进一步深化和信息化建设的加快推进，信息经济破土而出，正在发芽开花，并将茁壮成长。无论是信息基础设施的建设，还是信息产业的发展和信息市场的培育，以及信息技术的推广应用和信息资源的开发利用，都给我们提出了一系列经济问题和管理问题。这些问题对我们来说都是过去所不熟悉的新问题。因此，尤其需要我们认真对待，及时组织力量，深入研究。

正如前面诸节论述的那样，信息经济及其管理有它不同于工业经济及其管理的种种特点。我们绝不能忽视这些特殊规律性，用管理工业经济的办法来管理信息经济。否则，不是事倍功半，就是失败受挫，不好收拾。

那么，怎样来研究信息经济及其管理问题呢？首先，以应用研究为主，基础研究为辅，着力抓应用基础研究。选题要来自实践，但又不能就事论事，而需提到一定的理论高度，抓规律性的问题。其次，以政府为主导，采取产业界和学术界相结合的办法。实际部门多出题目，尽量提供资料，研究部门多出人力，努力提供成果。研究经费需多方筹集解决。积极鼓励博士导师带领博士生，由博士生撰写博士论文的方式承担相关课题的研究。要注意保护研究成果的知识产权。最后，商请国家社会科学基金经济学科和国家自然科学基金管理学科每年在项目指南中选立有关信息经济及其管理问题的研究项目，由全国各方人士自由申报，或组织重点项目，竞选招标。此外，中国信息经济学会应大力鼓励信息经济学界从事国内外信息经济及其管理问题的自由研究，并在此基础上积极组织交流和开展合作。

（原载《经济学家》1998年第2期，发表时略有删节；《光明日报》1998年3月6日摘登其中部分内容）

网络经济给中国带来的挑战和机遇

一 网络经济的含义

对网络经济的理解，有狭义与广义之分。狭义的网络经济是指基于因特网（即网际网）的经济活动，如网络企业、电子商务（不包括基于电子数据交换即 EDI 的电子商务），以及网络投资、网络消费等其他网上经济活动。这是从 1993 年开始因特网应用于商务活动后蓬勃发展起来的。广义的网络经济是指以信息网络（主要是因特网但不限于因特网如内联网、外联网等）为基础或平台的、信息技术与信息资源的应用为特征的、信息与知识起重大作用的经济活动。因此，它还包括非因特网的网络经济活动，特别是因受信息革命影响而正在变化中的传统经济活动，如"e"（即电子化）转型中的传统企业的经济活动。

网络经济是分层次的。从宏观层次看，它是不同于游牧经济、农业经济、工业经济的信息经济，将发展成为信息社会的经济形态，但目前已在工业社会内孕育和成长。与以往的经济形态不同，它正在或将以智能化信息网络作为最重要的生产工具，并使信息成为同物质、能量相并列甚至更为重要的资源。

从中观层次看，网络经济是指发展到互联网阶段的信息产业，也就是网络产业。它又分基础设施层、应用基础层、中间服务层、商务应用层四个层次。根据美国得克萨斯大学电子商务研究中心的研究，美国网络产业总收入 1999 年比 1998 年增长 68%，已达 500

多亿美元，超过任何其他产业。中国近几年来上述每个层次的网络产业都有较快发展，但尚无这方面完整的统计和类似的研究，然而信息产业已成为中国工业第一支柱产业则是确定无疑的事实。例如，它的增长速度最快，1990—1999 年，年均增长 32.1%，远高于中国全部工业年均 14.2% 的增长率；它的销售总额已居中国工业各行业之首，1999 年达到 5573 亿元，超过了纺织、化工、冶金、电力等传统工业；它的盈利状况最佳，1999 年实现利润 307.5 亿元，占中国全部工业利润的 13.4%，是第一利润"大户"；它对经济增长的贡献最高，1999 年中国工业增长的 8.9% 中有 1.8 个百分点即 20% 依靠信息产业的贡献。

从微观层次看，网络经济就是新兴的网络企业、网络市场，包括居民的网络投资、网络消费等微观经济活动。

由上可见，狭义的网络经济相当于微观层次的网络经济，广义的网络经济相当于中观和宏观层次的网络经济。由于网络本身的扩散性和渗透性，网络经济的外延和内涵正在扩展和深入。如果说因特网是网中网，那么网络产业则是产业的产业，即为其他产业服务的产业，它对任何别的产业有强大的"同化"作用，促使一切产业纷纷"触网"或"落网"。

因此，我们认为要动态地认识和把握网络经济。网络经济、信息经济、数字经济是同一个概念，只是看问题的角度不同而已。数字经济突出的是信息技术二进制的数字化特征，网络经济强调的是信息及其技术的网络化特征与效应，信息经济则从根本上凸显经济中信息技术与信息资源的重要性。网络经济同知识经济、新经济也是差不多的概念，除角度不同外，还有程度与范围的不同。知识经济侧重于知识在经济发展中的作用，新经济侧重于宏观经济发展的新阶段、新形态。知识经济可以认为是信息经济发展的较高阶段。知识经济、新经济还反映了除信息技术外生物技术等其他高技术对经济发展的作用。但其他高技术尤其是生物技术的发展也在很大程度上依赖于信息技术及其应用。我们认为，研究问题需要弄清概念，但每个概念往往既有它的优点又有其一定局限性，类同的概念的同时使用还可起到互补的作用。当然，对同一概念的理解与使用，应允许认识差异的存在。

二 网络经济的特点与因素

与传统经济相比，新兴的网络经济具有与信息网络特别是因特网的应用而产生的种种特点，主要包括：

（1）全天候运作的经济，即无时限经济。由于因特网不分昼夜每天 24 小时运转，使网络经济不受时间因素的制约，可以全天候地连续进行，摆脱了全球时区划分的限制。

（2）全方位开放的经济，即全球化经济。由于因特网把整个世界变成了"地球村"，使地域距离变得无关紧要，导致网络经济不受空间因素的制约，大大加快了经济全球化进程，世界各国经济的相互依存性也就空前加强了。

（3）虚拟化经济，即可在虚拟世界中进行活动的经济。因特网在把地球变小的同时又为经济活动构筑了一个虚拟世界即网络空间，使网络经济得以在网上网下虚实结合、同时并存、相互促进。基于因特网的虚拟经济（Virtual Economy）完全不同于由股票、证券、期货、期权等虚拟资本的交易活动所形成的虚拟经济（Fictitious Economy），后一种与实体经济相对应的虚拟经济也可以在网络空间进行，成为虚拟金融，以区别于在物理世界进行的金融活动。

（4）中间层次作用弱化的经济，即产销直接联系的经济。由于因特网与其他信息网络纵横交错，使信息沟通更直接、更快捷方便，经济组织结构因而日趋扁平化，传统的中间层次的作用减弱，甚至失去了存在的必要性。处于网络端点的生产者与消费者可直接联系，"产销见面"，增进经济活动的互动关系。但这并不排斥由于网络市场交易的复杂性而出现的专业经纪人、中介服务企业等新的中间层次。

（5）竞争与合作并存的经济，即竞争合作或合作竞争型经济。信息网络特别是因特网既扩大了竞争与合作的范围，又加快了竞争与合作间转化速度，还改变了竞争的方式，使竞争合作或合作竞争新方式得以出现，把网络经济带入"大竞争"时代，特别是产生了不同于完全竞争、垄断竞争、寡头垄断、完全垄断四种形式的竞争性垄断，即依靠创新所赢得的一时性经营垄断，这种垄断既能阻止竞争者进入，又可使检测垄断的传统方法即价格高于边际成本的程度失效，而消费者的利益却未受到损害。可持续的竞争优势主要不再依靠天赋的自然资源或可供利用的资金，而更多地仰仗于信息与知识。

（6）速度型经济，即高效率经济。因特网以光速传输信息，信息流动空前加快，实时信息日益变得重要。反映技术变化的"网络年"概念流行起来，而"网络年"只相当于日历年的1/4。网络经济使经济活动节奏大大加快，一步落后就会步步落后。产品老化变快，创新周期在缩短，竞争越来越成为时间的竞争。"快吃慢"，企业不论大小，转型快的必将战胜转型慢的。

（7）创新型经济，即技术创新与制度创新紧密结合的经济。包括网络技术在内的信息技术创新是一种横向（相关的或互补的技术）蜂聚式创新和纵向（上游与下游的技术）层叠式创新相结合的综合集成式创新，而且是与制度创新相互促进的持续轮番的创新。在网络经济中不创新则灭亡，若非不断创新也就难以为继。竞争优势要靠创新来建立，而创新局面则靠竞争来推进。这种竞争意味着用创造发明来摧毁原有的产品和企业赖以存在和发展的基础。创造性是创新的源泉，它的存在要求从无序中寻求有序的环境，而它的发展则要求冲破有序产生适度的无序。

2000年4月前后国内外网络经济发展过程和网络股市值波动起伏的实践显示，兴起时间仅仅几年历史的网络经济与传统经济相比既有一系列优越性，如高效率、低成本、高增长、低通胀、高就业、低库存、快捷方便、多选择性、商机增加、经济变动微波化、对消费者更有利等,但也还存在一定的局限性,如普遍服务原则切实贯彻执行前不可避免会出现和扩大数字差距、相应的体制调整和调控措施尚未到位时容易引发"狂热"和"炒作"而产生"泡沫"。

上述情况的产生与网络经济发展中起作用的规律性因素有关,主要因素有:

(1) 反映信息技术功能价格比的摩尔定律(More's Law)。此定律以英特尔公司创始人摩尔的姓命名。它表明计算机硅芯片的功能每 18 个月翻一番,而价格以减半数下降。这揭示了信息技术产业快速增长的发动机和持续变革的根源。该定律起作用时间从 20 世纪 60 年代以来已持续 30 多年,预计还会持续 20 年,其功能价格比有进一步提高的趋势。

(2) 反映信息网络扩张效应的梅特卡夫法则(Metcalfe Law)。此法则以计算机以太网的发明人梅特卡夫的姓命名。它表明网络价值等于网络节点数的平方,即网络效益随着网络用户的增加而呈指数增加,这在经济学中叫网络外部性。由于因特网是多对多的网络,它的网络规模的关键点(或临界点)在 20 世纪 90 年代早期就已达到,此后每个新用户能增加的潜在价值比例就大于网络规模增加的比例,反过来,人们对不断增长的网络价值的认知,又驱动了网络规模的进一步扩大。同时,由于因特网提供了多种信息交流方式,还使上述潜在价值可通过各种用户如政府部门、企业、家庭等得到实现。

(3) 反映信息活动中优劣势强烈反差的马太效应(Matthews Effect)。这种效应因《新约全书·马太福音》第 25 章中所说的话而得名,该话说"因为有的,还要加给他,叫他有余;没有的,连他所有的,也要夺过来"。网络经济是以信息流组织与支配商品(包括货物和服务)流、资金流、技术流、人力流的经济,而在信息流产生的信息活动中,由于人们的心理反应和行为惯性,在一定条件下,优势或劣势一旦出现,就会不断加强而自行强化,出现滚动的累积效果。因此,在网络经济发展过程的某个时期,往往会出现强者越强、弱者越弱的局面，而且还可能发生强者统赢、胜者统吃的现象。

（4）边际效益递增规律作用范围在扩大。在社会经济的投入产出系统中，随着投入的增加而边际产出（即边际效益）呈递增趋势，谓之边际效益递增规律。该定律是与正反馈相联系的，正反馈与负反馈不同，它反映初始的微小差异不断扩大导致全然不同结果的一种趋势。尽管在传统的工业经济中，当物质产品生产尚未达到一定经济规模时，边际效益递增规律也是起作用的。但在新兴的网络经济中，信息资源与稀缺有限的物质、能量资源相比成了主要资源，这种资源是可再生和重复使用的，对其生产者无竞争性而对其使用者无排他性，它的成本不随使用量的增加而成比例增加；同时信息技术的进步日新月异，它的生命周期短，更新换代快；另外，需求往往是由供给创造的，产品受市场容量饱和的影响小。这一切都为边际效益递增规律起作用开拓了宽广的空间。从信息技术产品或服务的特点看，一方面沉淀（固定）成本高、复制成本低，使边际成本趋向零；另一方面共享（流行）程度越高（广），其价值也就越大，与"物以稀为贵"相反出现了"物以多为贵"的销售规模报酬。这两方面合起来，也会使信息技术产品或服务的边际效益递增。

三　网络经济给中国带来的挑战与机遇

中国经过 20 多年改革开放，经济体制已从高度集中的计划经济体制转向并基本建立社会主义市场经济体制，进一步推进了大规模工业化建设并取得了卓著成绩。这表现在工业总量增长迅速且已具有相当规模，工业整体水平有了明显提高，形成了一批具有较强国际竞争力的工业产业、企业和产品，但是工业结构仍不合理，工业技术水平还较落后，低水平生产能力已出现过剩，生产规模不符合经济原则和地区结构趋同的现象较为严重，能源和材料利用率低而环境污染问题突出。因此，加快工业改组改造和结构优化升级已刻不容缓,继续完成工业化是中国现代化进程中一项艰巨的历史性任务。在这种情况下,全球迅猛崛起的网络经济大潮对中国无疑是严峻的挑战,但同时也是难得的机遇。

从挑战方面看,主要须应对以下几点:

(1) 防止扩大同发达国家间存在的"数字鸿沟"(Digital Divide)。中国是一个发展中大国,由于历史原因和科学、技术、经济等各方面基础差、底子薄,尽管近年来对信息化认识高、抓得早、进展快,但是无论在信息技术的发展和应用还是在信息、知识的获取和利用能力方面,同发达国家相比都有较大差距。从因特网的人均使用率看,美国、加拿大等发达国家大约是中国的100—200倍。目前,中国上网人数已有近2000万,但仅占全世界上网总人数3.23亿的5%多一点,而中国人口约占世界人口的20%,这说明中国人均上网率相当于世界平均水平的1/4。根据中国"十五"计划加快国民经济和社会信息化的部署,中国在发展网络经济过程中将大幅度提高信息化水平,以逐步缩短、填平同发达国家间存在的数字鸿沟,但弄不好也可能会扩大,这就是挑战。数字鸿沟说到底是对信息网络工具使用多少和好坏的差距,实际上就是信息差距和知识(尤其是技术和诀窍方面的知识)差距,它是经济发展和社会进步的差距的反映,但反过来又会转化为收入差距和财富差距。所以对这一挑战务必高度重视。

(2) 保障网络安全、信息安全以及与此相连的金融安全、经济安全。中国一直重视保护网络安全、建立网络信任问题。但网络空间的外敌入侵和犯罪行为是防不胜防的。在网络经济发展过程中,不能不警惕暗藏在网络设备中的信息"定时炸弹"发作,还必须提防和惩治网络空间的种种犯罪行为。这两个因素都可能威胁到网络安全以及与此相连的信息安全,而网络安全和信息安全在网络经济环境下又是金融安全、经济安全以至国家安全的基础条件。安全问题的本质在于提高网络效率同时确保国家利益不受侵害。在网络发展中还应保护企业(包括外企)和消费者的利益。这不仅需要政府与企业间密切合作、相互支持，而且需要各国间共同协商、谈判、真诚的合作，包括制定国际因特网公约来共同加强信息安全管理等。

（3）争取在世界产业结构和经济结构的调整和提升中前进而不落伍。随着网络经济和电子商务的发展，技术与经济进一步趋向融合，产业演化将由硬件为主、软件为主，转向服务为主，世界经济结构势必进行大的调整和重组并继续优化。这对将在"十五"时期把发展作为主题、把结构调整作为主线的中国来说，本是极好的机遇。但能否对传统产业顺利地进行改组、改造，以信息化带动工业化，用网络化方式整合一切资源和要素，在巧妙地发挥廉价劳动力等原有相对优势的同时，积极寻求和努力确立新的相对优势，进而在国际分工新格局中占据有利地位，尚需认真努力、苦下功夫。否则，在激烈的国际竞争中不进则退，有可能被甩得更远。

从机遇方面看，主要应抓住以下几点：

（1）利用"后发优势"，进行跨越式发展。首先，中国不照走发达国家发展的老路，如先工业化后信息化，而可把两步并作一步走，如把工业化与信息化结合起来、融为一体，以信息化带动工业化，这样就跨越了发展阶段。在技术上实现跨越尤为明显。例如，从模拟技术一下子跳到数字技术，从固定通信的发展迅速进入到移动通信大发展，从电信、计算机、有线电视的三网分立尽快转至三网融合阶段等。当然，这需要辨明、找准技术发展方向，选择好攻关的重点，集中力量进行创新，争取有个高起点、新焦点，有自己的特长，以增强抗衡力量。其次，中国可以学习借鉴发达国家发展网络经济的经验教训，少走或不走弯路，如网络经济兴起时就充分关注网络企业与经济企业的合作、联盟问题。再次，中国可以利用发达国家技术进步的成果，用较低的成本、较短的时间，达到与他国相同的水平。最后，还可以利用发达国家调整产业结构或跨国公司在全球建立生产基地的机会，有选择地承接适宜于本国的产业或引入有发展前景的企业，使自己的经济发展壮大。

（2）通过信息交流和共享，提高学习效果，确立知识优势，增强竞争力。网络经济是以因特网的应用为基础的，因特网是个信息宝藏，至少储有5500亿页资料，其中95%可免费查阅，信息流量大约每百天翻一番，仅电子邮件每天就有15亿份在全世界传递。在海量的信息中需要把信息变成知识，把知识变成财富，这是各国政府和每个企业应考虑的问题。在国际竞争中，竞争优势源于信息优势、知识优势，知识优势来自学习及其效果，它也是知识为众人分享进一步产生新知识的结果。知识积累的总量越来越大，知识更新和增长的速度越来越快。以科技知识为例，20世纪的后50年，知识积累量几乎等于过去几千年的19倍，知识增长速度19世纪时大约每50年翻一番，到了20世纪后期差不多每3—5年翻一番。中国是一个爱好学习、善于学习的国家，有历史悠久的优秀文化传统，完全有可能在网络时代取得一定的知识优势。

（3）利用两个市场、两种资源，"引进来""走出去"，在全球范围生产要素的重新组合和优化配置中获益。网络经济为每个国家扩大了市场、丰富了资源，加速了信息、资本、商品、技术、人才在世界范围的流动。中国是个大国，要立足本国，又要面向世界、走向世界，在进一步扩大开放中利用网络世界参与生产要素的全球重组并通过国内外市场一体化求得新发展。擅长古为今用、洋为中用的中国人民，是能做到"一切为我所用"的，并从中增大自己关于用的本领。

挑战和机遇不仅是并存的，而且是可以相互转化的。中国有决心和能力在全球网络经济发展中变数字化挑战为数字化机遇，真正使网络经济成为中国经济走向全球化和现代化的历史机遇。

（原载《发展的智慧——中国经济学家纵论中国经济前沿》，企业管理出版社2002年版）

网络经济及其对经济理论的影响

网络经济在世纪之交的蓬勃发展,是与1993年以来国际互联网商务性应用的急剧高涨分不开的。但就网络经济这一概念而言,则早已有之,而且由于不同学者对"网络"和"经济"的不同理解,它有着不尽一致的内涵。例如,在20世纪80年代,有些日本学者鉴于第三产业中的商业、运输业、金融业等均因有相应的网络而发展起来,就把服务经济称为网络经济,提出要研究这类网络经济学问题;1992年我率中国信息经济学代表团,访问美国的贝尔实验室时,有两位学者送给我几篇研究网络经济问题的论文,其内容是讨论电子计算机局域网、广域网的成本核算、收费标准等有关问题的,他们也把这类研究称为网络经济学(Economics of Networks)。

现在成为时尚而流行的网络经济或网络经济学,就其内容而言,实际上是互联网经济(Internet Economy)或互联网经济学(Internet Economics)。当然,这也是一种特定的信息网络经济或信息网络经济学,它与信息经济或信息经济学有密切关系,这种关系是特殊与一般、局部与整体的关系。

人们利用网络,既可以传递信息,又可以从事各种社会和经济活动。网络经济就是通过网络进行的经济活动,这种网络经济是经济网络化的必然结果。网络化极大地加快了经济的市场化和全球化进程,它有利于发展中国家通过逐步开放和适度监管来利用世界上成熟的技术成果、有用的信息和知识资源以促进经济增长。

从产业发展的层面看,网络经济就是与电子商务紧密相连的网络产业，既包括网络贸易、网络银行、网络企业以及其他商务性网络活动，又包括网络基础设施、网络设备和产品以及各种网络服务的建设、生产和提供等经济活动。这就是目前信息产业界人士所宣扬的互联网经济，它可细分为互联网的基础层、应用层、服务层、商务层。电子商务是互联网经济的一个重要内容。据美国思科系统（中国）网络技术有限公司提供的资料，美国互联网经济1998年总收入为3014亿美元①，超过了能源（2230亿美元）和邮电（2700亿美元）的收入，仅次于汽车工业的收入（3500亿美元），但其按人均生产率（25万美元）已高于汽车工业（16万美元）。此外，还创造了就业岗位120多万个；从1995年到1998年，美国互联网经济增长了174.5%；1998年美国电子商务比过去所有的估计都高，达1000亿美元②。

传统经济是物质、能量型经济，其交易通行"物以稀为贵"的原则，商品价格对供求变化的刚性较大，甚至具有缺乏效率的僵硬凝固性，因资源匮乏使供应受阻往往成为经济的通病。网络经济是信息、知识型经济，其交易则通行应用越广价值越大的原则，商品价格最大限度地接近于严格反映供求变化的市场价格，对买卖双方具有互动协商、互利双赢的优越性，但因收入与财富的悬殊加剧而使需求不旺，很可能影响经济发展。

网络经济与传统经济相比，不仅劳动生产率高③，而且创造财富快④。1995—1998年，美国经济增长有35%依赖于网络经济的发

---

① 1995年还只有50亿美元，3年就增加了600倍，在1998年网络经济的3014亿美元的收入中，电子商务就占了1020亿美元。

② 以上资料见该公司副总裁林正刚在1999年国家信息化发展论坛的报告：《Internet经济带来的机遇与挑战》。

③ 例如，美国20世纪90年代的生产率年增速度是60年代的2倍，是70年代和80年代的4倍。

④ 网络经济的财富创造不局限于短期利润，更着眼于信息资产或知识资产的长期的增值。据香港《大周刊》1999年3月6日的报道，美国比尔·盖茨的财富在1998年每小时增加210万美元。

展①。网络经济会促进经济的高增长、高就业、低通胀和经济周期波动的平缓。美国经济近五六年来的实绩为此提供了一个例证。

从网络经济的基础设施或主要工具信息网络的作用看,信息网络有强大的支撑效应、渗透效应、带动效应。尽管有很多因素使网络经济崭露头角,给传统经济带来了巨大的冲击。但应当看到,传统经济始终是哺育网络经济的母体。迄今为止,网络经济的发展仍存在一系列制约因素,其中有技术因素,更有制度因素,这在发展中国家尤为明显。即使在发达国家,由于把网络技术用于各种目的,推动了软硬件的生产,因把万维网推广到全世界掀起了一阵阵热潮,结果使投资激增,新企业不断涌现,整个经济迅猛扩张,但在发展进程中同样存在一些不确定因素和一定的风险。尤其要警惕炒作性网络泡沫的出现与破灭。前景诱人的网络经济,其真正的优越性在于持续的变革:以变应变。

由于网络经济是信息经济的一个特称或别称,它对经济理论的影响,主要是通过两个途径实现的。一个途径是以新的视野或用新的方法来解释原有的理论,使其有新发展。例如,引入信息的不完全性、有成本性、非对称性,使经济学中传统的市场理论、均衡理论、企业理论等发生了质的变化。另一个途径是从新的经济现象出发,研究和确立新的经济理论。例如,信息产业的发展推动经济学去研究边际效益递增理论、无形资产及其评估理论等。

网络经济对经济理论有广泛而深刻的影响,这里选择几个重要的经济理论因受网络经济发展的影响而产生的变化,进行必要的剖析。

一 对生产力要素理论的影响

生产力是生产关系的物质基础。生产力究竟是由哪些要素组成

---

① 《美国经济三年增长三成有赖网络经济》,《人民日报》1999年6月24日。

的，历来有不同的观点。例如，"两要素说"把生产力理解为人类作用于自然界的生产能力，它由用来生产物质资料的生产工具，以及有一定的生产经验和劳动技能来使用生产工具、实现物质资料生产的人共同组成。"三要素说"认为生产力指的是生产总量，决定该量的生产过程的要素即生产要素也就是生产力要素。因此，它除劳动工具和劳动力之外，还包括劳动对象。劳动对象的发掘与变革对生产力的增长起着越来越大的明显作用。"多要素说"视生产力为生产率或劳动生产率，而它的高低除受上述三要素的影响外，还取决于科学的发展水平和它在工艺上应用的程度，生产过程中的社会结合，自然条件，以及其他要素。

"多要素说"随着社会生产的发展而发展。这种发展，一方面表现在决定生产力的主导因素的变化上，如从生产工具主导论到"科技是第一生产力"的科技进步主导论的变化。另一方面表现为决定生产力的要素在不断增加中，除科技、管理外，又有教育、信息与知识[1]等。

1991年我曾提出"信息是最重要的生产力软要素"，并对此观点做过全面的论述[2]。网络经济的发展，对生产力要素理论产生了全面的影响，这表现在：①使生产力的首要因素——劳动力对其信息能力（即获取、传递、处理和运用信息的能力）的依赖空前增强，并促进新型劳动者即信息劳动者的出现与快速增加。②使生产力中起积极作用的活跃因素——劳动工具网络化、智能化以及隐含在其内的信息与知识的分量急剧增大，信息网络本身也成了公用的或专用的重要劳动工具。③使不可缺少的生产要素劳动对象能得到更好的利用，并扩大其涵盖的范围，数据、信息、知识等都成了新的劳动对象。④使生产力发展中起革命性作用的科学技术如虎添

---

[1] 世界银行1998—1999年报告《知识与发展》中认为："信息是每一个经济的生命线"，"知识是发展的关键"，"知识就是发展"。中国财政经济出版社1999年版，第72、第130页。

[2] 乌家培：《信息与经济》，清华大学出版社1993年版，第27—30页。

翼，由于科技情报交流的加强和科技合作研究的发展，科技进步日新月异，信息科技成了高科技的主要代表，它对社会和经济的渗透作用和带动作用不断强化。⑤使对生产力发展有长期的潜在的重要作用的教育发生了根本性变革，远程教育、终身教育日趋重要，本来就与信息相互交融的教育更加信息化、社会化和全球化了。⑥使组合、协调生产力有关要素以提高它们综合效益的管理对生产力发展的决定性作用更加强化，导致管理科技也成了高科技。管理信息化已发展到内联网、外联网、互联的网际网新阶段，并与各种业务流程信息化相融合。信息不仅是管理的基础，而且与知识一道也成了管理的对象。信息管理、知识管理日益成为管理的重要组成部分和新型的增长点。⑦使作为生产力特殊软要素的信息与知识通过对生产力其他要素所起的重大影响和通过对这些要素的有序化组织、总体性协调发挥其物质变精神、精神变物质两个过程相互结合的特殊作用。

二 对边际效益递减理论作用范围的影响

在农业经济和工业经济中，由于物质、能量资源的有限性或稀缺性，技术进步的相对稳定性，市场容量的饱和性，当需求依靠供给来满足时，任一投入产出系统中，随着投入的增加，边际产出（即边际效益）呈递减趋势。这一规律性现象广泛存在，有普遍性。

到了信息经济尤其是其网络经济阶段，信息资源成了主要资源，该资源可再生和重复利用，对其生产者无竞争性而对其使用者无排他性，它的成本不随使用量的增加而成比例增加；同时信息技术发展快、变化大、生命周期短；而且需求往往是由供给创造的，产品受市场容量饱和的影响较小。因此在投入与产出的关系中出现了边际效益递增的规律性现象，这种现象还会因网络效应的作用而强化。

边际效益递减是与负反馈相联系的，而边际效益递增是与正反馈相联系的。负反馈反映原有的差异逐渐缩小以至消失的倾向，正反馈则反映初始的微小差异不断扩大导致全然不同结果的趋势。当然，这些变化都是有条件的。

认为在传统的工农业经济中只有边际效益递减的规律性而在信息经济或网络经济中只有边际效益递增的规律性的那种观点，是与现实相悖的。人们会发现，在物质产品生产达到一定的经济规模之前也有边际效益递增的现象，而在信息产品生产中，当技术方向有问题时也会出现边际效益递减甚至为零或负的现象。网络经济所改变的仅仅是缩小了边际效益递减规律的作用范围，使它在经济活动中不再成为起主导作用的规律。

三 对规模经济理论相对重要性的影响

在工业经济中，由于社会分工、专业化协作的发展，机械化、自动化以及由此而来的生产流水线的发展，当钢铁、汽车、石化等固定成本占总成本很大比例的产业在经济中起主导作用时，规模经济即产品单位成本随着产品数量增加而降低所带来的经济性，是提高经济效益、优化资源配置的主要途径。

在信息经济或网络经济中，尽管规模经济仍然是提高经济效益、优化资源配置的重要途径，但由于生产技术和管理技术的集成化、柔性化发展，数字化神经网络系统的建立与应用，由于外部市场内部化同外包业务模式的并行发展，还由于相关业务甚至不同业务的融合，当软件、多媒体、信息咨询服务、研究与开发、教育与培训、网络设备与产品等固定成本占总成本较高比例的信息产业、网络产业、知识产业在经济中起主导作用时，增加经济性效应的途径越来越多样化了。范围经济（通过产品品种或种类的增加来降低单位成本）变得更加重要了，差异经济（通过产品或服务差异性的增加来降低成本和增加利润）、成长经济（通过拓展企业内外部的成长空间来获取利润)、时效经济(通过抢先利用机遇扩大市场份额来赢得竞争优势)等各种提高经济效益的新途径出现了,这些途径不仅为大企业所利用,而且为大批中小企业所利用。

不可否认,规模经济作为人类经济活动提高效益的基本途径,这个事实没有变,但它的相对重要性由于网络经济的发展确实变化了,它不再是最重要的更不是唯一的经济性效应。

四 对通货膨胀率与失业率此消彼长"理论"的影响

英国经济学家 A. W. 菲利普斯于 1958 年提出失业率与通货膨胀率(或物价上涨率)之间存在着此消彼长的变动关系,低失业率与高通胀率相陪伴,而高失业率则与低通胀率同时并存,若用纵坐标表示通胀率、横坐标表示失业率,那么两者之间的这种关系就表现为从左上方向右下方倾斜的曲线,这就是所谓的菲利普斯曲线。

上述"理论"已为资本主义经济发展的实践所否定。20 世纪 70—80 年代两次石油危机时期,出现了高失业率与高通胀率相并存的"滞胀",推翻了失业率与通胀率反方向变动和可相互替换的"理论"。到了 90 年代,信息产业和经济全球化的发展,使美国出现了在经济高增长中低失业率与低通胀率并存的新经济现象,又一次从另一个方面证明了不存在什么菲利普斯曲线。据美国商务部分析,1996 年和 1997 年,美国信息技术产业的价格下降使国民经济的价格指数下降了 1 个百分点,导致通胀率成为 30 年来最低点,同时信息技术产业还在以往 5 年内提供了 1500 万个工作岗位,使失业率降到 24 年来最低点。

有些文章为了强调知识经济对传统经济理论的冲击,把新经济实践对菲利普斯曲线的科学性与有效性的否定说成是"第一次",是不准确的。

五　对经济周期波动理论的影响

正像工业与工业化熨平了传统农业生产的季节性波动一样，信息业与信息化熨平了传统工业（汽车业、建筑业等）经济的周期性波动。按照美国经济学家熊彼特的"创新理论"，由于创新的产生不是连续的、平稳的，而是时高时低的，因此会出现经济的周期性波动。每个周期包括危机、萧条、复苏、高涨四个阶段。第一次世界大战前，主要资本主义国家平均间隔8—10年爆发一次危机。第二次世界大战后，由于发达国家采取了反危机措施，使经济周期变形，危机持续时间缩短，萧条和复苏之间的界限因经济上升加快而不明显，高涨时经济发展劲头不强。于是，出现了经济衰退与经济高涨交替更迭的简化经济周期说。以美国经济为例，自1991年4月走出第二次世界大战后第9次衰退期以来，经济高涨已持续八年半了。

怎样解释美国经济周期这种新变化呢？当然，这是多种原因共同作用的结果。但是，最主要的一个原因是：20世纪90年代以来美国以信息技术及其产业为代表的高技术及其产业的迅猛发展，导致经济周期进一步变形。正如美国联邦储备委员会主席格林斯潘所说的，"信息技术无疑巩固了企业经营的稳定性"[①]。在美国，信息技术等高技术产业已经取代了传统的周期性产业，而成为推动经济增长的主要动力。当美国1995年和1996年汽车产业和房地产业陷入萧条时，适逢信息技术产业异军突起，结果促进了经济再高涨。随着网络经济尤其是电子商务的兴起，则会更有利于延缓衰退期的到来，而使经济继续趋向高涨。但是，经济周期波动绝不会因此而消失。在一定条件下，高技术及其产业也有衰退的可能。何况经济周期波动不仅仅是技术与产业的状态所决定的。在经济波动与金融

---

① 《与高技术产业息息相关的新经济周期》，《参考消息》1997年5月13日。

波动相互影响加剧、彼此依存更加紧密的环境下,发生经济波动是很难避免的。

(写于 1999 年 10 月 24 日,为中国信息经济学会 1999 年年会而作,原载《学术研究》2000 年第 1 期,转载《新华文摘》2000 年第 6 期,收入本书时作了必要的删节)

关于网络经济与经济治理的若干问题

一 网络经济的含义

对网络经济的理解,有狭义与广义之分。狭义的网络经济是指基于因特网(即网际网)的经济活动,如网络企业、电子商务(不包括基于电子数据交换即 EDI 的电子商务),以及网络投资、网络消费等其他网上经济活动。这是从 1993 年开始因特网应用于商务活动后蓬勃发展起来的。广义的网络经济是指以信息网络(主要是因特网,但不限于因特网,如内联网、外联网等)为基础或平台的、信息技术与信息资源的应用为特征的、信息与知识起重大作用的经济活动。因此,它还包括非因特网的网络经济活动。特别是因受信息革命影响而正在变化中的传统经济活动,如"e"(即电子化)转型中的传统企业的经济活动。

网络经济是分层次的。从宏观层次看,它是不同于游牧经济、农业经济、工业经济的信息经济,将发展成为信息社会的经济形态,但目前已在工业社会内孕育和成长。与以往的经济形态不同,它正在或将以智能化信息网络作为最重要的生产工具,并使信息成为同物质、能量相并列甚至更为重要的资源。

从中观层次看,网络经济是指发展到互联网阶段的信息产业,也就是网络产业。它又分基础设施层、应用基础层、中间服务层、商务应用层这四个层次。根据美国得克萨斯大学电子商务研究中心的研究,美国网络产业总收入 1999 年比 1998 年增长 62%,已达

5000多亿美元，超过任何其他产业。中国近几年来上述每个层次的网络产业都有较快发展，但尚无这方面完整的统计和类似的研究，然而信息产业已成为中国工业第一支柱产业则是确定无疑的事实。例如，它的增长速度最快，1990—1999年，年均增长32.1%，远高于中国全部工业年均增速的14.2%；它的销售总额已居中国工业各行业之首，1999年达到5573亿元，超过了纺织、化工、冶金、电力等传统工业；它的盈利状况最佳，1999年实现利润307.5亿元，占中国全部工业利润的13.4%，是第一利润"大户"；它对经济增长的贡献最大，1999年中国工业增长的8.9%中有1.8个百分点即20%依靠信息产业的贡献。

从微观层次看，网络经济就是新兴的网络企业、网络市场，包括居民的网络投资、网络消费等微观经济活动。

由上可见，狭义的网络经济相当于微观层次的网络经济，广义的网络经济相当于中观和宏观层次的网络经济。由于网络经济的扩散性和渗透性，网络经济的外延和内涵正在扩展和深化中。如果说因特网是网中网，那么网络产业则是产业的产业，即为其他产业服务的产业，它对任何别的产业有强大的"同化"作用，促使一切产业纷纷"触网"或"落网"。

因此，我们认为要动态地认识和把握网络经济。网络经济同信息经济、数字经济是同一个概念，只是看问题的角度不同而已。数字经济突出的是信息技术二进制的数字化特征，网络经济强调的是信息及其技术的网络化特征与效应，信息经济则从根本上凸显经济中信息技术与信息资源的重要性。网络经济同知识经济、新经济也是相类同的概念，但除角度不同外，还有程度与范围的不同。知识经济侧重于知识在经济发展中的作用，新经济侧重于宏观经济发展的新阶段、新形态。知识经济可以认为是信息经济发展的较高阶段。知识经济、新经济还反映了除信息技术外生物技术等其他高技术对经济发展的作用。但其他高技术尤其是生物技术的发展也在很大程度上依赖于信息技术及其应用。我们认为，研究问题需要弄清概念，但每个概念往往既有它的优点又有其一定局限性，类同的概念在同时使用还可起到互补的作用。当然，对同一概念的理解与使用，应允许认识差异的存在。

二　网络经济的特点与因素

与传统经济相比，新兴的网络经济具有与信息网络特别是因特网的应用而产生的种种特点，主要有：

（1）全天候运作的经济，即无时限经济。由于因特网不分昼夜每天 24 小时运转，使网络经济不受时间因素的制约，可以全天候地连续进行，摆脱了全球时区划分的限制。

（2）全方位开放的经济，即全球化经济。由于因特网把整个世界变成了"地球村"，使地域距离变得无关紧要，导致网络经济不受空间因素的制约，大大加快了经济全球化进程，世界各国经济的相互依存性也就空前加强了。

（3）虚拟化经济，即可在虚拟世界中进行活动的经济。因特网在把地球变小的同时又为经济活动构筑了一个虚拟世界即网络空间，使网络经济得以在网上网下虚实结合、同时并存、相互促进。基于因特网的虚拟经济（Virtual Economy）完全不同于由股票、证券、期货、期权等虚拟资本的交易活动所形成的虚拟经济（Fictitious Economy），后一种与实体经济相对应的虚拟经济也可以在网络空间进行，成为虚拟金融，以区别于在物理世界进行的金融活动。

（4）中间层次作用弱化的经济，即产销直接联系的经济。由于因特网与其他信息网络纵横交错，使信息沟通更直接、更快捷方便，经济组织结构因而日趋扁平化，传统的中间层次的作用减弱，甚至失去了存在的必要性。处于网络端点的生产者与消费者可直接联系，"产销见面"，增进经济活动的互动关系。但这并不排斥由于网络市场交易的复杂性而出现的专业经纪人、中介服务企业等新的中间层次。

（5）竞争与合作并存的经济，即竞争合作或合作竞争型经济。信息网络特别是因特网既扩大了竞争与合作的范围，又加快了竞争与合作间转化速度，还改变了竞争的方式，使竞争合作或合作竞争新方式得以出现，把网络经济带入"大竞争"时代，特别是产生了不同于完全竞争、垄断竞争、寡头垄断、完全垄断这四种形式的竞争性垄断，即依靠创新所赢得的一时性经营垄断，这种垄断既能阻止竞争者进入，又可使检测垄断的传统方法即价格高于边际成本的程度失效，而消费者的利益却未受到损害。可持续的竞争优势主要不再依靠天赋的自然资源或可供利用的资金，而更多地仰仗于信息与知识。

（6）速度型经济，即高效率经济。因特网以光速传输信息，信息流动空前加快，实时信息日益变得重要。反映技术变化的"网络年"概念流行起来，而"网络年"只相当于日历年的四分之一。网络经济使经济活动节奏大大加快，一步落后就会步步落后。产品老化变快，创新周期在缩短，竞争越来越成为时间的竞争。"快吃慢"，企业不论大小，转型快的必将战胜转型慢的。

（7）创新型经济，即技术创新与制度创新紧密结合的经济。包括网络技术在内的信息技术创新是一种横向（相关的或互补的技术）蜂聚式创新和纵向（上游与下游的技术）层叠式创新相结合的综合集成式创新，而且是与制度创新相互促进的持续轮番的创新。在网络经济中不创新则灭亡，若非不断创新也就难以为继。竞争优势要靠创新来建立，而创新局面则靠竞争来推进。这种竞争意味着用创造发明来摧毁原有的产品和企业赖以存在和发展的基础。创造性是创新的源泉，它的存在要求从无序中寻求有序的环境，而它的发展则要求冲破有序产生适度的无序。

2000年4月前后国内外网络经济发展过程和网络股市值波动起伏的实践显示，兴起时间仅仅几年历史的网络经济与传统经济相比既有一系列优越性，如高效率、低成本、高增长、低通胀、高就业、低库存、快捷方便、多选择性、商机增加、经济变动微波化、对消费者更有利等，但也还存在一定的局限性，如普遍服务原则切实贯彻执行前不可避免会出现和扩大数字差距、相应的体制调整和调控措施尚未到位时容易引发"狂热"和"炒作"而产生"泡沫"。

上述情况的产生与网络经济发展中起作用的规律性因素有关，主要因素有：

（1）反映信息技术功能价格比的摩尔定律（More's Law）。此定律以英特尔公司创始人摩尔的姓命名。它表明计算机硅芯片的功能每 18 个月翻一番，而价格以减半数下降。这揭示了信息技术产业快速增长的发动机和持续变革的根源。该定律起作用时间从 20 世纪 60 年代以来已持续 30 多年，预计还会持续 20 年。

（2）反映信息网络扩张效应的梅特卡夫法则（Metealfe Law）。此法则以计算机以太网的发明人梅特卡夫的姓命名。它表明网络价值等于网络节点数的平方，即网络效益随着网络用户的增加而呈指数增加，这在经济学中叫网络外部性。由于因特网是多对多的网络，它的网络规模的关键点（或临界点）在 20 世纪 90 年代早期就已达到，此后每个新用户能增加的潜在价值比例就大于网络规模增加的比例，反过来，人们对不断增长的网络价值的认知，又驱动了网络规模的进一步扩大。同时，由于因特网提供了多种信息交流方式，还使上述潜在价值可通过各种用户如政府部门、企业、家庭等得到实现。

（3）反映信息活动中优劣势强烈反差的马太效应（Matthews Effect）。这种效应因《新约全书·马太福音》第 25 章中所说的话而得名，该话说"因为有的，还要加给他，叫他有余；没有的，连他所有的，也要夺过来"。网络经济是以信息流组织与支配商品（包括货物和服务）流、资金流、技术流、人才流的经济，而在信息流产生的信息活动中，由于人们的心理反应和行为惯性，在一定条件下，优势或劣势一旦出现，就会不断加强而自行强化，出现滚动的累积效果。因此，在网络经济发展过程的某个时期，往往会出现强者越强、弱者越弱的局面，而且还可能发生强者统赢、胜者统吃的现象。

（4）边际效益递增规律作用范围在扩大。在社会经济的投入产出系统中，随着投入的增加而边际产出（即边际效益）呈递增趋势，谓之边际效益递增规律。该定律是与正反馈相联系的，正反馈与负反馈不同，它反映初始的微小差异不断扩大导致全然不同结果的一种趋势。尽管在传统的工业经济中，当物质产品生产尚未达到一定经济规模时，边际效益递增规律也是起作用的。但在新兴的网络经济中，信息资源与稀缺有限的物质、能量资源相比成了主要资源，这种资源是可再生和重复使用的，对其生产者无竞争性而对其使用者无排他性，它的成本不随使用量的增加而成比例增加；同时信息技术的进步日新月异，它的生命周期短，更新换代快；另外，需求往往是由供给创造的，产品受市场容量饱和的影响小。这一切都为边际效益递增规律起作用开拓了宽广的空间。从信息技术产品或服务的特点看，一方面沉淀（固定）成本高、复制成本低，使边际成本趋向零；另一方面共享（流行）程度越高（广），其价值也就越大，与"物以稀为贵"相反出现了"物以多为贵"的销售规模报酬。这两方面合起来，也会使信息技术产品或服务的边际效益递增。

（5）鞭策生产者不断用创新来追求一定时期经营垄断的特殊的激励机制。这是促使网络经济不断发展的一大动力源。在这种情况下，企业把新思想、新技术转化为新产品，去占领和扩大市场，并建立和拥有公认的标准，以锁定广大用户群，通过路径依赖赢得暂时居于垄断地位的竞争优势，达到"赢者通吃"和攫取巨额利润的目的。但继起的创新又使持久的垄断永不可能出现。

（6）创新与资源相结合的定律。新兴的网络企业与同类的传统企业相比，创新有余，资源不足。这里所说的资源指传统企业拥有的实力、经验、信誉以及同供应商和客户的关系等。因此，虚

（网上）实（网下）并举、新老联手、创新与资源相结合，促使整个经济从量变到质变在演化中发展，乃是大势所趋。

三　网络经济给中国带来的挑战与机遇

中国经过20多年改革开放，经济体制已从高度集中的计划经济体制转向并初步建立社会主义市场经济体制，进一步推进了大规模工业化建设并取得了卓著成绩。这表现在工业总量增长迅速且已具有相当规模，工业整体水平有了明显提高，形成了一批具有较强国际竞争力的工业产业、企业和产品，但是工业结构仍不合理，工业技术水平还较落后，低水平生产能力已出现过剩，生产规模不经济和地区结构趋同较为严重，能源和材料利用率低而环境污染问题突出。因此，加快工业改组改造和结构优化升级已刻不容缓，继续完成工业化是中国现代化进程中一项艰巨的历史性任务。在这种情况下，全球迅猛崛起的网络经济大潮对中国无疑是严峻的挑战，但同时也是难得的机遇。

从挑战方面看，主要须应对以下几点：

（1）防止扩大同发达国家间存在的"数字鸿沟"（Digital Divide）[①]。中国是一个发展中大国，由于历史原因和科学、技术、经济等各方面基础差、底子薄，尽管近年来对信息化认识高、抓得早、进展快，但是无论在信息技术的发展和应用，还是在信息、知识的获取和利用能力方面，同发达国家相比都有较大差距。从因特网的人均使用率看，美国、加拿大等发达国家大约是中国的100—

---

① 这个概念最早是由美国的国家电信和信息管理局（NTIA）于1999年6月发表的一份报告《在网络中落伍：定义数字鸿沟》中提出来的，指的是已经接入互联网的美国人同没有能力使用互联网的美国人之间的差距。同年7月8国首脑会议发表的《全球信息社会冲绳宪章》把数字鸿沟的含义扩大到全世界不同人之间分享信息社会好处的差距。这一年12月联合国第54届大会通过的231号决议又进一步把数字鸿沟一词应用到发达国家与发展中国家、富国与穷国之间由于信息技术发展不平衡而导致的各方面正在拉大的差距上。目前联合国正在提倡架起"数字桥梁"，呼吁帮助发展中国家加快发展信息产业。

200倍。至2000年6月底，中国上网人数已有1690万，但仅占全世界上网总人数3.23亿的5%多一点。世界人口若按65亿算，现在的人均上网率接近于5%，而中国人口有13亿，约占世界人口的20%，这说明目前中国人均上网率只有1.3%，相当于世界平均水平的1/4。根据中国"十五"计划加快国民经济和社会信息化的部署，中国在发展网络经济过程中将大幅度提高信息化水平，以逐步缩短、填平同发达国家间存在的数字鸿沟，但弄不好也可能会扩大，这就是挑战。数字鸿沟说到底是对信息网络工具使用多少和好坏的差距，实际上就是信息差距和知识（尤其是技术和诀窍方面的知识）差距，它是经济发展和社会进步的差距的反映，但反过来又会转化为收入差距和财富差距。所以对这一挑战务必高度重视。

（2）保障网络安全、信息安全以及与此相连的金融安全、经济安全。中国一直重视保护网络安全、建立网络信任问题。但网络空间的外敌入侵和犯罪行为是防不胜防的。在网络经济发展过程中，不能不警惕暗藏在网络设备中的信息"定时炸弹"发作，还必须提防和惩治网络空间的种种犯罪行为。这两个因素都可能威胁到网络安全以及与此相连的信息安全，而网络安全和信息安全在网络经济环境下又是金融安全、经济安全乃至国家安全的基础条件。安全问题的本质在于国家利益不受侵害。这不仅需要政府与企业间密切合作、相互支持，而且需要各国间共同协商、谈判、真诚的合作，包括制定国际因特网公约来共同加强信息安全管理等。

（3）争取在世界产业结构和经济结构的调整和提升中前进而不落伍。随着网络经济和电子商务的发展，技术与经济进一步趋向融合，产业演化将由硬件为主、软件为主，转向服务为主，世界经济结构势必进行大的调整和重组并继续优化。这对将在"十五"时期把发展作为主题、把结构调整作为主线的中国来说，本是极好的机遇。但能否对传统产业顺利地进行改组、改造，以信息化带动工业化，用网络化方式整合一切资源和要素，在巧妙地发挥廉价劳动力等原有相对优势的同时,积极寻求和努力确立新的相对优势,进而在国际分工新格局中占据有利地位,尚需认真努力、苦下功夫。否则,在激烈的国际竞争中不进则退,有可能被甩得更远。

从机遇方面看,主要应抓住以下几点:

(1)利用"后发优势",进行跨越式发展。首先,中国不应走发达国家发展的老路,如先工业化后信息化,而可把两步并作一步走,如把工业化与信息化结合起来、融为一体,以信息化带动工业化,这样就跨越了发展阶段。在技术上实现跨越尤为明显。例如,从模拟技术一下子跳到数字技术,从固定通信的发展迅速进入移动通信大发展,从电信、计算机、有线电视的三网分立尽快转至三网融合阶段等。当然,这需要辨明、找准技术发展方向,选择好攻关的重点,集中力量进行创新,争取有个高起点、新焦点,有自己的特长,以增强抗衡力量。其次,中国可以学习借鉴发达国家发展网络经济的经验教训,少走或不走弯路。再次,中国可以利用发达国家技术进步的成果,用较低的成本、较短的时间,达到与他国相同的水平。最后,还可以利用发达国家调整产业结构或跨国公司在全球建立生产基地的机会,有选择地承接适宜于本国的产业或引入有发展前景的企业,使自己的经济发展壮大。

(2)通过信息交流和共享,提高学习效果,确立知识优势,增强竞争力。网络经济是以因特网的应用为基础的,因特网是个信息宝藏,至少储有5500亿页资料,其中95%可免费查阅,信息流量大约每百天翻一番,仅电子邮件每天就有15亿份在全世界传递。在大量的信息中需要把信息变成知识,把知识变成财富,这是各国政府和每个企业应考虑的问题。在国际竞争中,竞争优势源于信息优势、知识优势,知识优势来自学习及其效果,它也是知识为众人分享进一步产生新知识的结果。知识积累的总量越来越大,知识更新和增长的速度越来越快。以科技知识为例,20世纪的后50年,知识积累量几乎等于过去几千年的19倍,知识增长速度19世纪时大约每50年翻一番,到了20世纪后期差不多每3—5年翻一番。

中国是一个爱好学习、善于学习的国家，有着历史悠久的优秀文化传统，完全有可能在网络时代取得一定的知识优势。

（3）利用两个市场、两种资源，"引进来""走出去"，在全球范围生产要素的重新组合和优化配置中获益。网络经济为每个国家扩大了市场、丰富了资源，加速了信息、资本、商品、技术、人才在世界范围的流动。中国是个大国，要立足本国，又要面向世界、走向世界，在进一步扩大开放中利用网络世界参与生产要素的全球重组并通过国内外市场一体化求得新发展。擅长古为今用、洋为中用的中国人民，是能做到"一切为我所用"的，并从中增大自己关于用的本领。

挑战和机遇不仅是并存的，而且是可以相互转化的。中国有决心、有能力在全球网络经济发展中变数字化挑战为数字化机遇。中国人是聪明的，能够把握机遇，更能够创造机遇。

四 经济治理与网络经济对其的影响

人们常用经济治理来说明政府对经济秩序尤其是市场秩序的整顿。这往往是在经济秩序被扰乱时不得已而采取的。例如，当假冒伪劣商品充斥市场严重影响到公众利益时，政府就发动群众性的整治活动加以清理，但这只治标不治根，根在规则和制度上。我们这里讨论的经济治理有着更深入的特定含义，指的是政府通过制定规则、做出制度安排，来规范各利益主体（如企业、居民等）的经济行为。这是一种主动的监管方式。它一方面防患于未然，促使经济主体出于自身利益的考虑比较自觉地遵守政府代表社会利益所制定的政策法规；另一方面通过种种调控活动来调整、协调不同经济主体间的利益关系，使他们的利益处于相对较为平衡的状态。前一种意义上的治理，好比抓罚乱穿马路的行人，而后一种意义上的治理，则好比设置红绿灯让行人过马路有序化。中国即将在全国范围整顿和规范市场经济秩序，这是标本兼治的综合治理，是同时具有上述两种含义的经济治理。

规范经济行为的治理说到底是利益平衡问题。它既要首先确保国家利益，同时还要适当保护在信息不对称情况下，因处于信息劣势其利益易受侵害的个别经济主体利益。例如，在公司制企业治理中要保护小股东的利益，在行业监管中要保护幼稚产业的利益，在市场治理中要保护消费者的利益，等等。

综观世界各国特别是东西方国家的经济治理，一般有两种方式：一种是基于经济行为参与方私人协议关系的方式，多为东方亚洲国家所采用；另一种是基于立法、司法部门参与正式合约订立、实施的法制方式，多为西方欧美国家所采用。前一种治理方式适用于经济规模比较小、市场不够发达甚至不大成熟、变动因素复杂程度较低的情况，它所需的治理成本中固定成本较低而边际成本很高。后一种治理方式信息透明度高，建立法治基础设施的固定成本相当高但边际成本很低，"寻租"行为和腐败现象也会大大减少，它更能适应经济全球化和技术进步快的客观环境的需要。基于关系的经济治理向基于法制的经济治理转变，是三年前亚洲金融危机爆发后提出来的一个重大问题，也是使经济治理讨论"热"起来的原因所在。在经济治理方式转变过程中，总伴随着市场开放、贸易和金融的自由化、与国际经济及其规则接轨等一连串变化，不可避免会引起某种非连续的不稳定性的产生，故需谨慎对待，妥善处理。

网络经济的兴起推动经济治理进一步发展。拿微观经济的公司治理来说，由于信息技术的广泛应用、通信手段越来越先进，以及网络型组织形式不断扩展，公司治理正在从大股东为主演进到债权人、职工、供应商、社区等其他利害相关者的全面参与。至于说到宏观范围的经济治理，由于互联网的应用日趋普及，使综合平衡不得不考虑有关国家特别是大国间经贸、金融的平衡，使宏观调控有可能利用信息的导向作用和网络对各利益主体经济行为的影响作用，此外，还产生了按新的方式处理政府、企业、市场之间关系的治理内容①。市场调节和政府干预都需要依靠互联网并在网上结合起来共同发挥作用。网络经济还导致经济治理中一系列新规则的形成，如美国经济学家卡尔·夏皮罗等认为，由适用于高固定成本、低边际成本的产业规则扩展而成的信息规则已成为网络经济的策略指导原则②。

网络经济的发展意味着全球信息化与经济全球化的结合，这种结合使国家范围内的宏观治理中政府、企业、市场三者间关系发生了新变化。这集中表现在政府起管理作用、企业起主体作用、市场起基础作用的基础上三者协同作用空前加强，进而为实现完善的经济（部门间、地区间、要素间、功能间等）整合、增强经济的整体素质和整体优势创造了条件。互联网为政府、企业、市场提供了新的沟通渠道，也为社会经济系统及其诸要素进行整合建立了新的活动平台。互联网导致政府、企业、市场都把注意力转向信息、知识资源，以及它们同物质、能量资源的整合。依靠网络实现整合是通向成功之路。

在网络经济中，政府、企业、市场之间的作用是多向互动的，绝不如20世纪80年代中国改革过程中提出的"政府调控市场、市场引导企业"那样一种单向的层阶式作用关系，而是三者中两两互相作用、彼此影响，且在一定条件下鉴于节约交易成本或协调成本等考虑，企业与市场之间可以部分地相互替代，如企业内部业务外包化、通过企业购并使外部市场内部化，政府也可在一定条件下把市场竞争机制引入具有自然垄断性质的部门，使这些部门企业化等。政府和企业需要在国内外市场环境快速、频繁的变化中，紧密配合，精诚合作，以变应变。

---

① 上面谈到企业治理和经济治理，未提及金融治理。这是因为金融治理也划分为微观和宏观两种。对商业银行的微观金融治理，实际上可视为一种特殊的金融企业治理。至于宏观的金融治理，则可包括在广义的经济治理之内，它与经济治理紧密相连。

② 参见卡尔·夏皮罗、哈尔·瓦里安《信息、规则——网络经济的策略指导》，张帆译，中国人民大学出版社2000年版。

五　政府在经济治理中的作用

政府在经济治理中起着十分重要的作用，因为规范各利益主体经济行为的政策、法律、规章、制度等都得由政府来制定。当然，政府扮演这一角色时，需依靠市场的力量，让市场在配置资源中发挥基础作用，同时还需反映企业的要求，调动企业的积极性，并尽可能以各种方式吸收企业与公众的代表的参与。

那种认为随着网络经济的发展政府的作用会减弱的意见，是与实践不相符合的。即使美国一些研究网络经济的经济学家如保罗·克鲁曼等也认为"大力倡导政府干预"是必要的，因为在网络经济中还存在很多市场失效的事例。何况在像中国这样市场经济发达程度较低的发展中国家，适度的政府干预就更为必要了。当然，必须避免和解决政府失效问题。我们认为，政府强化它在经济治理中的作用，就可弱化它在其他方面的不必要干预。

为使政府在经济治理中更好地发挥作用，首先，政府自身需具备相应的条件。例如：

（1）有足够的灵活性以应对网络经济的变化以及满足其需求。这种变化往往又快又大又频繁，且充满不确定性。

（2）对民众是认真负责的。向民众提供公用信息和有效服务，通过互联网听取各方意见、宣传政府政策，时时处处代表民众利益。

（3）为消费者增加选择权利，并尊重他们的选择。在网络经济中企业以顾客为中心，与消费者保持友好关系。同样，政府也需以消费者利益为重。

（4）适应全球信息化发展实现政府信息化。网络市场呼唤网络政府。政府应向企业、居民提供"在线"服务，并增加其工作的透明度。

（5）在改革中创新。现有的政府模式是大规模生产全盛时期演化过来的产物，一直实行每天 8 小时工作制。随着网络经济的发展，为适应新时代的需要，政府的模式和管理有待逐步改革、创新。

（6）注重业绩及其考核。对政府的活动应重结果而不重过程，以民众期望的满足程度为考核标准。在网络经济的全球竞争中政府对企业尤其是中小企业的帮助与支持是至关重要的。一国企业的业绩也反映了其政府的业绩，政府的工作要用它的业绩来驱动。当上述各项条件成熟时，政府就能适应影响它的外部力量，设计新的工作制度和组织系统，改进公共部门的服务，用新办法来解决老问题，把经济治理搞得更好。

其次，政府需实行相应的战略措施。例如：

（1）对政府部门进行重构和改建，使它们的应变能力更强，其工作是以公众利益为导向的，由业绩来驱动的。要进一步转变政府职能，使政府的主要力量集中在制定实施战略、建设和改进基础设施、创造和完善经济环境（包括政策法规环境）上。对中国来说，在 21 世纪前五年，亟须从这三方面来改造和提升传统产业、发展和加强高新技术产业，对需重点倾斜的产业、应鼓励的产业、竞争性产业、保护性产业、限制性产业进行分类指导，以优化整个产业结构。在政府系统内加强横向的部门间协调和纵向的决策分散化，也有利于政府提高办事效率。

（2）加强和改善传统的物质基础设施和新兴的信息基础设施的建设，以满足发展网络经济和提高人民生活质量的需要。近几年来中国大大增加了公路、铁路、港口、机场、供水、光纤、微波、卫星通信、计算机网络、有线电视网络、教育培训系统、研究开发系统、国家创新工程等基础设施，这为发展现代企业、提高员工素质、增加人力资源、吸引外资和外企、加速经贸增长和金融繁荣打下了根基。

（3）重新营造经济环境和法律、政策环境，促进新型网络企业兴起和传统企业通过网络化实现扩张，以及解决因税收模式过时或过度管制而造成的市场失效问题。建立风险投资和种子基金形成机制、开办高技术企业股市、改革税收和收入分配制度、引导企业增加信息技术投资、发展电子商务、帮助成长型小企业、促使企业家涌现、提倡终身学习和人才流动、保护知识产权、重视企业和个人的资信、改进会计和统计制度等，这些都需要创造条件和形成气氛，同时也为发展网络经济所必需。

最后，政府需在经济治理中坚持以下几个原则：

（1）促进市场竞争和技术竞争。网络经济是竞争空前加剧和选择机会空前增多的经济。竞争有利于降价，有利于促进发明创造，最终有利于提高消费者和社会成员的福利。在经济治理中，政府应放松对企业间经济性竞争的管制，鼓励竞争，反对垄断，保护消费者权益。政府还应让竞争性技术互相竞争。技术在竞争中进步，这是经济发展、社会前进的推动力。对公共问题的技术解决方案，不应锁定在今日的赢家上，而阻碍明天的发明家的成长。在技术变化多端的情况下，政府不宜通过法规或投资只选用任何一种特定技术，以免招致很大风险。

（2）鼓励发明创造和变革。发明创造是提高生产率的关键，而生产率提高又是经济发展和生活改善的基础。在经济治理中，政府必须采取促进发明创造和有利于提高生产率的政策，这就需要同时鼓励变革，反对为保护少数人的既得利益而影响变革的推进，要创造条件使多数人能适应变革。发明创造和变革是一种破坏性创新，很可能会因推翻传统的做法而引起震动或大的动荡，这就需要政府做好各方工作，使变革得以顺利实现，为整个社会造福。

（3）增大对研究开发和教育培训的投资。研究和开发、教育和培训是网络经济所需技术和人员的两大支柱，不仅政府要注入资金以引导社会和民间的投资，而且政府还要通过优惠政策给予鼓励。这实际上就是对知识和技术的投资。扩展知识、应用知识，培养人才、提高职工技能，是发展网络经济的需要，也是扩大网络经济受益面，使更多的人分享信息社会实惠的重要途径。

（4）加快互联网发展和扩展向公众提供的信息。互联网是新兴网络经济的基础、平台和重要标志。工业经济的技术特征是机械化，网络经济的技术特征则是数字化。政府必须避免所制定的政策和法规阻碍互联网的发展，还要防止因保护受到网络经济发展威胁的行业利益而减缓互联网的发展。相反，政府应该从各方面支持互联网的广泛发展和普遍应用。互联网以其丰富的信息内容著称，它的最大优越性在于空前促进人类的信息交流和共享。政府应积极开放和增加向公众提供的信息和信息服务，以扩展他们的视野和增加他们的智慧，这有利于经济治理的实施和改进。

（5）提高政府效率和采用合作网络。在网络经济中奉行效率优先原则，高效率意味着低成本，政府在经济治理中应有良好的工作表现。同时，政府还应与行业协会、社会团体、其他非政府组织等合作，形成治理网络，共同来推进经济治理，特别要发挥行业协会的自律作用。

六 中国应对世界经济治理做贡献

世界经济治理远比国家经济治理复杂，它涉及更多利益主体在更大范围内的经济行为的规范，凸显了不同主权国家之间的利益协调问题。由于网络经济的发展是跨越国界的，它把各国经济连在一起、形成一个网络，要求各国的经济治理相互沟通，并同世界经济治理有一定的衔接关系。

在世界经济治理中，除各国政府进行双边和多边的协商、谈判、签订协定、缔结合约外，目前主要靠联合国及其所属的经济组织（如贸发会议、工发组织等）、世界银行、国际货币基金组织、世界贸易组织等发挥一定的作用，它们通过制定规则、实施管理进行必要的协调，但其中相当一部分工作已因网络经济的兴起而不能适应新形势的要求。以联合国为例，在千年首脑会议上，秘书长安南已提出超越国家的全球治理观，认为在 21 世纪各国的利益比以往任何时候都更加紧密地联系在一起,主张要实行包括主权国家在内的多种力量共同参与的全球管理形式,准备通过联合国的重塑、革新,在坚持维护主权、关注以人为本的同时,重视民间社会的作用和影响,加强同非政府组织等非国家行为体之间的联系。

在世界经济治理一时间不易确立的情况下,区域集团(如欧盟、北美自由贸易区、亚太经合组织、东盟、南美南方共同市场,以及新出现的"十加一""十加三"① 等)已经或正在酝酿各种适用可行的经济合作中的有关规则,个别国际组织也就某一特定方面谈判相应的规则,如世界贸易组织正在发动制定 21 世纪贸易规则的新一轮谈判。此外,经济合作与发展组织(OECD)作为经济发达国家的"俱乐部"早已结成它们之间相互进行经济交流与合作的松散联盟,并订有一系列"游戏规则"。

在全球化网络经济发展进程中,世界经济治理的最高原则乃是促进人类的共同发展。为此,首先应建立公正合理的国际经济新秩序。中国领导人多次在各种国际会议上呼吁,要尽可能使各国都有权平等参与世界经济的决策和规则的制定。中华人民共和国主席江泽民在亚太经合组织第八次领导人非正式会议上的讲话中说过:"我们主张,应通过国际社会的共同努力,在各国充分参与和民主协商的基础上制定行之有效的国际规则,使经济全球化的进程能够得到正确引导和管理,能够朝着有利于缩小南北贫富差距,有利于实现各国的共同发展和繁荣,有利于国际社会所有成员特别是发展中国家都从中受益,有利于促进世界经济平衡、稳定和可持续发展的方向前进"。②

中国离不开世界,世界也不能没有中国。中国愿意和能够促进全球化网络经济的发展,并将同所有国家一起,不管它们是大国还是小国、强国还是弱国、发达国家还是发展中国家,为全球经济治

---

① "十加一""十加三"中的"十"指新加坡、马来西亚、菲律宾、印度尼西亚、泰国、文莱、越南、缅甸、柬埔寨、老挝,"一"指中国,"三"指中国、日本、韩国。
② 《人民日报》2000 年 11 月 17 日第 1 版。

理不断发展尽自己的力量，做出应有的贡献。

（写于 2001 年 1 月 11 日，为联合国经济与社会事务部同我国国家发展计划委员会、财政部、信息产业部、人民银行、国家统计局、北京市政府联合主办，2001 年 4 月 19—20 日在北京召开的"网络经济与经济治理国际研讨会"而作，并曾在中山大学岭南学院信息经济与政策研究中心、浙江大学经济学院、北京大学光华管理学院、湘潭大学、西南交通大学经济管理学院、华侨大学经济管理学院、江西财经大学信息管理学院等处作过相应的学术报告，原载《当代财经》2001 年第 7 期，转载《新华文摘》2001 年第 11 期）

发展网络经济　改进经济治理

一　网络经济及其对社会和经济的影响

网络经济的兴起和发展，是人类从工业社会向信息社会演进的重要标志和客观趋势，这一趋势没有也不会因近年来网络股市值的回落和调整而逆转。1994年以来，我国网络经济也有极大的发展。目前全国已有了6个商业性互联网。网络经济一出现，就对社会和经济的方方面面，产生了难以估量的种种影响。

（1）网络经济是随互联网（或因特网）及其应用的发展而逐步形成的新的经济形态。它不限于网上的经济活动，还扩展到同信息网络的建设、运行和应用相关联的一切经济活动。网络经济有宏观、中观、微观的区别，中观的网络经济又分基础设施层、应用基础层、中间服务层、商务应用层。网络经济的发展有前期启动、高速增长、平稳扩张三个阶段。这种发展不能脱离传统经济，需同传统经济的改造与提升相结合，以达到国民经济整合的目的。

（2）网络经济具有应用互联网而产生的特点：无时限、全球化、虚拟化、中介层作用弱化、竞争与合并并存、注重速度、讲究创新等。在效率高、成本低的网络经济中，产品的重量与价值之比呈下降趋势，产品的边际成本递减而复制成本低得可忽略不计，产品的使用有"经验性"和规模效应，技术和产品的生命周期大为缩短，无形资产的重要性日益增大，企业的规模普遍趋小而数量激增且更替快，市场的范围扩大而竞争空前加剧，联盟变得重要起来，消费者有更多、更大的选择性，生产日趋多样化、个性化，高技术、高工资的就业需求大而低技能、低薪酬的工作岗位增加缓慢导致收入差距、财富差距扩大，等等。

（3）在网络经济运行中，技术的、网络的、信息的、经济的规律交织着共同起作用。例如，反映信息技术功能价格比的摩尔定律、反映信息网络扩张效应的梅特卡夫法则、反映信息活动中优劣势强烈反差的马太效应、反映经济投入与产出关系变动的边际效益递增规律等。还有鞭策生产者不断用创新来追求一定时期经营垄断的特殊的激励机制，也在起作用。这使网络经济往往出现强者越强、弱者越弱和"赢者通吃"的局面。

（4）网络经济是信息技术及其产业迅猛发展的必然结果。没有信息化就没有网络经济。根据 2000 年 6 月美国得克萨斯大学电子商务研究中心和思科公司的研究报告，美国的网络经济收入 1999 年为 5674 亿美元，比 1998 年的 3502 亿美元增加了 62%，到 2000 年年底又比上年增加 50%，可达到 8500 亿美元，超过了汽车工业的 7280 亿美元，而成为美国经济的"火车头"。中国的信息产业也已成为"龙头产业"，在工业中 1999 年它的增长速度最快、销售总额最多、盈利状况最好、对经济增长贡献最大。"九五"以来，我国信息产业年均增速超过 30%，为国内生产总值增速的 3 倍多，在"十五"期间还将保持年均 20% 以上的高速度，信息产业的增加值占国内生产总值的比重可超过 8%，比"九五"期间的比重翻一番多。

（5）网络经济的发展拉长了经济扩张期，使经济周期变形，但经济周期波动依然存在。这说明在传统经济中起作用的主要规律仍影响着网络经济。另一个例子是网络企业的发展不能没有利润的支撑。近年来网络企业的兴衰和网络股市值的涨跌表明，网络经济也要受市场需求和居民预期的制约，任何"炒作"引发的"泡沫"同样要被挤掉，通过必要调整求得理性发展。

（6）网络经济是在工业社会内孕育成长的未来信息社会的经

济，它同数字经济、信息经济、知识经济、新经济等概念所表述的对象是一致的，主要是看问题的角度和所强调的重点有区别。网络经济强调的是信息及其技术与经济的网络化特征和效应，数字经济突出的是信息技术二进制的数字化特征，信息经济则凸显经济中信息技术与信息资源的重要性，知识经济侧重于高技术与知识在经济发展中的主要作用，新经济则更重视宏观经济发展的新阶段、新形态。在不同的场合使用不同的概念会使表述更准确，可起到互补的作用。

（7）网络经济尤其是其中占65%左右的信息基础设施建设和电子商务，不仅已成为全球经济新的增长点，而且是影响各国经济兴衰的关键之所在。其发展是不可阻挡的世界潮流，为适应国际环境变化、增强企业和国家的全球竞争力所必需。对正在用信息化带动工业化的中国来说，发展网络经济有利于改造和提升传统产业，促进全国经济一体化，进一步同世界经济接轨和融合。

（8）网络经济的发展大大加快了经济全球化进程，改变了人类的生产、流通、分配、消费方式，还改变了人们的工作、学习和思维方式。在发展过程中出现了虚拟企业、网络市场、电子商务、网络消费等新事物。商务活动集信息流、资金流、货物流于一体，其中信息流起到了主导作用。经济的网络化、全球化导致经济发展的高度开放，从而要求主权国家增强政策调控能力，善于在不可避免的外部冲击下来实现自己的社会和经济目标。

（9）对网络经济的影响反应最灵敏的是金融部门。由于互联网在金融业的应用，出现了网络银行、网上证券交易、网上保险。在虚拟环境中建立金融企业、创造金融产品、开展金融服务是个全新的问题。中国加入世界贸易组织后银行业面临的最先冲击就是网络银行的业务竞争。300年来形成的传统银行构架将被现代信息技术所打破，导致银行的性质、职能在转变，货币理论、货币政策调控、金融风险及其监管都将受到深刻影响。

（10）网络经济对财政提出了更新、更高的要求。这不仅限于增大财政支持力度问题，更重要的是需加紧研究网络经济和电子商务中的税收征管和财政调控问题。除税收征管电子化外，迫切需要新的税收理论和税收原则，以及解决国际税收协调问题。

（11）如何度量网络经济的发展及其对国民经济的影响，需由统计部门进行追踪研究，并建立相应的统计指标体系。这也从一个方面对统计系统加强信息化建设提出了要求。随着网络经济与经济全球化的发展，在国家经济总量的测度中，国民生产总值（GNP）的作用又将大于国内生产总值（GDP）的作用。

（12）网络经济促使企业变革战略思想、管理理念、运行方式、组织结构，以提高其竞争力尤其是核心竞争力。信息横向交流扩大了企业的视野。建立供应链、改进客户关系管理，为现代企业发展所必要。企业发展网络经济决不能停留在"企业上网"的初步尝试上，而应逐步使自己真正成为网络经济的主体。网络企业与传统企业的划分将成为历史。不利用信息网络化技术的企业，会因不适应网络经济的发展而被淘汰出局。在网络经济中企业间竞争把产品标准和技术标准的竞争提到了突出的重要位置上，这实质上是制定竞争规则的竞争。

（13）网络经济使管理组织发生变迁，工业社会中形成的、在政府和企业的管理中发挥过重大作用的层级组织，正由于新形势下其弊端丛生而逐步为网络组织所取代。网络组织以合作者的利益优先为目的，具有共享的过程控制的特点，有利于促进组织学习、降低协调成本和提高工作效率。

（14）迅猛发展的网络经济对中国等发展中国家既是严峻的挑战又是难得的机遇。在挑战方面，应防止扩大同发达国家间存在的数字鸿沟，保障网络安全、信息安全以及与此相联系的金融安全、经济安全，争取在世界经济结构的调整中前进而不落伍。在机遇方面，应抓住利用后发优势实现跨越式发展，通过信息交流和共享提高学习效果和发挥知识作用，扩大开放以增加全球市场份额和从全球生产要素的重新组合中获益。挑战与机遇孰大孰小，取决于发展中国家自身的应对。搞好了，就可变网络经济的数字化挑战为数字化机遇，使中国经济走向全球化和现代化，达到振兴中华的目的。

（15）缩小发达国家与发展中国家之间存在的并在扩大中的数字鸿沟，是网络经济在全球发展过程备受各方关注的一大问题。数字鸿沟是对信息网络工具使用多少和好坏的差距，这是一种信息差距、知识差距，反映着技术差距、经济差距，它反过来又会转化成收入差距、财富差距。据国际电信联盟1999年《互联网促发展》的报告称，全部发展中国家的因特网用户数占世界总数的比重少于6%。与此相适应，在全球联入因特网的主机数中所有发展中国家只占5.4%，至于安全的因特网服务器则只有4.3%分布于技术最先进的29个国家以外的发展中国家。每个国家内部不同地区、不同阶层之间同样存在数字鸿沟，即使美国也不例外。据美国商务部统计，年收入在7.5万美元以上的美国人使用因特网的比例为60%，而年收入在2.5万美元以下的美国人使用因特网的比例只有8.7%。我国西部地区上网人数占全国的比例还不到20%。在同时缩小国内外数字鸿沟的努力中，由于国家内部过大的数字化差距会破坏网络经济带给发展中国家的大部分潜在效益，发展中国家应努力保持国内信息化、网络化较为均衡的发展，防止内部数字鸿沟的扩大，这有利于缩小落后于发达国家的外部数字鸿沟。联合国将致力于缩小全球的数字鸿沟，采取措施使信息通信技术在消除贫困、提供医药保健和教育、解决食品短缺以及实现其他发展目标中发挥重要作用。

二　经济治理与政府作用

现代市场经济呼唤经济治理。市场经济的"游戏规则"要制定和执行，"内外秩序"要维护和合理化、正常化。在这方面，政府的作用需顺应市场发展的要求而加强。同时，政府还应吸引企业和公众积极而充分参与。经济治理的目的是为企业发展创造良好的环境。

（1）经济治理是政府通过制定规则、做出制度安排，来规范各利益主体（如企业、居民等）的经济行为。它促使经济主体出于自身利益的考虑比较自觉地遵守政府代表社会利益所制定的政策法规，并在执行过程中通过各种调控活动来调整、协调不同经济主体间的利益关系，使之处于相对较为平衡的状态。这种主动的规制往往是由经济秩序被扰乱时政府整顿经济秩序尤其是市场秩序的被动监管作为补充的。我国在"十五"时期作为一项重要任务开展的整顿和规范市场经济秩序的工作，就是兼有上述两种含义的经济治理。

（2）历史上经济治理有两种不同方式，一种是基于经济行为参与方私人协议关系的治理方式，另一种是基于立法、司法部门参与正式合约的治理方式。前一种方式向后一种方式转变，是经济治理的发展趋势。亚洲金融危机后上述转变过程在加速。

（3）经济治理说到底是利益平衡问题。在治理中首先要确保的是国家利益，同时要适当保护处于信息劣势下其利益易受侵害的个别经济主体的利益。在经济转型国家，经济治理同综合平衡、宏观调控有着内在发展的联系，是国家管理经济方式的进步。

（4）随着网络经济的发展，在微观的企业治理中，应加快实现企业信息化，建立企业内外联系的网络系统，并把它管理好；应网罗人才、加强创新，以争得竞争优势；还应稳妥地防范风险和避开前进道路上的陷阱。上市企业的公司治理则应由大股东为主的模式，演进到债权人、职工、供应商、社区等其他利害相关者广泛、积极参与所形成的"利益共同体"的共同治理模式，建立公司治理信息系统，完成从行政性公司治理到经济性公司治理的转化。

（5）金融治理随着网络经济和网络金融的发展日趋重要。为此需加快法制建设、完善规章制度、创造良好的社会信用环境，从网络安全、虚拟信息传递、电子欺诈、相应的监管措施缺位四个方面加强金融监督。同时，还要改进监管手段，加强监管当局之间的国内合作和国际合作。由于金融创新多来自被监管者，监管者处于一种需被动适应的地位，所谓"猫不一定比老鼠聪明"，因此出现了协调式监管的治理方式。

（6）在国家经济治理中，由于网络经济的影响，政府、企业、市场三者之间的关系发生了新变化，互联网为它们提供了新的沟通渠道，在它们各自发挥作用的基础上三者的协同作用大大加强了，特别是它们中间两两双向互动的作用更加明显了。在政府的"有形之手"和市场的"无形之手"以外，出现了"社会协同"的力量。依靠网络实现整合是通向成功之路。

（7）政府在经济治理中扮演着用政策、法律、规章、制度来规范各利益主体经济行为的重要角色。随着网络经济的发展，政府的作用不是减弱而是增强了。强化政府在经济治理中的作用就为弱化它在其他方面不必要的干预提供了条件。在全球网络经济环境下，国家间日益加剧的竞争，不仅仅是自然资源和廉价劳动力的竞争，而更重要的是政策法规的竞争。

（8）为在经济治理中更好地发挥作用，政府自身需创造条件努力做到：对民众认真负责，为消费者增加选择权并尊重他们的选择，适应全球化发展实现政府信息化，在改革中创新，注重业绩及其考核，有足够的灵活性。地方政府之间在合作的同时应有必要的竞争。

（9）政府在经济治理中应坚持的原则有：促进市场竞争和技术竞争，鼓励发明创造和变革，增大对研究开发和教育培训的投入，加快互联网发展和扩展向公众提供的信息，提高政府效率和采用同行业协会、社会团体、其他非政府组织进行合作而形成的共同治理网络。

（10）除通过政府部门的重构和改组来提高应变能力和改进业绩外，政府的主要工作在于制定和实施发展战略，建设和改进基础设施，营造和完善经济环境和政策法规环境，并积极参与国际经济治理活动。

（11）20世纪因特网的发明比19世纪、20世纪的电报、电话以及无线电、广播、电视的发明更大地推动了信息技术革命。同时，因特网还与它们不一样，一开始就不是私人发明而是"政府工程"。因此，政府可从多方面对因特网进行管制。对因特网的调控和监管，要比对以往的任何信息交流和传播方式来得更加容易。

（12）网络经济的发展导致各国在经济治理上的沟通和协调，如跨国的网络安全治理、网络标准争执、网上纠纷仲裁、电子商务中逃税和避税及重复征税等问题，均需通过国家间双边的、多边的谈判、协商，以及国际组织或专门机构的研究、讨论和决定，共同来解决。

（13）世界经济治理涉及不同主权国家之间的利益协调问题，远比国家经济治理复杂，需要依靠联合国等国际组织，以及各区域集团内政府的和非政府的相关组织，发挥他们的积极作用。联合国已在千年首脑会议上提出全球经济治理问题，强调要维护各国主权，以人为本，重视民间社会的作用和影响，加强同非政府组织等非国家行为体的联系。

（14）全球经济治理的重要任务之一是在南北贫富差距不断扩大的情况下，尽快把贫困问题解决好。目前在全世界60多亿人口中约有28亿的人每天收入少于2美元，12亿的人每天收入少于1美元。拉丁美洲、南亚和撒哈拉以南非洲地区，贫困人口不是在减少而是在增加。联合国在2000年9月提出要在2015年使全球的贫困地区人口减少一半。贫穷的国家迫切需要有效的、开放性的、负责任的国际组织来改变不利于他们发展的国际经济秩序。

（15）建立公正合理的国际经济新秩序已刻不容缓。中国领导人江泽民等曾多次呼吁，国家不分大小、强弱、贫富，都有权平等地参与世界经济决策和规则的制定，并明确提出了新的国际经济秩序应有利于缩小南北贫富差距，有利于实现各国共同发展和繁荣，有利于所有成员国尤其是发展中国家共同受益，有利于促进世界经济沿着平衡、稳定、可持续发展的方向前进。

三 发展网络经济和改进经济治理的对策建议

网络经济与经济治理这两个问题均有一定的前瞻性。网络经济的发展要求改进经济治理，经济治理的改进反过来会有利于发展网络经济。如何使两者的关系进入良性互动状态，需在实践中不断探讨、摸索。在这里提出一些初步的对策建议：

（1）把国际经验同本国国情结合起来，探索一条有中国特色的网络经济发展道路。我国网络经济发展还处于起步阶段，社会生产力水平较低，国民文化素质不高，工业化任务尚未完成，获取和利用信息、知识的能力不强，推进信息化的路程还很长，在这种情况下，理应借鉴和学习发达国家发展网络经济的经验和做法，但不能照搬照套别国的发展模式，必须充分考虑我国实际情况，采取适合国情、行之有效的多层次、多样化发展思路、政策和模式。取人所长，为我所用，在实践中减少波折。坚持面向世界、面向未来，以市场为导向、以应用为主旨，把立足点放在改造、提升传统产业和培育、发展新兴的高科技产业上，扎扎实实地推进网络经济健康发展。

（2）正确处理网络经济发展与传统产业改造的关系。网络经济的发展离不开传统产业的物质支援、人才输送和市场需求，传统产业的革新则需用信息技术为代表的高新技术来改造，依靠网络经济和电子商务的促进和带动。采用"水泥"加"鼠标"的互动发展模式，使传统产业融入到网络经济中去。

（3）推进产业结构调整、科技创新与体制创新，实现信息产业与网络经济的跨越式发展。我国的产业结构正经历一次重大调整，这次调整是在网络经济条件下加入世界贸易组织的影响中进行的，为的是提高产业的核心竞争力。在调整结构的同时，推进科技创新和体制创新，并使两者紧密结合、相互促进，在集成电路和软件技术为重点的核心技术上取得突破，在资本市场、人力资本和商务模式的变革中取得进展，使信息产业和网络经济的发展有一个大的跨越。

（4）加大对社会资本的投入，以便真正能从信息通信技术中获益，最终达到缩小同发达国家间存在的数字鸿沟的目的。发展中国家动员大量资源扩大信息通信技术的应用，但由于缺乏"均衡的技能、合理的制度、积极有效的管理模式以及最为首要的企业精神"等不能复制、移植的社会资本，其效果往往不佳。不从本国的特点出发，盲目模仿技术领先的国家，失败者居多数。发展中国家要分享网络经济的好处，应注重教育、培训和制度建设，在全球知识共享和地区性发展中取得主动权。

（5）从多方面努力为网络经济发展创造良好环境。例如，加强现代化信息网络基础设施建设，完善公共信息和专业信息的数据库体系，普及计算机和网络教育，健全政策法规，发展电子商务，建设电子政府，反对垄断、鼓励竞争，扩大开放度，保护知识产权、隐私权和消费者权益，掌握信息网络核心技术的标准制定权和控制权，搞好育才、引才和用才工作，加快信息化管理体制改革等。

（6）强化网络经济发展的财政支持。按照公开、公平、公正的原则和世界贸易组织的有关要求，减少行政审批事项，全面清理和调整财政方面现行的法律、法规和政策，规范财政支出管理，优化税制，稳步建立与国际接轨的公共财政框架和管理制度，通过财政转移支付，使西部地区民众也能从网络经济发展中得到实惠。

（7）进一步转变政府职能，推进政府部门的各项改革，增进横向的部门、地区间协调和纵向的民主决策，加快政务信息化步伐，突出政府的服务功能，提高政府的治理能力，改进宏观调控和对微观经济的引导，加强同民营企业和社会组织的合作，增加工作透明度，提高应变能力和灵活性，参与经济网络化和全球化进程。

（8）制定网络金融监管策略，加强金融监管，防范金融风险。我国应根据网络经济发展战略、网络金融发展阶段、国内金融环境等具体情况，制定网络金融尤其是网络银行的不同监管策略。这需要遵循尽可能与国际标准接轨、适当降低市场准入要求、控制已办业务的终止和市场退出、有效收集和共享信息、培养和使用综合性人才、加强对客户的教育，以及审慎从事等原则。国内金融监管面临跨国业务经营时还要注意搞好国际性协调工作。金融监管是为了分散和防范金融风险，包括投资战略风险、体系风险、法律风险和业务运行风险等。只有加强金融治理，才能减少金融风险交叉传染，使金融危机突然爆发的可能性和破坏性降低到最小。

（9）把国家经济治理同世界经济治理结合起来，一方面，在国内大力调整和规范市场经济秩序，使指导经济发展的"游戏规则"更趋合理化，以适应和促进网络经济健康有序地发展；另一方面，在国外争取建立平等互利、公正合理、共存共赢的国际经济新秩序，使经济全球化进程中推出的各种"游戏规则"有利于至少不损害广大发展中国家的利益，这需要通过南北之间和南南之间经常性对话和沟通以至协商和谈判来解决。

（10）在发展网络经济和改进经济治理中积极加强国际交流和合作。中国的发展离不开世界，世界同样需要中国。追踪和研究全球网络经济的发展和世界经济治理的演进，从中找出规律性的东西，以便拿它与本国实践相结合，用来指导我国的网络经济和经济治理以及两者的互动发展。

（写于2001年5月15日，曾于该月在南京召开的全国直辖市、副省级城市信息中心主任工作会议暨全国省会和中心城市信息网络常务理事会议上作过报告，原载《经济学动态》2001年第7期，发表时略有增删）

信息社会与共产党的任务

一 信息社会的来临将是持续地推进国民经济和社会信息化的必然结果

在世界信息革命的推动下，中国学术界从 1986 年开始，广泛地讨论了信息化问题。隔了 10 年，于 1996 年召开的中共十四届五中全会把信息化作为我国的战略任务，明确提出了"加快国民经济信息化进程"的要求。至 1997 年，中共十五大重申一定要"推进国民经济信息化"。

顺应全球信息化发展的潮流，为带领全国人民在 21 世纪实施伟大进军，2000 年 10 月召开的中国共产党第十五届中央委员会第五次全体会议，进一步把"国民经济信息化"扩展为"国民经济和社会信息化"，认为"继续完成工业化是我国现代化进程中的艰巨的历史性任务"，而"大力推进国民经济和社会信息化，是覆盖现代化建设全局的战略举措"。因此，要"以信息化带动工业化，发挥后发优势实现社会生产力的跨越式发展"。在全会通过的《中共中央关于制定国民经济和社会发展第十个五年计划的建议》中，把"加快国民经济和社会信息化"作为十六项建议中的第四项重要建议提了出来[①]。

[①] 参见《中共中央关于制定国民经济和社会发展第十个五年计划的建议》，人民出版社 2000 年版。

该建议指出："要把推进国民经济和社会信息化放在优先位置。"因此,"信息化是当今世界经济和社会发展的大趋势,也是我国产业优化升级和实现工业化、现代化的关键环节"。在建议中还强调"要在全社会广泛应用信息技术,提高计算机和网络的普及应用程度,加强信息资源的开发利用";要"加强现代信息基础设施建设"和"加速发展信息产业",包括"积极发展信息服务业特别是网络服务业",并"推动信息产业与有关文化产业结合",以及"在全社会普及信息化知识和技能"。

朱镕基同志在《关于制定国民经济和社会发展第十个五年计划建议的说明》中讲到"关于工业化和信息化的问题"时说:我们讲抓住机遇,很重要的就是要抓住信息化这个机遇,发展以电子信息技术为代表的高新技术产业,同时用高新技术和先进适用技术改造传统产业,努力提高工业的整体素质和国际竞争力,使信息化与工业化融为一体,互相促进,共同发展。

为响应我党的伟大号召,全国人民正从各方面致力于"加快国民经济和社会信息化"。其结果将会给国民经济和社会带来什么样的重大影响呢?这种影响在经济活动的生产、流通、分配、消费四个环节,在科技、教育、医疗、卫生、文化、体育、政治、军事、组织和管理、社会和家庭等社会活动的方方面面,以及人们的生活、工作、学习、行为、思维的方式上,正在不断显现,并将越来越深刻。所有影响汇集到一点,就归结为国民经济和社会的转型,即从工业经济和工业社会进化到信息经济和信息社会。这是不以人类意志为转移的必然趋势。

从信息化这一概念出现与传播的历史来考察,也可证明,信息化的结果将导致信息社会的来临。原来,信息社会概念的提出,比信息化一词的产生还要早8年的时间,而且信息化概念的初始含义,就是为了反映工业社会向信息社会前进的发展过程。

美国社会学家丹尼尔·贝尔1959年夏季在奥地利举行的学术讨论会上和1962年春天在波士顿召开的一次研讨会的论文中先后

使用了"后工业社会"（即后来所称的信息社会）一词。20世纪60年代初"后工业社会"的思想传入日本。1964年1月日本学者上岛教授在《信息社会的社会学》一文中提出了日本正在进入"信息产业社会"的看法。接着从1964年至1966年，日本的《朝日放送》杂志对信息社会（日文翻译为Joho Shakai）及其特征问题展开了讨论。在这次讨论的基础上，1967年年初日本的一个科学、技术与经济研究小组参照工业化一词提出了信息化（日文翻译为Johoka）的概念。该小组认为，信息社会是信息产业高度发达且在产业结构中占据优势的社会，而信息化是由工业社会向信息社会前进的动态过程，它反映了从有形的可触摸的物质产品起主导作用的社会到无形的难以触摸的信息产品起主导作用的社会的演化或转型[1]。

在信息化概念的国际传播中，法国的西蒙·诺拉和阿兰·孟克1978年1月出版的畅销书《社会的信息化》[2] 起了重要作用。《社会的信息化》是受当时法国总统德斯坦的委托以研究报告的形式撰写的。丹尼尔·贝尔还为该书写了英译本前言。诺拉在书中探讨了计算机与远程通信紧密结合而产生的远程数据处理（Telematics）对社会发展的重大影响，指出信息化是人类社会必然的发展趋势，建议法国政府用国家政策来促进信息化，并应有必要手段能预见网络的未来和控制网络。

信息化概念传入中国是在1986年。当年12月，"首届中国信息化问题学术讨论会"在北京召开。会后编辑出版了论文集《信息化——历史的使命》[3] 一书。该书认为信息化是"描述国民经济中信息部门不断壮大的过程"，"国民经济和社会结构框架重心从物理性空间向信息和知识性空间转移的过程"。

信息化同工业化、现代化一样，是具有特定内容的发展过程，

---

[1] 参见乌家培《经济、信息、信息化》，东北财经大学出版社1996年版，第286页。
[2] ［法］西蒙·诺拉、阿兰·孟克：《社会的信息化》，商务印书馆1985年版。
[3] 《信息化——历史的使命》，电子工业出版社1987年版。

尽管反映其水平、程度的指标可以作为目标去争取加以实现，但信息化本身绝不是目的，使人类社会从工业社会或准工业社会最终发展成为信息社会，这才是信息化的目的。

二 信息社会及其实现的相关讨论

关于信息社会的讨论，早在20世纪六七十年代就在美国、日本、法国等经济发达国家的社会学家和经济学家中开始了。

最早提出"后工业社会"的丹尼尔·贝尔在1962年至1973年期间，曾对信息社会的基本特征和发展趋势做了系统分析。他认为，信息社会主要有以下五个方面的特征：

（1）经济上，由制造业经济转向服务业经济。

（2）就业结构上，专业人员与科技人员取代企业主而居于社会的主导地位。

（3）理论知识居于中心地位，成为社会革新和制定政策的源泉。

（4）在技术上，生产技术和生活技术朝着有计划、有节制的方向发展。

（5）在决策制定上，日益依靠智能技术。

另一位美国社会学家约翰·奈斯比特认为美国的信息社会开始于1956年和1957年，理由是1956年美国在历史上第一次出现了从事技术、管理和事务工作的白领工人的数量超过了蓝领工人，工业经济转向信息经济；1957年苏联发射了第一颗人造地球卫星，信息技术步入全球的卫星通信时代。他预见信息社会将有以下一些主要特征：

（1）知识和信息是主要的资源和财富。

（2）从农民到工人再到职员，是职业发展史的必然趋势。

（3）信息业增长是经济增长的主要因素。

（4）技术的发展从强迫性技术向高技术与高情感相平衡的方

向发展。

（5）信息流动时间加快，全球信息化已经到来。

（6）人们的生活习惯和生活方式由农业社会的向过去看、工业社会的注重现在发展到信息社会的向未来学习等。

苏联学者莫伊谢耶夫认为，信息社会是信息技术的发展同自然界、社会与人的高度契合的社会。

人类社会已发展到信息社会的观点一经出现，国际理论界就曾引发一场争论。争论的焦点集中于信息社会理论的实质问题的探讨。在这个问题上，有过两派不同的观点。一派以美国的贝尔、奈斯比特、托夫勒等人为代表，包括日本的梅棹忠夫、河村望等，他们认为信息社会已经或正在到来。另一派以苏联的尼库里切夫等人为代表，他们不认为信息社会是未来社会的发展方向，理由是：

（1）说"信息社会的两大特点是：社会由生产商品转向劳务，理论知识决定社会的发展方向"，这种观点否认了创造剩余价值的源泉是物化于机器中的学者、设计师、工人等的劳动。

（2）说"民主发展的前提是自由信息流，电子计算机和电视的发展将使人民有可能进行瞬间的全民投票，从而避免一切社会冲突"，这种观点抹杀了资本主义制度固有的阶级矛盾。

（3）说"信息社会"只揭示了社会发展的技术方面的问题而否定了社会实质的问题[①]。

日本学者笔坂秀世也否认"高度信息化社会"的提法，他认为资本主义社会固有的阶级矛盾随着信息化的冲击不是淡化而是更加剧烈。资本主义社会的发展方向只有打破旧的生产关系朝着社会主义和共产主义方向发展。他的理由还有：

（1）说"信息社会不仅是物质生活丰富而且是精神生活丰富

---

① 以上三点参见尼库里切夫《资产阶级关于"微电子革命"理论的社会实质》，苏联《莫斯科大学学报》（科学共产主义类）1984 年第 5 期。

的社会"与事实相违背。因为随着信息化的冲击，日本存在的住房难、低工资、时间过长的紧张劳动，以及精神颓废、文化衰退、国民生活质量下降等现象正好说明高度信息化不能救治资本主义固有的痼疾。

（2）说"信息社会是中小企业占优势、人口分散、通信发达、环境优美、尊重人性的和谐社会"否认了资本主义制度的矛盾，因为高度的信息化在资本主义制度下只会造成更大的社会灾难[①]。

从 20 世纪 90 年代前上述两派关于信息社会的争论中可以看出，信息化是双方都承认的事实，分歧在于资本主义制度下信息化的社会后果问题。进入 20 世纪 90 年代后，随着信息高速公路的建设和互联网的普及应用，网络经济、电子商务的兴起，以及远程教育、远程医疗、电子政府、信息化小区等新事物的涌现，信息社会的存在和发展已成为既成事实，几乎听不到什么抵制或反对的声音了。尤其是 1995 年 2 月发达国家 7 国集团在布鲁塞尔召开部长级会议，讨论了发达国家进入信息社会的问题，1996 年 5 月在南非召开"信息社会与发展大会"的部长级会议，进一步讨论发展中国家面向信息社会的问题，以及 2000 年 7 月在日本冲绳举行的 8 国集团首脑会议，通过了《全球信息社会冲绳宪章》，进一步表明信息社会问题已不再单纯地是世界学者们讨论的学术问题了，而成为国际社会政府首脑和部长们议事日程上讨论的工作问题了。至于信息社会的社会后果问题，在全球讨论中也已聚焦到各国间尤其是发达国家与发展中国家之间存在的和正在扩大的"数字鸿沟"上来了。

[①] 以上两点见笔坂秀世《什么是"高度信息化社会论"》，日本《文化评论》1987 年第 11 期。

三 从生产力或生产关系考察的两种社会形态的划分及其相互对应的关系

人类社会的历史发展，若从生产力的角度看，可分为狩猎社会、游牧社会、农业社会、工业社会、信息社会。二百多年前的工业革命和工业化运动，把人类社会从农业社会推进到工业社会。20世纪中期开始的信息革命和70年代尤其是90年代以来的信息化浪潮，又把人类社会从工业社会引向信息社会，信息社会正在成为事实。信息化的发展和信息社会的来临标志着社会生产力的极大进步。反信息化或否定信息社会则是逆历史潮流而动的。

若从生产关系的角度看，人类社会的历史发展，则分为原始共产主义社会、奴隶社会、封建社会、资本主义社会、社会主义社会和共产主义社会。

历史唯物主义告诉我们，生产关系的发展是由生产力的发展所决定的。因此，按生产关系区分社会形态同按生产力区分社会形态不可能没有一定的内在联系，或者说，前述两种人类社会历史发展阶段的划分之间不可能没有这样或那样的对应关系。事实上，以往的历史表明，狩猎社会基本上是与原始共产主义社会相对应的；游牧社会基本上是与奴隶社会相对应的；农业社会基本上是与封建社会相对应的；工业社会基本上是与资本主义社会相对应的，只是到了20世纪20年代和40年代末，才先后在苏联和中国出现了社会主义社会。目前苏联的社会主义社会已不再存在，唯独中国在共产党的正确领导下经过多次调整和逐步退却才使有中国特色的处于初级阶段的社会主义社会依然屹立在世界东方。国际共产主义运动的历史给我们的启示是：生产关系决不能跑到它赖以确立的生产力的前边去，否则迟早是要退回来的，不得不与既定的生产力相适应。

留下的难点是：从生产关系的角度看，同已经出现或正在到来的信息社会相对应的是什么社会？是原来的资本主义社会，还是社会主义和共产主义社会,或者是体现其他别的生产关系的新社会。

换一个提法,这个问题就成为:从生产力的角度看,同现在的社会主义社会和未来的共产主义社会相对应的是什么社会?由于工业社会即将成为历史,它不可能是社会主义社会尤其是共产主义社会的基本对应者。马克思试图在工业社会的基础上倡导共产主义社会,已为历史发展实践所否定。那么,代表更新、更先进的生产力的信息社会或生物社会(以生物经济为主导和作基础的社会),是否能与社会主义社会或共产主义社会相对应呢?

我们这样思考问题,是以共产主义社会不是乌托邦、生物社会有可能在信息社会之后出现为前提的。

对上述问题的回答,取决于社会发展实践,需由人类社会的历史来作定论。但这不等于说,我们作为学者,从社会发展的逻辑或轨迹,从人类社会现实生活中已经出现和正在萌芽中的种种新事物、新关系、新因素,去推论、预测、判断、揭示未来社会及其发展动向,是无能为力的。恰恰相反,已有很多的社会学家、经济学家、未来学家,对这个问题发表过这样那样的预言、观点和意见。其中,有些已被社会发展所肯定,有些并未成立,有些等待检验,以证实或证伪。

美国有些学者如威廉·哈拉尔已从政治经济学的观点去分析信息社会的本质与社会特征[1]。他认为与工业革命将生产要素从人力劳动转变为资本设备不同,信息革命引发了从资本向知识的转变,知识将成为未来社会的经济的基础和推动社会发展的动因。在他看来,与信息社会相对应的已不是"旧资本主义"社会,而是"资本主义与社会主义混合"的"新资本主义社会"或"后资本主义社会"。

"一切所有制关系都经历了经常的历史更替,经常的历史变

---

[1] 威廉·E. 哈拉尔:《新资本主义》,冯韵文、黄育馥等译,社会科学文献出版社1999年版。

更"①。资本主义所有制也不会例外,它将随着工业社会向信息社会的转变而变更以至被更替。马克思主义认为,社会经济形态发展是一个自然历史过程,构成其经济基础的生产关系是由生产力决定的,要适应生产力的性质和水平。资本主义生产关系促进了工业社会生产力的空前发展而迎来了信息社会,信息社会的生产力发生了什么样质的变化,会不会要求资本主义生产关系本身加以改变,这是个极其重要的问题。工业社会用现代的机器和电力取代了以往的石器、铜器、铁器和畜力、风力、水力等,但仍然是体力劳动工具的变革,而信息社会在此基础上发展到脑力劳动工具的变革,电子计算机、智能化信息网络等延伸和扩大了人脑的功能。与物质产品及其生产相并存地出现了更重要的信息产品、知识产品以及它们的生产,而且物质生产也信息化、智能化了,因此脑力劳动已不再从属于体力劳动而独立地存在了,它对经济发展和社会进步的重要性远远超过了体力劳动,而且还能为体力劳动的知识化和体、脑两种劳动的对立和差别的消失创造条件。在信息社会,反映生产力发展的主要标志已不是一般劳动者的生产率而是知识工作者的生产率了。脑力劳动是创造性劳动,不可能是体力劳动的简单累加,它同物质生产资料的关系也有了不同的结合方式,至少不会是体力劳动者对物质生产资料的那种依赖关系了。值得注意的是,它的成果也有了产权,即知识产权,并构成非物质的无形资产。这是一种比物质的有形资产更重要的财富。利用对物质生产资料私人占有来奴役脑力劳动者变得越来越困难甚至是不可能的了。这说明"资产阶级的关系已经太狭窄了,再容纳不了它本身所造成的财富了"②。

当然,无论哪一种社会形态,包括资本主义社会在内,当它们给予充分发展余地的那一切生产力还没有展开以前,是决不会灭亡的,而新的更高的生产关系,如共产主义社会,当它们借以存在的

---

① 《马克思恩格斯选集》第一卷,人民出版社1972年版,第265页。
② 同上书,第257页。

那种物质条件还没有在旧社会胎胞里成熟以前，也是决不会出现的。但是，正如马克思所说的：手摇的粉磨产生了一个有封建地主的社会，蒸汽机的粉磨产生了一个有工业资本家们的社会。那么人们不能不思考这样一个问题：高速、宽带、多媒体、个性化、智能化的全球互联网络将会导致一个什么样生产关系的社会呢？有许多变化人们一时还不能完全看清，然而，在这种生产力的基础上，社会共有共享的关系，社会协同力量与其作用，必然会达到在以往任何一个社会所无法想象的地步。

由现有经济关系造成的迄今为止最高的是信息社会生产力，不仅正在改变着人们之间的相互关系，而且已在改变人与自然之间的相互关系，使工业社会那种把大自然当作人类可任意去征服、控制和索取的对象而形成的人与自然的对抗关系，转变为人与自然和谐协调的"天人合一"的新关系，即人类可以利用自然但必须适应自然、美化自然，把人类当作大自然的一部分。

四 "三个代表"重要思想要求我们把迎接信息社会作为争取共产主义的必经步骤而视作党的任务

江泽民同志作为我党第三代领导集体的代表，面对世纪之交和千年更迭时国内外社会和经济发展的新情况、新问题，为加强新时期党的建设和中华民族的伟大复兴，运用马克思主义的历史唯物主义的基本原理，对我党近80年的基本经验作了科学总结，在2000年到广东考察工作时提出了"三个代表"重要思想。他指明"要把中国的事情办好，关键取决于我们党，取决于党的思想、作风、组织、纪律状况和战斗力、领导水平，只要我们党始终成为中国先进社会生产力的发展要求，中国先进文化的前进方向，中国最广大人民的根本利益的忠实代表，我们党就能永远立于不败之地，永远得到全国各族人民的衷心拥护并带领人民不断前进。"①

注重发展生产力是马克思主义的一贯思想。党的十五大指出，"发展是硬道理"。在社会主义初级阶段，"我们的根本任务是集中力量发展社会生产力"。生产力的发展，首先要依靠科技尤其是信息科技的进步和创新，实现信息科技为代表的高科技的产业化，并用信息技术改造和提升一切传统产业。同时，要运用信息资源使经济发展转移到可持续发展的轨道上来。在社会主义现代化建设中，要把信息化建设放在优先位置上，用信息化带动工业化，实现生产力跨越式发展。江泽民同志指出四个现代化，哪一化也离不开信息化。信息化程度反映着生产力的发展水平。我党作为先进生产力发展要求的代表，把经济建设作为中心任务来抓，通过改革开放打破旧的生产关系，建立新的生产关系，明确提出要加快国民经济和社会信息化。信息社会的到来意味着社会生产力比工业社会有一次质的飞跃。

对文化的重要性，全世界是公认的。人们往往把文化看作一个国家或民族的灵魂，文化的消亡意味着国家和民族的最终消亡。世界各国日益意识到文化的发展越来越重要，但对文化的理解和界定，分歧就大了。从字义上看，文化仅仅是"人文教化"而已。从内容上看，有的认为文化就是相对于物质文明的精神文明，包括思想道德和科学知识，它通过世界观、人生观、价值观对民众起着重要的激励和凝聚作用；有的认为文化与经济日趋一体化，它覆盖了整个发展过程，文化繁荣成了发展的最高目标。有的则认为文化有"意识形态""行为形态"和"存在物形态"，它是人为自身的生存和发展所形成的复杂系统。人类有史以来，出现过辉煌的东方古代文化和灿烂的西方现代文化，这两种文化正在交流融合中。历史悠久的中华文化哺育了我国科学的、民族的、大众的有中国特色的社会主义文化。我党作为先进文化前进方向的代表，既继承和发

---

① 新华社特约评论员：《按照"三个代表"的要求全面加强党的建设》，《人民日报》2000年3月10日。

扬中国的优秀文化传统，又吸收和借鉴全人类的文明成果。先进的文化是人类文明进步的结晶，也是推动人类社会前进的精神动力和智力支持，它影响着人的精神和灵魂，渗透于社会生活的一切方面。中国共产党高度重视文化、文化产业和文化建设。党的十五大指出：发展教育和科学，是文化建设的基础工程。值得注意的是，信息社会的文化或信息文明正在逐渐取代工业社会的文化或工业文明。信息文明比工业文明更进步，真正体现了以人为本的思想，使人的创造物奴役人本身的异分现象将不复存在。信息文明预示着世界新文化的未来，它反映着人类先进文化的前进方向。

为人民服务是我党的宗旨，全心全意为人民谋利益是我党一切工作的出发点和落脚点，同人民群众保持血肉联系，坚持群众路线是我党根本的工作作风和工作方法。作为最广大人民的根本利益的忠实代表，中国共产党致力于消除贫困，使全国人民从温饱进到小康，并为他们进一步实现共同富裕而奋斗，始终把不断提高人民群众的物质文化生活水平作为自己的神圣使命。同时，党还坚持不懈地开展反腐败斗争。在工业社会，降低恩格尔系数（食品支出占家庭支出的比重），是人民生活水平提高的重要标志，而在信息社会，提高信息消费系数（信息支出占家庭支出的比重），才是人民生活质量改善的主要尺度。中国共产党在提高我国劳动者素质的过程中，还应为提高居民的信息素质（Information Literacy）或信息能力，即寻找、评价和有效利用信息的能力，创造条件。这需要在推进企业信息化、政府信息化、城市信息化、农村信息化的同时，积极推进社会信息化和家庭信息化，不断缩小各地区、各民族、各收入阶层的居民间的"数字鸿沟"。

发展先进生产力，繁荣先进文化，分别为实现人民群众根本利益建立强大的物质基础、提供强大的精神动力和保证，而不断实现和发展人民的利益，才会使人民群众更加自觉和积极地投身到发展生产力和繁荣文化的斗争中去。"三个代表"思想是对共产党历史使命的科学概括。在21世纪人类社会普遍地从工业社会向信息社会转型的新的历史条件下，加快信息化建设和迎接信息社会来到的发展过程，有利于中国共产党在我国实现"三个代表"的伟大使命。

《中国共产党章程》申明：党的最终目标是实现共产主义的社会制度。但在一个相当长的历史时期内，中国共产党为之奋斗的还不是共产主义而是社会主义，目前还是初级阶段的有中国特色的社会主义。不管是现实纲领社会主义还是最高纲领共产主义，在中国继续建设工业社会同时迎接信息社会，无论从生产力发展、文化进步，还是从人民生活改善来说，都是有利于实现我党这两个纲领的。迄今为止，我们还看不出在工业社会实现共产主义社会制度的可能性，但是在未来的信息社会，不像"在资产阶级社会里是过去支配现在"①，而是"现在支配过去"和"未来支配现在"，"各民族的精神产品成了公共的财产"②，有可能实现"每个人的自由发展是一切人的自由发展的条件"③。

尽管社会生产力的发展，不会自动地实现先进的生产关系，往往需要先进生产关系的代表不懈努力为之奋斗，但是不致力于发展生产力，逾越历史发展阶段，凭空追求先进的生产关系，必然会以破坏生产力而告终。在这方面国际共产主义运动的教训和我国为搞"穷过渡"、片面追求"一大二公"所付出的学费难道还少吗？因此，从生产力方面迎接信息社会的来临，与从生产关系方面建设社会主义社会和争取共产主义社会是一致的。发展信息社会是实现共产主义理想的必经步骤，共产党应当把它列入自己活动的任务范围。

（写于 2001 年 6 月 1 日，应中国人民大学信息学院邀请为庆祝中国共产党成立 80 周年而作，并在该院庆祝会上作了演讲。嗣后，又在吉林大学商学院、郑州大学商学院、扬州大学等校作过报告，原载《当代财经》2002 年第 1 期）

---

① 《马克思恩格斯选集》第一卷，人民出版社 1972 年版，第 266 页。
② 同上书，第 255 页。
③ 同上书，第 273 页。

信息革命对经济学的影响

20世纪以来，尤其是第二次世界大战结束以来，全球出现了新的科技革命，几乎每10年就有一次大变化。这一轮科技革命具有与以往不同的显著特点。一是科技发展一体化，科学技术化与技术科学化相结合，产生科学和技术的"共鸣"或"共振"现象；二是科技发展主要采取非线性形式，不同科技领域的交叉、渗透、互补、合作，通过多学科融合和跨学科发展，组合原有的成果孵化出崭新的成果。

20世纪70年代中期以来，上述科技革命主要表现为信息技术革命，或简称信息革命。这是因为同生物技术、新材料技术、新能源技术、航空航天技术、海洋开发技术等相比，信息技术在这一科技革命时期处于主导地位。70年代出现的信息技术是微电子技术，它同激光技术、生物技术相结合，就产生光信息技术、生物信息技术。它用于改造传统的机械技术则产生自动化技术。信息技术本身是一个庞大的扩展的高新技术群，包括电脑技术、电信技术、广播电视技术、网络技术、多媒体技术、软件技术、数据库技术等。在信息技术革命中，数字化与网络化具有特殊的重要意义。数字化是指用0和1两位数字编码来表达和传输一切信息，把电脑二进制方式普遍化。网络化是指用纵横交错的互动式网络来实现信息的交流和共事，把电脑互联网络普遍化。因此，有时人们又把信息革命称为"数字革命"或"网络革命"，实际指的是数字化信息革命或网络化信息革命。信息革命新纪元的到来，使信息真正成为最重要的资源，使信息产业终于变成最大的产业部门，使脑力劳动成为创造社会财富的主要源泉。

信息革命一方面是社会和经济发展到一定阶段后必然产生的结果，另一方面极大地推动社会和经济的进一步发展，使其产生根本性变化。信息革命从科技革命到产业革命，全面促进社会和经济的信息化。8年前我就论述过作为高技术核心的信息技术对社会和经济发展的影响。[①] 现在看，随着近几年各国和全球信息基础设施建设的推进，特别是世界范围网络的迅猛发展，信息革命正在改变着人们工作、学习、生活和思维的方式，扩展了人类活动的时空范围，使我们有可能从地理位置、时间的单一使用和种种不确定性的束缚中挣脱出来，施展自己的才能和实现自己的抱负。

在人类社会中，经济是个既古老又时兴的永恒主题，而研究经济的经济学则是只有二三百年历史的年轻科学，尽管它比其他社会科学或人文科学较早地走上模拟科学的道路而实现数学化和数量化以至信息化，但是仍有一些科学家对其是否称得上真正的科学提出质疑，直至1969年起瑞典皇家科学院设立诺贝尔经济学奖，每年宣布1—2位经济学家为该奖的得主，人们对经济学的科学性的怀疑才逐渐消失。信息革命对经济发展的深刻而又深远的影响必然会反映到它对经济学的影响上来，同时信息革命还会直接或间接地通过其他途径影响经济学的发展。我在这里着重谈谈信息革命对经济学产生影响的三个方面。

一 研究对象深刻变化

关于经济学研究对象的表述，是经济关系、生产方式还是国民财富、资源配置等，一直有争论而无定论。但谁也无法否认，经济学要研究的是经济及其发展规律。

---

① 参见《论信息技术对经济和社会发展的影响》，载《信息与经济》，清华大学出版社1993年版。

众所周知，经济是变化的，在不断发展中。信息革命正在使经济发生着质的变化，从而也就使以其为研究对象的经济学无论在研究课题还是研究方式和研究装备等方面相应地从根本上发生着变化。[①]

经济学作为一门独立的科学形成于工场手工业时期，它研究的主要是工业社会的经济。信息革命使工业社会向信息社会演进，与此相适应，经济学需要进一步研究信息社会的经济。这种经济被简称为信息经济，在国外也有学者把它称为数字经济或网络经济。

正像工业经济孕育于农业社会一样，信息经济孕育于工业社会。工业经济与农业经济相比，有许多新特点。同理，信息经济与工业经济相比，也有一系列独有的特点。例如，信息经济首先是知识型经济，经济发展主要不是靠体力而是靠智力，应用知识、添加创意成了经济活动的核心问题，财富再定义和权力再分配取决于拥有的信息、知识和智力，智能工具与人力工具、动力工具相比处于主导地位，智力劳动者在整个劳动者中的比重高于以往任何时期，为了获取和运用知识，学习成了工作和生活的重要内容，三者关系在变化，终身学习将成为必然。其次，信息经济是创新型经济，创新技术、创新制度、创新观念，创新成了生存和发展的诀窍，以及新经济增长的驱动力，在产品和技术的生命周期迅速缩短的情况下，唯有持续更新，通过创新主动推陈出新才不至于被淘汰出局。再次，信息经济是全球化经济，出现了全球统一的大市场，经济系统越来越成为全球系统，经济活动的国内与国外的界限变得模糊起来，货物、服务、资金、劳动力、信息都在全球流动，全球组织兴起，跨国公司扮演着日益重要的角色，企业总部不一定设在本国而迁往地区适中的其他国家。最后，信息经济还是虚拟化经济，经济活动的数字化和网络化，使其不仅在物理世界中进行，而且可在媒体空间中进行，出现了种种虚拟现实，如虚拟商店、虚拟市场、虚

---

① 参见《当代科技进步与经济研究》，载《乌家培选集》，山西人民出版社1987年版。

拟银行、虚拟公司、虚拟的研究中心，以至远距离的多主体的虚拟合作。除以上这些特点外，信息经济还具有强化经济单元微型化、经济活动整合化、经济活动实时性，弱化管理结构内中间层次作用，模糊化消费者与生产者之间界限等特点。

经济变化有一个从量变到质变的过程。实际上，信息社会到来之前，信息革命已引起了经济的显著变化，这集中表现在按产出与就业计算的产业结构的变化上。从产业结构的情况看，随着农业与制造业劳动生产率的提高，各国第一产业的比重和第二产业的比重呈下降趋势，而第三产业的比重则呈上升趋势。这是第三产业增长率高于其他产业和整个经济的必然结果。以 1965—1980 年和 1980—1990 年的世界平均年增长率为例，第三产业在这两个时期分别为 4.3% 和 3.3%，高于第二产业的 3.9% 和 2.4%、第一产业的 2.2% 和 2.7% 以及全部国内生产总值的 4.1% 和 3.2%。[1] 特别要注意的是，作为制造业与服务业相融合的新兴产业——信息产业增长速度最快，尤其是在发达国家，即使从世界平均情况看，每年也在以两位数的百分比增长。信息产业正在逐步成为世界范围的龙头产业。信息产业比重的高低已成为衡量一国经济发达程度的主要标志。这种知识密集型的高技术产业，其研究与开发费用占销售总额的比值比一般制造业大 2—6 倍，技术人员数量也比一般制造业多 2—3 倍。

除产业结构的变化外，基础设施的结构也有极大的变化。能源、交通运输和基本通信等传统的基础设施是支持工业经济发展的重要条件。但对信息经济的发展来说，还需要建立包括数据通信在内的信息基础设施。1993 年以来，各国在美国的带动下，为了增强在 21 世纪的综合竞争力，投入了巨额资金，大兴信息基础设施建设，使基础设施形成了一种新型结构。这种结构性变化对发达国家的经济保持强劲的势头起到了促进作用，近几年美国经济出现

---

[1] 《中国第三产业年鉴（1993）》，中国统计出版社 1993 年版，第 982—983 页。

"两低一高"（通胀率低于3%，失业率低于6%，经济增长率高于3%）即为一例。

传统经济学以研究物质资料的生产、交换、分配与消费等经济关系和经济活动规律及其应用为宗旨，它的研究范围局限于物质产品、物质财富、物质市场、物质生产劳动等，总之都与"物质"（包括能源）有关。信息革命在促进经济学发展同时还以研究信息资料的生产、交换、分配与消费等经济关系和经济活动规律及其应用为己任，把它的研究范围扩大到信息产品和信息服务、信息财富、信息市场、信息生产劳动等，总之不仅与物质、能源有关，更与信息有关。信息产品再生产与物质产品再生产并存，且相互促进，还呈以后者为主转向以前者为主的趋势。两者的运行既服从于共同的一般规律，如生产、交换、分配、消费各环节构成不断的循环或周转等，又服从于各自不同的特殊规律。对信息产品再生产的特殊规律至今研究不多，但对有些已显露的特点的探讨正在成为热门话题。例如，即使在一定技术水平下，信息生产也不同于物质生产，其边际效益并非递减的；信息生产既要注重规模经济又要注重物质生产中不怎么强调的范围经济；信息产品的交换具有与物质产品交换不同的非对称性，卖方并不因它的出卖而失去了自己的信息产品；信息产品的分配往往同时就是信息的传播和共享过程；信息产品的消费往往同时也是信息的生产过程等。

二　研究内容大为丰富

信息革命以前，已有一些经济学家把信息引入经济学研究领域。如奈特（F. H. Knight）把信息作为商品来研究，马尔萨克（J. Marschak）对信息系统进行选择的研究，斯蒂格勒（G. J. Stigler）对信息的成本、价格、价值以及如何搜寻等问题进行研究。信息革命的兴起，促使更多的经济学家认识到信息是不完全的、有成本的、非对称的，并把它同风险分析、不确定性的研究联系起来。阿罗（K. J. Arrow）的研究还对不同种类的信息进行统一的度量，并提出一般性处理方法。维克里（W. Vickery）和米尔利斯（J. Mirrless）的研究则集中在信息非对称情况下市场行为参与者之间的契约设计和激励机制。以上这些研究，由于改变了传统经济学在市场理论与均衡理论的研究中关于信息是完全的、无代价的、分布均匀的假设，使经济学的一系列结论得以改进和完善。

由于信息技术和信息产业的发展，不少经济学家正在思考和研究传统经济学中另一些定论是否需要随之做相应的修改。例如，资源稀缺性原理是否适用于信息资源，人类能否从分配稀缺资源的限制中解放出来；人力资源及其储备在经济增长中的关键作用，是否已经足以使经济增长主要不是靠外部而是靠内部来实现；信息产业等高技术产业在经济发展中作为"放大器"的效应远大于一般制造业，它的异军突起，抵消了汽车和房地产等传统产业的衰退，这类经济现实是否正在改变以往的经济周期，使经济波动幅度减小，发展的稳定性增大，甚至可以避免经济衰退的出现等。

由信息革命引发的信息化在全球的发展，推动经济学把一系列新问题列为自己的研究内容。这些问题包括：信息如何成为决定生产力发展的重要"软要素"；信息技术怎样成为经济增长的引擎和怎样提高经济增长的质量；在发展中国家应怎样使信息产业由幼稚产业变为主导产业；在发展中国家怎样正确处理信息化与工业化的关系；怎样统筹农业、工业与信息业的发展，使三者相互协调和促进；怎样解决好信息网络发展中遇到的种种经济问题，如网络建设的费用效益分析与评价问题，网络收费标准与方式问题，网络服务的市场分析与预测，网络资源的供需分析等。此外，从理论上看，像怎样认识信息商品的使用价值与价值以及它们同物质商品的使用价值与价值的异同，怎样理解信息经济学以及它与政治经济学、数量经济学的关系等问题，也应该作为重要内容加以研究。事实上，我们在国外如法国、日本等见到已有关于信息经济与电信经济的经济计量学研究的成果。

信息经济学的兴起和发展，极大地丰富了经济学的内容。微观的或理论的信息经济学，主要研究市场信息对经济行为的影响及其后果，它不是简单地应用传统经济学理论来研究信息问题，而是从新的透视角度对传统经济学进行重新认识和改造。宏观的或应用的信息经济学主要研究信息产业、信息市场、信息基础设施、信息系统和信息网络以及信息经济及其发展规律，它的研究范围随着全球信息高速公路的兴建和跨国数据流的发展，正从单个的国家扩展到整个世界。信息经济学是一门新兴的经济学科，它适应信息社会的需要，体现信息经济的发展，反映经济活动中信息及其交流与共享的特征，积极为提高生产率和竞争力、节约和开发资源、优化资源配置、发挥组织机构的作用服务。可以预料，信息经济学在 21 世纪会有更大的发展。

三　研究方法多样化和研究手段现代化

信息革命用信息技术特别是电脑装备经济学研究的同时，把自然科学与工程科学采用的部分方法扩散和移植到经济学中来了。

首先是信息方法和信息模型。信息方法就是用信息的观点，把所要研究的系统看作借助于信息的获取、传递、加工处理、利用而实现其目的的集合，对该系统进行研究的一种方法。这种方法具有以信息和信息交换过程为主线，从整体观点来研究系统运动的信息过程，据以描述和剖析系统本身的特点。它是抽象思维与经验处理相统一的方法，对揭示机器、生物有机体、社会和经济系统都有一定作用。至于信息模型，则是用图表、公式、物理过程等来反映信息流程借以分析和研究系统的一种工具。信息模型及其识别是运用信息方法必不可少的手段。信息模型和信息方法在自然科学与工程科学的研究中颇有成效，在经济和管理问题的研究中也较有成效。根据信息流程的变化对经济管理的组织进行再设计和重新调整即为一例。

其次是电脑模拟方法。它不同于数学模型方法，而是一种虚拟现实的动态模拟方法，能为经济研究提供电脑"实验室"。采用这种方法需要大量数据和有效的算法、程序等，以至同人工智能技术相结合。据悉，美国国立桑迪亚实验所建立的"阿斯彭"系统有1万个家庭，1500家工厂、商店、银行，还有政府机构的数据，可模拟不同货币政策和财政政策产生的各种影响，分析国家和特定行业经济周期波动的原因，预测税收和宏观管理变化的经济后果，连诺贝尔经济学奖得主克莱因教授也认为"这可能是长期以来出现的最好的东西"。①

最后是未来研究方法。这是按时间系统观从未来返视现在进行研究的一种方法。自从经济发展观更新后提出可持续发展以来，以及由于信息革命促使人们展望信息社会的影响下，经济学中的未来研究变得日益重要起来。经济学家要有高度的抽象力，还应有丰富的想象力。这种想象力为未来研究所必要，如果说数量经济学促进了经济学的实证研究，为其提供了各种实证方法，那么可以说信息经济学将会促进经济学的未来研究，为其提供分析未来的方法。无论是技术预测还是市场预测，特别是长期趋势的预测，都需要有效地分析未来的实用性研究方法。经济预测与未来研究密切相关，但前者是从现在外推未来，而后者是用未来规范现在，例如，按可持续发展要求实现"代际公平"，这就应约束当代的发展以不损害下一代的发展为前提。

在经济学研究中采用理工科的方法，不能没有现代化的研究手段。随着电脑与远程通信的发展及其相互结合，特别是全球互联网络的迅速扩展与各种内部网络的兴建，经济学家已可在信息网络上检索、浏览、查询、获取为研究工作所需要的各种信息，还可就有关问题与世界同行在网络上开展研讨，进行信息交流和共享。电子

---

① 《虚拟现实动态经济模型——美刊介绍美经济研究新方法》，《参考消息》1997年4月29日。

邮件、电子书刊、光盘数据库、图书馆联网、文献信息中心的发展等，这一切极大地改进了经济学研究的条件。尽管上述各种研究手段和研究条件在目前尚未普遍化，也并没有为多数经济学家所熟悉，但是前景已经显露出来，并为年青一代的经济学者所喜爱和追求。当然，研究手段的现代化是无止境的，它将随着科技进步和经济学发展而逐步向前推进。

（为中国数量经济学会第六届年会的召开而作，原载《数量经济技术经济研究》1997年第10期，转载《中国经济向何处去》，经济科学出版社1997年版）

网络革命与网络经济学

一 网络革命的内涵与意义

现代通信、电子计算机、信息资源（信息内容）三者各自网络化及其相互渗透、联结、联合而形成信息的全方位服务网络（FSN），是名副其实的一场网络革命。可以说，网络革命是电信革命、计算机革命、软件革命，以及与此相联系的信息技术革命和信息产业革命的综合反映。

通信网络除邮政网络外主要是电信网络。电信网络有三个层次：一是电信传输基础网络；二是电信业务网络；三是电信支撑网络。其中电信业务网络，过去以电话网为主，现在正转向以数据通信网为主，还有移动通信网、个人通信网、智能业务网，以及窄带的和宽带的综合业务数字网（ISDN）等。电信网络革命集中表现在模拟通信逐步为数字通信所取代。

计算机网络，最早发展起来的有联结业务点的广域网（WAN），以后有共享信息资源的局域网（LAN），以及开发新的高速传输网络技术的市域网（MAN）。20世纪60年代以前的计算机网络，是一种分时多用户的终端联机网；60年代以后，相继出现了分组交换的、分布处理的计算机互联网。进入90年代以来，网际网（Internet）在世界上风靡一时，而现在在网际网中又掀起了网内网的热潮，计算机网络革命是由芯片和软件的革命推动的，首先表现为微机（或PC机）革命，而后又表现为多媒体技术的革命。

信息资源网络随信息内容的不同而不同，种类繁多。有大众传媒网络，如广播网、电视网、新闻网等；有综合信息网络，如宏观经济信息网、经济监测和预测信息网、文献信息网、咨询服务网等；有专业信息网络，如金融信息网、商贸信息网、投资信息网、科技信息网、教育信息网，以及其他行业信息网和各种具体产品信息网等。信息资源网络的兴起与信息的商品化和产业化这一革命性转变有关，并同计算机网络、通信网络的发展紧密相连。

通信网、计算机网、资源网按不同途径发展的结果而逐步趋向"三网合一"，是由信息的数字技术革命所决定的。这一革命全面实现了多种信息表达形式的数字化，把模拟信息变成了数字信息，使任何语言的、文字的、图形的、图像的、视听的信息都可转换成用0和1表示的数字信息。"三网合一"的过程，还说明信息的传递、加工处理必须同信息的采集和应用相联系、协调，不能只有传递和处理两个中间环节的畸形发展，而无信息获取与产出这两头相应发展的紧密配合。"四个轮子"要一起转，信息的整个车辆才能开动前进。在信息网络发展的道路上，信息的采集、处理、传输、利用四个部分及其发展能力，必须实现动态平衡、整体协调和综合集成。

网络革命就是信息革命，是信息技术革命和信息产业革命的统一。如果说工业革命扩大了人类的身体能力，用机器代替人的手和脚，使其从笨重的体力劳动中解放出来；那么信息革命正在扩大人类的大脑能力，用电脑部分地代替人脑和延伸人的智力，扩展人类大脑网络处理大量信息的能力，使人开始从繁重的脑力劳动中解放出来，以便集中于创造性思维。工业革命是从蒸汽、电力等能量的转换与传递的根本性变革开始的，而信息革命则是从电脑和远程通信的应用使信息的转换与传递发生根本性变革开始的。信息革命首先表现为信息技术革命，同时也必然会转化成信息产业革命。信息技术革命已为大家所公认，信息的处理技术和传递技术，信息的采集（感测）技术和利用（效应）技术以及存贮、检索、显示技术等，都已发生了并且还在发生着质的变化。信息产业革命也是为大家所瞩目的，一批信息技术已转化为新兴的高技术产业，信息技术渗透到传统产业使其改造后面目一新。信息网络的迅猛发展促进了大批以信息技术为支撑、信息服务为基础的新行业和新活动的涌现。国民经济中信息产业的比重和就业人员中信息劳动者的比重都在提高，新的信息产品层出不穷，物质产品中的信息含量逐步增加，居民消费支出中的信息开支增加迅速。这一切说明信息产业迟早会变成主导产业。

网络革命的深远意义，从信息技术与信息产业两方面革命的最终后果来说，一时还难以认识全面和透彻。但即使只从信息网络这种组织形式及其发展来说，其意义也是巨大和深远的。信息网络本来就是一种汇集和交流信息的最佳形式。在网络上，用户既是信息的接收者又是信息的提供者，他们传送和交换信息是交互式和多对多式的，有利于实现信息资源最大限度的共享。网络革命正在给原有的信息网络带来根本性变化，这表现在：①增加共享的内容，扩大共享的范围。现代的信息网络不但可共享信息资源，还可共享信息设备，共享软件。用户需要的软件可通过网络来租用。由于网络的开放性，网络将不限于企业、部门、地区以至国家，可以是全球的，这就把共享的范围扩大到整个世界而不必受地理位置的约束。②增多网络功能，减少信息时延。在网络上不但可以传递和交换信息，还可加工处理和采集、利用信息，甚至从事各种社会、政治、经济、贸易、金融、教学、医疗、旅游、娱乐、购物等活动。由于网络连接面广泛，而传输速度又快，搜集效率也高，任何时候想取得信息的延滞可减少到最低限度。因此，人们的活动受时间约束大大缩小。③创造网络空间，为各种虚拟现实（Virtual Reality）提供舞台。网络把政府、企业、家庭以及单位和个人连成一片，使大家共同拥有一个计算机网络空间，不仅随时随地可同有关人员进行联络，而且多种多样的虚拟现实和观念商业（Conceptual Business）

应运而生。从前述变化可以看出，现代信息网络的意义，在国家范围内能促进信息社会化和社会信息化，在世界范围内能促进信息全球化和全球信息化，而这一切将使人类的工作、学习、生活、思维的方式发生极大的变化。

二 网络革命对经济和管理的影响

网络革命使信息技术从少数专业人员的手中解放出来而变成大众使用的得心应手的工具，使散布在各处的信息资源汇集起来供大众所共享，普遍享受实时、在线的信息服务。它会导致权力再分配和财富再定义，而对人类社会的各个方面产生巨大影响。这里不可能详细展开，只是扼要地谈谈它对经济和管理的一些影响。

1. 对经济发展的影响

现代信息网络覆盖国民经济各个部门，是支持经济发展的强大支柱。它对经济发展的影响主要有以下几个方面：

（1）全面改进生产力各要素。按照生产力多要素理论，决定生产力的要素除劳动者、劳动工具、劳动对象三个"硬要素"外，还有科技、教育、管理、信息四个"软要素"。现代信息网络通过增强劳动者的信息意识和信息活动能力来提高劳动者素质，通过劳动工具的智能化来改进劳动工具的质量，通过扩大劳动对象的范围来增加新的劳动对象，同时还通过促进科技、完善教育、提高管理水平、强化信息作用，来使这些"软要素"在生产力发展中做出更大的贡献。这一切有利于生产力的极大发展。

（2）有力地促使企业生产，更好地适应市场需求的变化。现代信息技术在企业生产中的应用，与制造活动相结合，涌现出计算机综合集成制造系统（CIMS）、智能制造系统（IMS）等新的生产方式。同时，现代信息网络有助于提高企业生产的柔性、敏捷性和适应性，使高质量、低成本的产品还能伴随以及时供货与周到服务，把时间和服务同质量和成本并列为企业生产的要求。现代信息网络还改变了企业间竞争态势，使实力差的中小企业也能在全国甚至在全球发挥其灵活机动的竞争优势，而且有促使一部分经济活动单位逐渐变小以增强其灵活性和动态性的趋势。这种趋势乃是市场不断扩大所带来的多变性和不确定性所决定的。

（3）引起市场营销的巨变。随着现代信息网络的发展，市场营销环境会发生变化，消费者购买行为日趋个性化，生产者对市场机会的反应更加敏捷，生产者与消费者直接交易的可能性在增大，中介商的作用将被削弱。同时，消费者在交易中的主导权会更突出，而生产者的市场营销战略会强调如何使消费者更方便地及时满足特定购买欲望。

（4）导致金融业务国际化和多样化。由于电子货币和电子金融的符号化特征，在现代信息网络中，资金流比商品流更快速、更广泛，同信息流的结合也更紧密。这使金融业务国际化、全球化的发展更加势不可当，使金融服务及其功能的多样化与日俱增。同时，这也促进金融机构采取多种形式实行兼并和联合的重组，以抵御在国际金融监管尚不健全的情况下随时可能出现的金融危机的冲击。

（5）孵化出各种新行业。最明显的事实是在现代信息网络中出现的信息服务业，包括各种信息服务和软件服务。这类联机的线上服务，是有偿的和营利的商业活动，构成了真正的信息贸易。另一种贸易不是信息资源本身的买卖，而是借助于网络空间实现的"电子商务"，在网内成交，而在网外取货。例如，近一年多来在互联网上开设的"虚拟商店"就骤然增加了10倍。再一种行业是为了解决信息社会化过程中产生的信息"个人化"问题，帮助人们在浩瀚的信息"海洋"中找到自己所需的信息，专门提供搜寻信息的特定服务。还有哪些行业会出现，不能用臆想和猜测来回答，需待实践做结论。

（6）提高经济效益的途径会增多。利用现代信息网络有效地沟通各方面信息，特别是系统外部的信息，有利于企业不仅仅依靠规模经济即通过生产规模的扩大导致的经济性来提高效益,而且可依靠范围经济即通过经营范围的扩大导致的经济性来提高效益,以及通过与相关企业及时进行不同程度的联合或协作谋取更大的经济效益,特别是在瞬息万变的市场涨落中不失时机地抓住转折关头求得最大限度的效益。

2. 对管理变革的影响

现代信息网络在管理实践中的作用,远非 20 世纪 70 年代提出 80 年代发展起来的管理信息系统(MIS)以及被称为"无纸办公"的办公自动化(OA)所可比拟,它对管理变革的影响是全面的,主要表现在以下方面:

(1)增强管理功能。如果说计算机是作为辅助手段在管理中被应用的,那么现代信息网络正在成为企业管理和政府管理的战略手段。它的功能已不单是一般地提高管理效率,还将通过管理的科学化和民主化,全面增强管理功能,而且由于已不是被动地适应管理业务流程,相反是积极促进管理业务流程的合理重组,进一步综合集成各种互有联系的管理职能,使管理工作面目根本改观。最具体的成功实例就是电子数据交换(EDI)的发展,它把报关、审单、征税、核销、查验、放行等进出口贸易通过海关的各个环节整合在一起,从管理模式上加以革新。国外已有人试图把 EDI 的"D"从数据(Data)扩展到文件(Document),使其变成电子文件交换,以革新管理工作中文件传递的流程。

(2)改变管理组织。纵横交错的信息网络改变了信息传递方式,使其由阶层(等级)型变为水平(自由)型。与信息传递方式紧密相连的管理组织结构也就从尖顶的"金字塔"形变成扁平的"矩阵"形,原来起上传下达重要作用的中层组织被削弱或走向消亡。高层决策者可以与基层执行者直接联系,基层执行者也可根据实际情况及时进行决策。分工细化的管理组织已不适应发展需要,相反把相互关联的管理组织加以整合,成了大势所趋。

(3)完善管理方法。管理方法以管理目标为转移,而管理目标是由社会和经济发展的需要所决定的。现代信息网络的发展，将促进政府与企业革新管理方法。例如，政府管理会越来越把重点放在跨部门、跨地区的关系社会经济发展全局的重大工作上，逐步减轻企业向政府填送报表的负担。又如，企业管理会更注重员工的培训和学习，甚至强调集体学习，来确立员工的共同目标和协调员工的整体行动。

（4）革新管理思想。目前世界上盛行的管理思想，如20世纪90年代初美国管理学者哈默等提出的"再造工程"（Reengineering），主张重新设计管理业务流程，反对只就按现行管理业务流程所建立的机构和聘用的人员的工作进行改良的做法；美国企业家霍普兰德等推荐的"虚拟企业"（Virtual Enterprise），主张为了顺应日益动荡的市场形势以尽快抓住转瞬即逝的市场机遇，由不同企业为某一特定任务灵活组织"联合"性企业；美国教授圣吉倡导的"学习型组织"，主张企业需进行自我调整和改造，以适应迅速变化的环境，求得有效的生存和发展；如此等等。这些思想都是同现代信息网络的出现和发展相联系的，它们要变成管理实践，也必须以高度发达的信息网络的存在为前提。

三 在网络革命中推进信息化

信息化概念的提出比网络革命的兴起大约要早20多年。20世纪60年代中期，国外一些学者就提出信息社会或后工业社会，并讨论了从工业社会向信息社会前进的信息化问题。信息化同工业化相类似，最初提出时就是从生产力发展的角度来描述社会形态演变的综合性概念。80年代中后期开始的网络革命，给信息化的发展提供了强大的推动力，并使信息化的实现找到了日益清晰的途径。那么，在网络革命的进程中应当怎样来推动信息化更好地发展呢？

1. 提高对信息化的认识

这有三层含义：

一是认识要有高度。不能把信息化理解为只是现代化的内容之一，而应认识到在世纪之交的当今世界，信息化已成了现代化的标志和关键；不能把信息化理解为只是综合国力的表现之一，而应认识到无论对于国家、企业还是个人，信息化都已成为现代全球竞争的制高点；不能把信息化理解为主要是发达国家的任务，而应认识到对发展中国家来说，信息化已变成它们努力缩小同发达国家之间差距的极好机遇，必须竭力防止信息穷国与信息富国相对立局面的出现，避免自己在今后世界发展中处于更不利的地位。

二是认识要有广度。信息化不仅如通常理解的那样是信息技术在各部门、各领域的推广和应用过程，而且是信息资源的开发和利用过程、信息产业的发展和壮大过程、信息活动的规模扩大和作用强化的过程；信息化不仅要建设和经营信息基础设施，而且要从业务与管理两个方面，促使企业和事业单位、政府和公共管理部门通过应用信息技术和利用信息资源，来提高生产和工作效率，降低成本和费用开支，增进经济和社会效益，同时要使社会成员普遍享受有益的信息服务，从而提高他们的素质，发挥他们的抱负和才能。即使就信息基础设施而论，它不只是通信基础设施的问题，还必须包括各种应用信息系统以及社会支持环境等问题。

三是认识要有深度。信息化不仅是技术问题，而且是经济问题和社会问题，技术问题的解决必须与有关的经济、社会问题相联系、相结合；信息化归根结底是发展生产力的问题，但同时它必然要涉及生产关系的变革和上层建筑的完善等问题。信息化每推进一步，都离不开管理体制和经营机制问题的妥善解决。以通信发展及其对管理体制的影响为例：20 世纪 80 年代以前，世界各国都认为通信是天然的垄断产业，无一例外地对通信业采取垄断经营体制，该体制促使世界通信业取得了长足的发展，但随着信息化的推进，通信功能发生了质的变化，原有的体制促使通信垄断集团同中小企业、用户、其他相关行业以及整个国家之间的利益矛盾越来越尖锐，于是美、英、日等 40 多个国家从 1984 年起先后废除垄断经营体制，从而出现了通信业的分解以及随之而来的大规模改组、联合和兼并的风潮，这在我国也有不同形式、不同程度的反响。

2. 加强对信息化的领导

信息化是一项长期的、艰巨的、复杂的国家工程和社会工程，必须有国家高层领导从国民经济和社会发展的全局出发的强有力的统一领导。否则，各部门、各地区、各行业、各单位各行其是，势必造成网络分割、重复建设、资金分散和资源浪费，特别是给协调、联合和合作带来严重障碍。我国于1993年年底在国务院内成立了国家经济信息化联席会议，1996年5月又在撤销联席会议的同时新成立信息化工作领导小组，吸收18个成员部门参加，并明确该组织是国务院负责全国信息化工作的议事协调机构。沿海地区一些省市也已仿照中央建立了类似的信息化领导机构。这对推进全国和各地的信息化必将产生积极的促进作用。

3. 研究信息化的规划

八届全国人大四次会议批准的《中华人民共和国国民经济和社会发展"九五"计划和2010年远景目标纲要》规定，要"进行现代化信息基础设施建设，推动国民经济信息化"，到2010年"初步建立宽带综合业务数字技术为支撑的国家信息基础设施，国民经济信息化程度显著提高"。[①] 据此，还应进一步制定我国信息化的发展战略、总体规划、实施方案、法律和规章制度，以及信息基础设施建设的方针政策、标准和规范等。这里，有不少重大问题需认真进行深入研究，如符合国情的、科学而明确的、社会经济和技术有机结合的信息政策问题，逻辑结构集中与物理结构分散相互结合的信息管理原则问题，统一、有序、开放、竞争的信息化环境及其建立和保护问题等。

4. 开展信息化的宣传

在我国，推进信息化，尤其是进行信息化建设，政府起主导作

---

① 《关于国民经济和社会发展"九五"计划和2010年远景目标纲要的报告》，人民出版社1996年版，第68—69页。

用。在信息化推进过程中，无疑需要发挥企业的作用（在少数发达国家，企业起主导作用，政府则起引导作用），同时还吸引公众参与。要通过广泛宣传来增强全民的信息化意识，促使他们投身于各种信息化活动。决不能把信息化的宣传降格到信息部门、信息行业和信息企业为提高自己的地位、扩大自己的影响甚至推销自己的商品这样一种行政性或商业性的广告活动，而必须把它当作振兴经济、繁荣社会、促进人类进步的一项高尚的、富有教育意义的活动来抓。信息化宣传活动应当同把我国建设成富强、民主、文明的社会主义现代化国家这一伟大历史使命相结合，长期坚持下去。

四 需要研究网络经济学

随着网络革命的兴起和信息网络的发展，越来越多的经济问题需要经济学去研究。最迫切需要研究的经济问题，有信息网络建设的费用效益分析和评价问题、信息网络的收费方式和标准问题、网络信息商品（包括软件）或服务的成本核算和价格形成问题，网络资源（包括设备、软件、人员、信息内容等）的供给与需求分析等。

从具体的网络经济问题研究开始，进一步上升到信息网络经济活动及其规律性研究，这需要有一个长期的过程。目前，我们见到的网络经济学研究多数是同计算机经济学、通信经济学以及信息经济学相关部分研究合在一起的，较难分离出来，虽也有独立的网络经济学著作，但同计算机经济学、通信经济学以及信息经济学的著作相比，显得更不成熟，尚处于探索和建立过程中。

网络经济学的研究，要以信息网络本身的研究为前提和条件。中国信息经济学会召开"中国信息网络及其市场发展"研讨会，对今后促进网络经济学的研究有着重要的意义和积极的作用。

最后，要说明一点，这里所说的网络经济学，如上所述，是指研究信息网络经济问题的经济学；它不同于国外有的学者把服务经济看作网络经济所做的研究，这种研究构成的经济学可称为服务经济学。而网络经济学虽也是一种服务经济学，但不是研究第三产业整体的服务经济学，仅仅是研究联网的或线上的信息服务的经济学。

（系 1996 年 8 月在江西庐山召开的中国信息经济学会 1996 年会"中国信息网络及其市场发展"研讨会的主报告，原载《经济学动态》1996 年第 11 期，《计算机世界》1996 年 9 月 30 日等其他媒体摘发了部分内容）

探索有中国特色的信息化道路

一 信息化道路问题

信息化的概念是参照工业化的概念提出来的。对信息化道路的内容构成也可参照工业化道路的内容构成来理解。从理论上说，工业化时期国民经济的发展必须以农业为基础、工业为主导。所谓工业化道路，就是正确处理农、轻、重关系，使产业结构合理化和国民经济协调发展的问题。

信息化道路同样需要正确处理传统产业与信息产业的发展关系，以及信息产业内部的发展关系，使产业结构合理化，以保持国民经济协调发展。这样，信息化速度才不会慢而可能快。包括农业、工业、服务业的传统产业都是新兴的信息产业赖以发展的基础，而新兴的信息产业包括信息技术产品制造业、信息内容提供服务业，则对传统产业起改造和提升作用，引发第二产业、第三产业的结构性变革。而信息产业自身正从国民经济的先导产业、支柱产业逐步变为主导产业。信息产业内部在硬件产业、软件产业、服务产业之间也有一个比例关系问题，需在信息产业发展过程中加以正确处理，以保证动态平衡和促进结构协调、产业升级。从要素的投入和增加值的产出这两方面来观察信息化时期产业结构的演进过程，就抓住了研究我国从工业国转向信息国的信息化道路的主线。

在信息化道路上，除正确处理信息产业与非信息产业的关系以及信息产业内部结构关系外，还需注意正确处理以下几个主要关系：

（1）信息技术与信息资源的关系。由于信息技术发展迅速，而信息资源开发利用不够，客观上会出现信息技术与信息资源相互脱节的现象。还由于人们受多种因素影响，主观上会产生重技术、轻资源的倾向。信息技术的选用应以信息资源开发利用的需求为出发点和归宿。信息技术是信息化的驱动力，而信息资源是信息化的核心内容，两者匹配磨合得好，会有显著效益，否则，必将招致巨大的浪费和损失。

（2）信息的采集、加工、传递、应用之间的关系。这四个环节构成一项完整的信息活动，它们之间保持动态的平衡关系，才能使信息活动顺利进行。由于同上述各个环节相对应的信息技术，即信息感测技术、信息处理技术、信息传输技术、信息控制技术，发展不平衡，信息活动中应有的平衡关系经常被打破。在电脑技术和电信技术日新月异发展并且相互渗透融合的情况下，信息的采集和应用这两头越来越成为薄弱环节。尽管互联网的应用与发展，缓解了信息的采集、应用同加工、传递之间不平衡所引起的矛盾，但由于信息需求多样化、个性化的发展使信息采集与应用的难度有增无减，它们同加工、传递相比处于滞后状态，还需靠促进信息的商品化、市场化、产业化以及扶持信息服务业来解决。

（3）中央与地方在信息化中的关系。信息化是全国统一的大业，需要发挥中央与地方两个积极性。中央应加强对信息化的统一领导，制定全国信息化的发展战略、总体规划、实施方案、法律和规章制度，以及信息基础设施建设的方针政策、标准和规范等，还应在各地区进行协调，提倡联合和合作。在现行管理体制改革过程中，需注意避免和防止中央各部门多头分割地实施信息化及其在地方上产生的不良后果。各地方则应根据当地经济、科技、文化等发展情况因地制宜，有重点地逐步推进信息化，切忌一哄而起。任何严重滞后或过度超前的信息化举措，都对地区发展有不利影响。

（4）自主发展与国际合作的关系。我国搞信息化，需把立足点放在自主发展上，同广大发展中国家一道，依靠自己的力量推进信息化，维护主权，保持本国民族文化和语言特色，在经济上缩短同发达国家的差距，以抵制"信息威慑"和抗御"信息攻击"。同时，在全球信息化中，我国还应积极加强国际交流，引进国外的先进技术和借鉴他国的经验教训，广泛开展双边、多边和地区性的合作，既同发展中国家合作，又同发达国家合作。在国际合作中坚持自主发展，在自主发展的基础上加强国际合作。

二 走有中国特色的信息化道路

搞信息化同搞工业化一样，既要依据各国必须共同遵循的一般规律，如国民经济与社会发展相适应并为其服务、基础设施建设需先行等，又要符合本国的特殊国情，从实际出发，实事求是地探索一条有中国特色的信息化道路。因此，既不能拒绝学习和借鉴他国信息化经验教训，又不能照抄照搬外国信息化现成模式。

认真分析中国推进信息化的客观环境和主观条件，研究其主要特点，从中得出必要的结论，并把它体现于信息化的发展战略、总体规划、方针政策、法律和规章制度中，是坚持走有中国特色信息化道路的保证。

在中国推进信息化，需要关注以下内容：

（1）人多地广，地区差别大，全国范围内经济发展很不平衡。这意味着我国市场容量大、需求多样化，其潜力不容低估；也意味着地区差别、城乡差别的存在及其扩大的可能性，"一刀切"的做法应予防止。在发达地区和城市加快信息化步伐的同时，如何对欠发达地区特别是广大农村进行信息扶持，以缓解数字鸿沟的扩大趋势，力争发展差距的缩小，是信息化过程中需加考虑和逐步解决的问题。

（2）农业和工业已有一定基础，但农业仍比较落后，工业化任务尚未完成，产业结构不合理情况突出。新中国成立后特别是改革开放 20 多年来，我国工农业发展成绩卓著，但工业化仍处于中后期阶段。特别是产业结构明显不合理，这表现在第一产业现代化程度低，其比重高达 16%；第二产业工艺技术水平不高，其比重最大，为 51%；第三产业发展滞后，其比重只有 33%，尤其是新兴的第三产业起步较晚。城镇化进程大大落后于工业化进程，城镇人口占全国总人口的比重只有 36%，远低于中等收入国家的 50% 和高收入国家的 77%。在这种情况下，中国推进信息化不能脱离大力加强农业基础的需求，不能放松继续加快工业化的努力，不能忽视产业结构的调整、优化和升级，而必须用信息化来促进农业现代化、带动工业化和城镇化，通过信息化迅速提高服务业特别是信息服务业的比重。

（3）信息产业近几年发展很快，但信息化的基础条件仍较差。改革开放以来，我国信息产业年均增速 25%。领先于其他产业的发展，且已成为国民经济的第一支柱产业。但就其增加值占国内生产总值的比重或其劳动力占就业总人数的比重看，我国信息产业还落后于发达国家甚至落后于新兴工业化国家和地区。根据新华社报道，国家统计局一课题组 1998 年的《中国信息能力研究报告》表明，在世界 28 个主要国家和地区中，我国生产、开发和利用信息产品的能力只有美国的 8.6%，尚处于世界最低水平，居倒数第二位，仅高于巴基斯坦。其中个别数据的国际比较显得悬殊。例如每万人联网主机在我国只有 0.16 台，远低于世界平均水平 63.1 台；我国人均研究开发经费仅相当于美国的 4‰ 和日本的 3‰。这一方面说明我国推进信息化不能不充分考虑到现实基础，另一方面也说明我国没有信息化先进国家原有信息网络分散发展的不合理负担，便于轻装前进，通过"蛙跳"达到后来居上的目的。

（4）信息基础设施建设进展迅速，但部门间、地区间相互分割、形成壁垒，体制性障碍较为严重。近几年来，我国已建成接近于世界先进水平的骨干传输网，但"平台"林立，标准、规范各异，互联互通程度差，网络带宽资源的紧缺与闲置两种现象并存。

由于部门利益和地区差别的存在,在管理体制和经营机制中障碍不少,网络分割壁垒和资源垄断地位较难打破,使信息基础设施中先进技术往往不能在全国统一的信息网络中发挥效能,形成国际竞争能力。例如,电信、电脑和有线电视的合网、合线,困难重重。各部门、各地区热衷于自行建网、搭平台。到头来不易联通和共用。只有及早清除体制性障碍,才能使信息基础设施建设不走先分散"建路"、后统一"清障"的弯路。我国应坚持先"清障"后"建路"或边"建路"边"清障",走共同"清障"和合作"建路"、合作共建和利益均沾的道路。

(5)经济体制和经济增长方面的根本转变尚未彻底完成。到2000年年底,中国已宣布初步建立了社会主义市场经济体制,但新体制还有一个不断完善的过程。同时,经济增长方式从粗放型向集约型的转变也是一项长期的任务。推进信息化要服从和服务于有待进一步完成的上述两个转变。由于信息化能为完善社会主义市场经济体制创造良好的信息环境,能为经济的集约式增长在企业重组、产业改造、结构优化、决策科学化等方面提供有利条件,加快信息化进程无疑会促进两个转变。另外,信息化推进工作也迫切需要落实两个转变。为落实第一个转变,就需要理顺体制关系,打破行业垄断,消除部门分割和地区封锁。为落实第二个转变,需要在信息化建设和信息工作实践中,确立有限目标、突出发展重点,集中必要投入,反对重复建设、盲目发展,扭转资金严重短缺而又粗放式使用的局面,注重费用效益分析,提高设备和资源的利用率,避免闲置和浪费,防止损坏和流失;信息企业对产品或服务要讲究质量、降低成本、提高效益,用较少投入取得较多较好的产出;信息事业单位也要节约开支,改进服务。在信息化过程中,如不认真贯彻两个转变,必将造成新一轮巨额的投资浪费或损失。

(6)信息专业人才严重不足,教育质量有待提高,信息化知识普及工作还没有跟上来。信息化建设需要有大量的各种专业人才,如信息科技、信息工程、信息管理、信息经济等方面的专业人才。人才不足和人才争夺是各国信息化过程中产生的普遍现象。但我国还存在人才流失问题,高级信息专业人才常被进入中国的跨国公司所挖走。随着人才流失,有时还连同知识产权和市场诀窍一并丢掉了。人才的成长依靠教育和培训。中国的基础教育、本科教育和研究生教育,以及职业培训,都有一个如何适应信息化需求的问题。邓小平同志早在1984年就倡导"计算机普及要从娃娃做起"。我国教育部门于20世纪90年代已据此就中小学计算机教育问题制定了发展纲要,但向全体国民普及信息化知识的工作,尚待有关部门部署。

(7) 在抓物质文明建设的同时抓精神文明建设,把文化产业的发展和文化市场的培育放到重要位置上。信息化建设同两个文明建设紧密相连。精神文明建设要求在信息化进程中加强信息文明教育,在加强法治的同时贯彻以德育人,倡导行业自律,要有社会公德和职业道德。文化产业同信息内容业息息相关,需完善政策,改进管理,以促进其发展。

(8) 各项改革正在不断深化,为适应经济全球化需要进一步提高对外开放水平。经过多年改革,国有企业通过规范上市、中外合资、相互参股等多种形式,实行股份制,并且健全企业法人治理结构,建立有效的激励机制和约束机制。随着非国有经济迅速发展,所有制结构已有重大变化,全国工业总产值中私营、个体、外资、集体所有经济的比重已占到70%左右。这一切为信息化过程中发挥市场配置资源的基础作用创造了条件。中国加入WTO,国民经济全方位、多层次、宽领域的对外开放格局将进一步形成。推进信息化有利于中国广泛参与国际经济的竞争和合作。同时,也要处理好开放和保护的关系,尤其是引进外资同保护国内市场、本国产业的关系。为了换取资金与技术(包括管理技术),让出一部分国内市场份额给外商是合乎情理的,但必须以抵制外国商品对本国产业的不利竞争、替本国幼稚产业创造提高国际竞争力的环境为前提条件。对高技术的信息产品允许其进口的同时,要采取措施防止国内市场为外商所抢占。对我国水平较低和竞争力较弱的信息产业，在外资流入、外企进入时，应有必要政策加以扶持，使其尽快发展壮大起来。办法是很多的。除关税和非关税的壁垒以及许可证制度外，还可从国家的采购政策、产业政策、投资（包括合资）政策、贷款政策、税收政策、技术引进政策、人才政策等各方面向本国企业倾斜，以及保护本国优秀企业的世界品牌、严厉打击走私、发展行业协会等。

（9）信息化建设需要政府的强有力的领导和管理、推动和协调。上海市已设有国民经济和社会信息化领导小组及其下属的信息化办公室。其性质不单纯是议事和协调机构，而是实质性的领导和管理机构。就全国来说，同样需要改进对国民经济和社会信息化进行领导和管理的组织形式，以加强对信息化的跨部门、跨地区的综合性领导和管理。同时，还应根据信息化工作日益变成战略性活动的发展趋势，当条件成熟时，在政府部门和企事业单位逐步设置参与最高领导和决策层的信息主管（CIO）。这个岗位对各部门或单位的发展，是具有全局意义的。

（原载《江西财经大学学报》2002年第4期）

关于中国信息化道路几个问题的探讨

一 信息化是国策性的战略问题

自20世纪40年代中期计算机问世以来，随着微电子技术、计算机硬件和软件技术、光纤通信和卫星通信技术、信息网络技术、高清晰度电视技术、多媒体技术、信息压缩和系统集成技术等现代数字化信息技术日新月异的发展，全世界掀起了新的信息技术革命浪潮。技术革命必然导致产业革命。在信息技术革命的推动下，信息产业正在全世界范围内由先导产业逐渐变为主导产业，并将于不久的将来成为最大的产业。[①] 从工业经济到信息经济，从工业社会到信息社会，这是一个动态演进的信息化过程。信息化已成为推动世界经济和社会发展的关键因素，以及人类进步的新标志。

从1993年9月美国率先提出"国家信息基础设施[②]行动计划"，到1994年9月美国又提出全球信息基础设施的倡议。据此，七国集团于1995年2月下旬聚会布鲁塞尔，讨论未来的信息社会问题，并提出积极促进公平竞争等8条原则和建立全球信息库等

---

① 据预测，1995年世界信息产业的销售额将达到8500亿美元，1996年进一步增至1万亿美元，届时信息产业将超过汽车工业和钢铁工业而成为全球最大的产业。

② 信息基础设施的英文为Information Infrastructure，简称II，国家信息基础设施简称NII，而全球信息基础设施简称GII。有人把II译为信息基础结构。我们考虑到我国的习惯用语，仍采用本译名。至于把II称为信息高速公路（Information Highway）虽然较为形象，但是不够准确，且易引起误解。美国还把GII称为信息空中通道（Information Sky-way），那就不是"高速公路"了。

11项计划。这标志着信息化已成为全球议论的热点。全世界所有国家包括大国与小国、强国与弱国都将对信息化的呼唤做出反应。

发展中国家面对发达国家占领信息化这一制高点的挑战，不得不考虑如何采取相应的战略对策。一些敏感的战略家已经意识到，信息时代到了21世纪将出现"信息威慑"，高度信息化正在成为发达国家对发展中国家进行"信息控制"的王牌。

中国是一个发展中的大国，面对全球信息化的潮流，已经做出了自主的积极反应。党和国家的领导同志把信息化作为当今社会和经济现代化的主要标志。正如江泽民同志所讲的：实现四个现代化，哪一化也离不开信息化。

信息化关系到经济和社会发展的成败，关系到国家安全和人民幸福，是一个国策性的战略问题，其意义与40年前把工业化作为国策性的战略问题提出来相比，有过之而无不及。

信息化，既是我国加快社会主义市场经济发展、调整产业结构、提高经济效益、转变经济增长方式和进一步发展生产力的需要，也是增强综合国力和企业竞争力的需要，还是改善人民物质生活和精神生活并使其发生质的变化的需要。同时，信息化又是国内经济、贸易、金融与国际接轨的需要。

据考证，我国学术界提出信息化，比法国晚10年，比日本晚20年，比美国差不多晚25—30年。现在到了举国上下在继续完成工业化任务的同时，大力推进信息化的时候了。

推进信息化，就要加强信息技术的推广与应用，重视信息资源的开发与利用，加速信息产业的成长与发展，扩大信息活动的规模与作用，而这首先要规划信息基础设施的建设与运作。

从20世纪80年代中期到90年代中期，我国政府部门的信息系统大量涌现，通信业、电子工业、信息服务业迅速发展。1994年以来，金桥、金关、金卡等工程开始实施，特别是沿海一些经济发达地区（如广东省等）正在积极推进信息基础设施建设，信息化在我国的动向十分引人注目。

因此，我国在制定国民经济和社会发展"九五"计划和到2010年远景发展目标设想时，理应把信息化作为推动社会和经济发展的一个重大的战略方针与紧迫的现实问题加以研究、安排。

二 走中国式信息化的道路

任何成功的发展战略必须既顺应国际经济、技术发展的大趋势，又符合本国的国情。立足国情，从实际出发，是个重要的前提。那么，从我国的国情看，实施信息化战略，应注意哪些主要特点呢？我们认为：

1. 中国幅员辽阔，人口众多，地区差别较大，经济发展很不平衡

人多地广，是中国的一大特点。它意味着市场的容量大、需求多样化，其潜力不容忽视，也意味着差别的存在及其扩大的可能性，"一刀切"的做法应予防止。就地区间不平衡而言，改革开放以来，我国东部地区经济增长快于中部，而中部又快于西部，这种基本格局一直未变。1979—1992年三大地带经济平均年增速度最大的相差4—5个百分点。目前，东中西部人均国民生产总值之比约为1∶0.57∶0.49。在市场经济条件下，由于各地区主客观条件不同，资金和人才等资源必然会从投资环境较差、经济效益较低的地区向投资环境较好、经济效益较高的地区转移。在发挥地区比较优势使经济普遍有所发展的前提下，地区差距在一定时期内不可避免会适当拉开。根据"效率优先，兼顾公平"的原则，国家通过财政转移支付等手段来缓解地区发展不平衡状况，先以根除贫困地区为主要目标，进而适当调控地区间差距扩大的速度，然后采取各种有力的对策措施，加大对地区发展的调控力度，逐步缩小地区间的差距。信息化建设的推进，很可能会进一步加剧地区发展不平衡，从而不能不考虑在发达地区加快信息化步伐的同时，如何对欠发达地区进行信息扶持的问题，以便通过信息资源的均匀配置，有利于

经济差距的缩小。

2. 中国的农业和工业已有一定基础，但农业仍比较落后，工业化任务尚未完成

我国改革是从农村开始的，它解放和促进了农业生产力。1978—1994年，农业增加值年增长率在大部分年份为4%以上，个别年份不到4%或达到10%以上。但是，1992年以来，工业与农业的发展速度的比率，连续保持在5∶1以上，远远超过现阶段工农业发展的正常比例。因此，农业发展滞后，对国民经济的掣肘越来越突出。当前，作为国民经济基础的农业还未实现现代化，农业剩余劳动力向非农产业的转移始终是个亟待解决的重大问题，有些地区的农村虽已开始城镇化，但从全国来看农村城镇化尚不普遍。这些情况明显地不同于西方经济发达国家开始信息化时农业早已过关的条件。

再从工业化的情况看，西方经济发达国家经历了漫长的二三百年时间，而中国既没有走资本主义国家的工业化道路，也没有完全重复苏联式的重、轻、农的工业化道路，而是按照"农业为基础、工业为主导"的指导方针，根据自己的实际情况，坚持按农、轻、重的顺序有计划、按比例地推进工业化，一旦违反这一方针时，就及时调整过来，这样大体上只用40多年时间，就建立了独立的门类比较齐全的工业体系。

目前我国一些主要工业产品的生产总量已从世界的后排逐步跃居前列。到1993年，我国的原煤、水泥、棉布、电视机的产量均居世界第一位，化肥、化纤产量跃居世界第二位，钢、发电量和糖的产量跃居世界第三位。但从总体上看，我国基础工业比较落后，高技术产业还不发达，工业化尚处于中期阶段。1993年工业增加值占工农业增加值的比重为68%，低于高收入国家的平均水平（89%），也低于中等收入国家的平均水平（75.5%）。相当大一部分工业产品的品种、规格、质量和技术水平与国际水准还有很大差距。要真正使工业产品在国际市场上具有竞争力，还需调整产业结

构，使其优化与高级化，并增加产品的信息和知识的含量。

在上述这种农业基础不稳、工业的附加值和知识密集度不高的情况下，中国既不能脱离大力加强农业的需求和放松继续推进工业化的努力，来搞信息化，也不能对信息化置若罔闻，错过信息化带来的机遇，必须一方面用信息化促进农业的加快发展，使这个古老的传统产业尽快变为现代农业，并积极向农民和农村提供信息技术、信息资源和信息服务，通过现代化的信息网络提高农业生产和销售的专业化、企业化、集约化的水平，适度扩大其规模经营，并为今后农村提高教育水平和改进医疗保健创造条件。另一方面使工业化和信息化互补共进，用工业化来培育信息化，用信息化来促进工业化。这就需要处理好发展传统产业与扶持新兴产业的相互关系。在信息化的过程中，应努力用传统产业支持新兴产业，用新兴产业服务传统产业，在技术上改造传统产业，在管理上革新传统产业，从而逐步使"夕阳产业""朝阳"化，并努力通过产业政策的倾斜，使现在尚较幼稚的先导性的信息产业这一类"朝阳产业"变成未来的主导产业和最大的产业集群。

3. 中国的信息产业近几年发展很快，但信息化的基础条件仍较差

改革开放以来，中国的邮电业、电子工业、广播电视业、信息服务业等以超常的速度向前发展。以通信网络为例，已基本完成了由人工向自动、由模拟式向数字式的过渡。拿与信息化有关的电视机来说，其发展可以说是跳跃式的。20世纪60年代起步时，由于基础薄弱，年产黑白电视机仅几千台，还困难重重。70年代初期年产黑白电视机还只有十几万台，彩色电视机则生产不了。从70年代中期开始，我国政府看准了发展彩色电视机的巨大市场需求，认识到它对推动电子工业和丰富人民生活、繁荣社会主义文化的重大作用，采取了加强领导、统一规划、适当加大投资力度，以及从国际上引进整机的生产线和配套元器件的关键技术等得力措施，仅用15年左右时间，国产彩色和黑白电视机不仅基本满足国内市场

需求，而且作为拳头产品大量出口。到 1993 年，电视机总产量达 3033 万台（其中彩色电视机为 1436 万台），已连续 4 年居世界第一位。

但是，中国的信息产业，无论就其增加值占国内生产总值的比重还是就其劳动力占就业总人数的比重看，都远远落后于西方发达国家。这说明我国的信息化程度低，也说明我国的信息化基础差。从电话、电视、电脑"三电"的普及率等有关条件看，我国的信息化基础是比较差的。例如，美国的电话普及率已高达 94%，而我国仅为 3.2%，相当于世界平均水平的 1/5；美国的电视与广播覆盖率均为 99%，而我国分别为 81.3% 和 76%（这应该说还是比较高的）；美国的家用电脑普及率已超过 30%，有 40% 的家用电脑已联网，全国联机率达 60%，而我国的电脑进入家庭还刚刚开始，与印度相仿，每千人约有 1 台电脑。这一类明显的差距，还可举出许多例子。它说明我国推进信息化要充分考虑到基础条件比较落后所带来的困难。

然而，一些外国大企业家却认为，中国实施信息化，由于没有原先信息网络分散发展的不合理负担，正好轻装前进，进行"蛙跳"，达到后来居上的目的。

我们认为，任何一个后进的国家追赶先进的国家都有一个过程，只要我国制定正确的发展战略，在总体决策上不失误，在信息化过程中利用"后发效应"是会有成果的。

就拿计算机产业来讲，台湾在 15 年前比大陆还要差得多，如今已挤进了世界计算机市场，而且有一定竞争力。1993 年，台湾计算机硬件产值为 96.93 亿美元，超过英国、法国居世界第五位。其中，键盘占世界市场的 49%、监视器占 51%、扫描器占 5.5%、鼠标占 80%、主机板占 83%。以上五项产品的世界市场占有额平均居世界第一位。笔记本电脑年产 130 万台，居世界第二位。在美国销售额最大的 100 家微机厂家中，竟有 40 家为华裔所有。1995 年 1 月 2 日，美国《圣荷西日报》在一篇题为"创立自有名牌"

的报道中惊呼："过去的一年在激烈的国际市场竞争中，处于美国硅谷中最风光的公司，既非 HP 和 Apple，也非 IBM 或 PC 新霸 Compaq，而是中国台湾 Acer 美洲总公司。"正如 Acer 公司一位代表 1994 年 10 月在北京召开的信息市场与国际合作研讨会上所说的，"展望两岸的合作，如果能掌握此信息时代的变化契机，创造双方共同的机会和局面，这样必将使华人产品成功地大量行销世界，使更多的华人品牌名扬四海"。

中国有悠久、辉煌的文明史，中国的文字和汉化工作又独具特色，而且我国大陆的技术专家在汉字处理、中文系统、排版系统、语音识别和翻译等方面，都已具有较好的基础和较强的实力，何况我们还有 12 亿人口的大市场。只要我们努力，使现代信息技术深深打上"中国文化"的烙印，认真借鉴大陆发展电视机和台湾发展计算机的成功经验，并制定正确的发展战略和方针政策，即使不算过去已经走过的弯路，再用 15 年（1996—2010 年）或稍长一点时间，把我国信息产业推上先进国家行列，是可以做到的。

在分析了中国信息化要注意的上述三个特点之后，我们认为一定要走中国式信息化道路，既不照抄照搬外国的信息化模式，也不搞自我封闭，拒绝学习和借鉴他国信息化经验；既要循序渐进，避免回过头来不得不"补课"，又要抓住机遇，在可能的情况下跳跃一些并非必走不可的阶段。同时，不能就信息化论信息化，而应从国民经济和社会发展的全局来思考和解决信息化问题，既要多方论证、尽力而为、积极推进，又要慎重准备、量力而行、防止冒进。为此，我们提出，还要处理好以下四个关系：

1. 在信息化的重点领域上，要正确处理经济信息化与社会信息化的关系，走经济信息化为主兼顾社会信息化的发展道路

信息化的发展遍及各个领域，由于国力包括财力、物力、人力等因素的限制，应选择有限目标，突出重点领域。按照现时期党和政府各项工作以经济建设为中心的基本方针，选取国民经济作为信息化的重点领域是必然的趋势。在经济信息化领域中，根据国家经

济信息化联席会议的部署，建设国家公用经济信息通信网，即金桥工程；实施外贸专用网联网并建立对外贸业务有效管理的系统，即金关工程；建设全民信用卡系统或卡基交换系统，即金卡工程，是我国现阶段信息化建设的重点。其中，金桥工程是我国信息化的基础设施，金关工程、金卡工程，以及其他"金"字头工程都是要在金桥工程这一基础设施上运行的基础性信息化应用工程。如果"金"字头工程铺得面很宽，客观上就会有一种"一哄而起"的副作用，导致国家的有限资金不能形成拳头集中使用，反而会影响重点工程的落实。

在经济信息化中，应逐步把重点转向企业信息化和产业信息化。企业信息化是产业信息化的基础。企业在研究开发、设计制造、经营管理、市场营销等各个环节，都有信息化的问题，这对企业研究竞争环境、了解竞争对手、制定竞争对策，以便在竞争中取胜至关重要。

经济与社会是密切相关的两个领域。如果把经济看作是社会的一个子系统，那么国民经济信息化也就意味着社会信息化；如果把社会视为非经济系统，那么国民经济信息化在实践中也会扩展到社会信息化。例如，我国金桥工程的建设，可同时用于非经济的目的，诸如科技、教育等多种应用系统的加载。因此，全面确切的提法应当是以"三金"工程为重点或为代表的国民经济和社会信息化。但还有一种观点认为国民经济中的"国民"指的就是社会，国民经济信息化也就是社会和经济的信息化。如果这样来理解，那么只提国民经济信息化也未尝不可。

2. 在信息化的地区布局上，要突出重点地区，兼顾一般地区，走以重点带一般、分步渐进的道路

中国是一个大国，又是一个穷国，我国的农业基础、工业基础、信息基础相对来讲都还比较薄弱，因此，对信息化不宜提出过急过高的要求。但是由于信息化作为一个国策性的战略方向，在信息化道路上慢慢吞吞，就不可能同全球信息化的大环境相适应，甚

至会被排除在国际金融和国际经贸领域的竞争之外。走中国式信息化道路，就应选定条件相对较好的地区作为信息化的重点地区，集中力量先进行示范建设。

从目前实际情况看，广东省的珠江三角洲，以及上海、北京、深圳等一部分地区具有一些综合优势。这些地区的共同特点是：信息化的需求强烈和迫切，党政领导高度重视，经济比较发达，技术力量相对较强，居民的收入水平和承受能力相对较高。国家应选择这些重点地区，集中力量瞄准国际先进的信息化标准，进行试验性示范建设，以便重点突破，积累经验后逐步推广。国家对这些信息化重点地区应在方针政策上给予扶持，包括在某些信息立法和标准、规范方面进行先行一步试验的权利等。

建立信息化重点地区，不能局限于沿海地带。内地省区的一些中心城市或城镇，也有具备相应条件的。而且从长远看，要缩小内地与沿海的经济差距，在内陆地带部署个别信息化先行点，也是一种可用的有效手段。

对于非重点的一般地区，国家应适当兼顾，为其逐步信息化创造必要的条件，而这些地区也应为推进信息化做准备，不要坐等信息化的到来。国家和地方都需使信息化服务于经济发展和地区振兴。

3. 在信息设备制造、通信网络建设和信息资源开发这三者的关系上，要特别重视信息资源开发这个最薄弱的环节，走计算机（Computer）、通信（Comunication）、信息内容（Content）三"C"并举、相互促进的道路

在信息化过程中，我们一定要避免历史上出现过的"重硬轻软""重技术装备、轻信息内容"的错误。就目前我国的实际情况看，信息设备制造、通信网络建设和信息资源开发三方面都与发达国家有很大差距，但差距最大和最薄弱的环节还是信息资源开发。信息设备和通信技术落后，还可以花钱引进，或者通过研究开发，利用"后发效应"变为先进。而开发信息资源的客观困难和复杂

程度则更大。这同国民的文化素质以及政府与企事业单位的管理水平密切相关，也同历史上形成的现行体制密切相关。不言而喻，中国的经济和社会信息资源只能靠自力更生，靠长期的积累和不断的更新，靠艰苦的协调与组织开发，除此之外别无他路。因此，在推进信息化的同时，应高度重视和积极促进信息资源的开发和利用。

为了摸清现有信息资源的底数，国家计委等单位正在组织力量调查全国的数据库和信息网络。在此基础上，应大力振兴数据库业，搞好信息网络的连接与管理工作，特别要扩大网络用户。

4. 在信息基础设施建设中，要正确处理"建路"与"清障"的关系，不要先分散"建路"后统一"清障"，坚持边"建路"边"清障"，或先"清障"后"建路"，走合作共建、利益均沾的道路

过去有些专家学者曾认为建设信息基础设施的关键是 ATM（异步传输模式）技术、SDH（光纤同步数字序列）技术，以及多媒体终端技术等高新技术的研究开发和市场化。现在看来包括这些技术在内的关键技术均已日臻成熟，而建设信息基础设施的最大难点和关键在于如何打破业已被不同利益集团瓜分的网络分割壁垒和资源垄断地位，进一步探索信息管理体制和经营机制如何适应社会主义市场经济发展的需要，以达到信息资源能最大限度地共享的目的。

美国 AT&T 的有关专家认为，现在建设信息基础设施在技术上已经没有什么难点，主要问题在于怎样通过经济有效的管理，使这些技术在统一的网络中发挥效能并形成市场能力，其中最重要的一环是通信和有线电视的合网。贝尔实验室的一位专家说："从 CATV（有线电视）到影视交互通信是一个值得重视的飞跃，电话、电脑、电视完全可以利用原有线路混合使用。但是美国政府对影视业的管理政策与电信、自来水、煤气的管理政策是不同的，在这种情况下，从'三电'合一到'三线'合一，政府将如何管理，就急需重新研究了。"

另据日本一个多媒体网络公司的总经理撰文称，在信息基础设施的建设中，日本提出 ISDN（综合服务数字网）计划比美国早 9 年，但由于已形成的行政体制的限制，主要是邮政省与通产省"无聊地争吵不休"，使企业无所适从，导致日本在多媒体的几项基本技术方面进展缓慢，与美国拉大了差距，影响日、美的信息霸权的争夺。

综上所述，可见要"建路"得先"清障"，及早动手，清除管理体制和经营机制方面的种种障碍。如果障碍不除，原来只需要建一条路，就不得不重复建更多的路，即使路建了也难以通行。所以，一定要果断地进行"清障"，严防重走经济发达国家开始时各部门各企业热衷于自行"建路"，到后来难以连通和共用的弯路。正确的办法是：共同"清障"，合作"建路"。

三　切实解决信息化过程中的重大问题

在探讨了中国式信息化道路之后，我们再就中国信息化过程中需要切实解决的重大问题提出一些初步看法。这些重大问题主要有：

1. 关于国民经济和社会信息化的"统筹规划、整体协调"问题

陈锦华同志在八届全国人大三次会议上"关于 1994 年国民经济和社会发展计划执行情况与 1995 年国民经济和社会发展计划草案的报告"中说："今年，国家计委还要会同各地方、各部门认真做好制定'九五'计划和到 2010 年远景发展目标设想的工作。"由于信息化是一个国策性的战略问题，国家迫切需要把它纳入"九五"计划和到 2010 年远景发展目标设想的整体框架。信息化问题涉及众多的地区和部门，而且目前对这一问题无论在思想认识上还是实际工作中，均存在一些分歧意见。在这种情况下，仅仅依靠少数几个地区和部门的积极性，是很难把事情搞好的，弄不好还

会形成重复建设，分散力量，各行其是。因此，从国家全局出发，进行"统筹规划、整体协调"是十分必要的。国家经济信息化联席会议已把"统筹规划，联合建设，统一标准，专通结合"作为金桥工程建设的指导方针。这个方针同样适用于整个国民经济和社会的信息化。那么在"统筹规划、整体协调"中，还应当遵循哪些主要原则呢？我们的初步看法是：

（1）坚持"充分利用现有资源、尽力挖掘一切潜力"的原则。现有设备要用足用好，以旧换新要有计划有步骤地进行，不喜新厌旧，不任意另起新"灶"。提倡"合理分工、联合建设、优势互补"，反对"部门分割、重复建设、浪费资源"。

（2）坚持"先试验后推广、分步渐进"的原则。提倡先在局部地区或重点部门进行典型示范，确认各方面条件成熟后，再因地因时制宜，逐步推广，反对一哄而起。

（3）坚持"有限目标、重点突破"的原则。要根据国情国力、地情地力的实际情况，集中有限的人、财、物等资源，先重点突破少数几个有限目标，取得成效后，再选若干个新的目标，反对面面俱到和一步到位的大计划。

（4）坚持"充分调动中央、地方以及民间多个积极性"的原则。在资金筹集上要广开财源，建立多元化立体投资体系，各级政府只能在规划项目的启动上注入必要的有限资金。投资来源的重点，应放在吸取企业、个人和境外的资金上，实行良性循环的滚动发展。

（5）坚持"有竞争、有合作"和"信息共享"的原则。提倡"公平竞争""有效合作"，反对"封锁信息""信息垄断"。

（6）坚持"统一标准和规范"的原则。提倡网络互联，鼓励用户上网，逐步扩大网络服务范围。

2. 关于信息化的目标、任务和阶段划分问题

目标和任务是同阶段划分相联系的，通常都把信息化划分为三个阶段，但各阶段的年限互有异同。我们认为，阶段划分的时间跨

度不能太大，否则不确定因素过多，目标与任务的描述难以具体化，规划的指导性和可操作性也就会差些。因此，我们还认为，遵循邓小平同志建设有中国特色的社会主义的方针和发展国民经济分三步走的战略思想，把时间跨度同当前正抓紧制定的"九五"计划和到 2010 年远景发展目标设想一致起来，并且考虑到这一期间港澳回归祖国后的变化，是否可以考虑将国民经济和社会信息化划分为以下三个具体阶段：

第一阶段，1995 年至 1997 年 6 月香港回归前，为试点启动阶段。这个阶段的主要目标和任务是：确定试点项目，进行系统协调；重点工程的试点取得初步成果；重点地区的信息化示范工程进行启动；加强信息化标准、规范和有关信息法规的各项前期工作；全国省会城市以上的增值信息网络的服务平台开始试运转，完善国家信息化管理的领导机构和组织体制。

第二阶段，1997 年 7 月至 2000 年为初步信息化阶段。这个阶段的主要目标和任务是：国民经济信息化工程初具规模；重点科研单位、高等院校实现国内外网络联结；重点地区的信息化示范工程取得初步成果；初步建成全国省会以上城市和 50 多个中心城市的信息网络服务平台；全国 22 条光纤骨干网全部建成，天地一体的卫星通信和移动通信的网络骨架初步形成；随着港澳的回归、台湾和大陆合作交流的加强，南中国海以及亚太地区的信息网络日趋发达；电子信息产业有较大发展，并对国民经济信息化改造做出更大贡献，信息产业占 GDP 的比重显著提高。

第三阶段，2001—2010 年为基本信息化阶段。这个阶段的主要目标和任务是：全国规模的覆盖国民经济主要行业的国家级信息网络初步形成；中国与国际信息网络的信息流量已达到一定规模；部分大中型企业建成 CIMS（计算机集成制造系统）；沿海和内地的一些发达地区建立起电子图书、远程教育和远程医疗、电子购物等信息服务网络，人民的生活、工作、学习方式发生明显变化；全国 1/4 的中小学普及多媒体计算机教育，电子计算机进入家庭的普及率全国平均达到20%；全国初步建立起比较完善的信息标准、规范和法规体系，以及规模经营的和灵活经营的信息市场体系；国民经济和社会信息化程度显著提高，信息产业成为国民经济的重要支柱产业，它占GDP的比重接近或超过一半。

以上三个具体阶段的划分及其主要目标和任务的描述，是就全国信息化进程来说的，具有列举的性质。各部门各地区则应根据各自情况，提出不同的要求，制定不同的发展规划。总之，要在今后15年或稍长一点时间内，努力为在21世纪中叶前实现高度信息化，使中国跻身于世界发达国家的行列奠定坚实的基础。

3. 关于信息化的重点方向和突破口的选择问题

目前，我国在信息的硬件产业与软件产业，以及信息通信与信息咨询服务等产业都较落后的情况下，全面追赶西方发达国家是很难奏效的。要尽快缩短与它们在信息化方面的差距，我们认为，应该有所赶有所不赶，有所早赶有所后赶。根据中国的实际情况，应把大力发展软件产业作为中国信息化的重点方向和主要突破口。大家知道，美国Intel公司实际上是个软件公司，他们把软件产品用芯片形式表现出来。该公司的X86系列产品表现在市场上的是"硬件芯片"，而其内在的含量和主要技术核心是"软件"。该制造什么，该进口什么，关系到产业的发展。墨西哥的一位工业部长曾在该国计算机工业发展走了一段弯路后感慨地说："我们以前生产制造了很多我们应该进口的东西，我们也进口了许多本来应该由我们自己制造的东西。"

中国目前的工业水平和技术实力是难以和Intel公司等世界信息产业巨头进行较量的，即便是日本、德国的不少大公司也没有在CPU（中央处理单元）芯片上与Intel公司较量过，而是在通用的存储器和专用芯片上发挥自己的优势。我国可以选择自己较有特长的软件产业作为重点方向和突破口。实际上，我国曾经把标准化的"汉字点阵"这一软件技术固化成硬件芯片作为中国的专利，从而迫使一大批想进入中国的外商非买这种"汉化的芯片"不可。为什么我们不把这种成功的经验推而广之呢？

　　信息化是人类活动高度社会化的产物。在推进信息化时，应利用世界上专业化分工协作的成果，能引进的引进，能外购的外购，不搞"大而全"或"小而全"，不搞"万事不求人"，而要在开放与合作中求发展，扬长避短，系统集成，充分发挥自我优势，集中力量创名牌，专攻别人没有搞的或不会搞的"拳头"产品，并使其有最大限度的市场占有率。

　　除有中国特色的软件产业外，还应把开发中国的信息资源和抓应用需求列为信息化的重点方向和突破口。中国是有悠久历史和灿烂文化的大国，其信息资源极为丰富，并为世界人民所向往和需要，应有计划有组织地加以发掘、整理，加以电子化、网络化，让全世界来共享。同时，在社会主义市场经济的发展过程中，应对信息的应用需求进行调查研究，诱发引导、抓准抓透，以便更有针对性地满足多数用户特别是最终用户的实际需求。

　　把软件和信息资源的开发应用作为重点和突破口，并不否定生产量大面广的硬件产品（如计算机整机、通信设备等）及其元器件（如主机板、键盘、鼠标、路由器等）的重要性。在这方面，要引进，也要保护民族工业，逐步提高国产化比重。

　　4. 关于用改革的精神创建有中国特色的信息市场运营机制问题

　　多年来不少专家学者和有关方面人士都大声疾呼"信息共享"的重要性，都痛斥部门分割、地区封锁所带来的种种弊端，但至今收效甚微，信息流通不畅的局面依然如故。这究竟是什么原因呢？稍加深入调查分析就可发现，信息不能共享的背后隐藏着深刻的利益矛盾。在社会主义市场经济的环境下，单纯用行政手段是很难彻底解决这个问题的，探讨和创建有中国特色的信息共享的信息市场运营机制已成为一个紧迫的重要课题。

　　首先，我们必须划清哪些类型信息可以有偿服务，哪些类型信息则不能进行有偿服务的界限。判断这个界限的一条重要原则是：公民有纳税的义务，也有获取政府部门信息（涉及国家机密的除外）的权利。凡是政府用纳税人的资金，通过政府指令性手段获取的各类信息，原则上不应通过市场交易进行有偿服务。在东京对公众开放的电视塔上，就放着日本的人口普查的详细资料，任何人都可随手翻阅。因为普查经费以及普查资料处理的经费都是纳税人提供的。对于政府部门拥有的这类信息，在向公民提供时，原则上只能收取少量的诸如印刷、传输等耗费和手续费，而不能收取信息获取和加工的全部费用。

对于不是用政府指令性手段获取的其他类型的信息，为了避免重复采集、重复加工、重复建库，为了振兴信息服务业，则需要创建一套开放、有序、公正、合理地进行公平竞争的市场运营机制，以促进信息市场的专业化分工，使信息市场逐步成熟起来，最终达到有效地实现信息共享的目的。

振兴信息服务业，以至整个信息产业，必须坚持需求导向和效益原则。要瞄准和扩大最终用户，满足政府、企业和公众的需求。目前，政府部门还是最大的信息用户，但随着信息化的进展，中小企业和广大公众（包括个人和家庭）必将成为最有活力的信息用户。还要重视和讲究效益，包括经济效益和社会效益。在信息化过程中应当进行费用与效益评价，减少和杜绝过去信息系统建设中所发生的种种损失和浪费。

5. 关于信息标准、规范和信息立法要先行一步的问题

前面我们论述了建设信息基础设施应在我国部分重点地区先进行示范，不能一哄而起、遍地开花，从而引出了一个十分重要的问题，那就是有关全国的信息标准、规范和信息立法等工作，需要先走一步。否则，就可能形成试点地区一个标准，将来全国铺开时又推行另一套标准的多制式局面。

关于信息标准、规范，还有一个向国际靠拢的问题。对国际上已经成熟的标准、规范，我国可实行"拿来主义"。当然，在汉化的过程中总有某些细节需要在国内统一。建议有关部门抓紧时间，组织全国力量，先拿出一个大体可行的标准、规范的方案，并认可

在部分省市试行。试行中，如果某些细节需作局部修改，也应与这些省市进行协商，取得一致。先解决"有、无"，试行后再提高、完善。这种分两步走的做法，比较符合我国的实际情况。我们一定要防止在全国形成两套或多套不同标准、规范并存的情况，以免造成极大的损失。

关于信息立法也面临同样的情况。目前我国还没有"信息法""通信法""广播电视法""数据库振兴法""政府信息资源管理法""信息市场管理法"等信息法规。这些立法是国民经济和社会发展所需的，法制主管部门应及早把信息法规纳入法规体系的框架和立法计划。如果其中某些立法，国家一时照顾不过来，可先在某些行业和地区搞些规章条例，也可委托某些信息化试点地区先行立法，经过试行，再总结提高为全国性的法律。例如关于通信网与有线电视网相互融合的问题，西方发达国家由于既成事实的困扰，在政策立法调整中遇到较大麻烦。我国就不该再走弯路，完全可以及早采取相互融合的决策和立法。

此外，随着信息化的实施，有关信息安全问题，例如怎样防止和惩处计算机犯罪等，也应及早考虑制定法规。

6. 关于我国信息专业人才培养和发展的战略问题

要在未来信息化的国际竞争中取胜，关键的一环是要有正确的信息专业人才培养和发展的战略。这有两个层次的问题，其一是高级信息专业人才的培养和防止流失问题，其二是向国民普及信息化教育问题。

对于第一个问题，应该说情况是十分严峻的。目前我国有5000家软件企业，包含科研单位和高等院校在内的专业的软件技术队伍约15万人，加上应用部门在内，总数为50万人左右，年均增长量约2万人。就绝对数量讲，这是一支不小的队伍。但是受环境和条件的制约，高级软件技术人才还是很有限。目前已进入中国市场的电脑商，采取的第一个步骤，就是打着"本地化"的旗号，高价吸引（有人称"猎取"）中国有成就的高级信息专业人才，包括软件技术人才。人才被挖走，有时连同知识产权和市场诀窍一并挖走了。对此，有关部门急需制定对付高级人才流失的举措。目前中国科学院、国家教委推出的面向21世纪的人才培养计划，对吸引国外人才回归、制止人才流失已起到初步作用。要充分唤起知识分子主人翁的事业成就感，并激发他们爱国主义的热情，同时为他们创造必要的安定的工作环境和生活条件，使他们有施展才华的广阔空间。这方面要形成一整套的制度和政策，并长期坚持下去就会取得积极的成果。

还要注意信息专业队伍的合理构成。常见的现象是重技术、轻经济。技术队伍与经济队伍相结合，这曾经是IBM公司取得成功的一个秘诀。当然，我们应培养既懂技术又懂经济的复合型专业人才。

关于信息化知识的普及教育问题也十分重要。有人把普及计算机知识看成是"通向21世纪的护照"。遵照邓小平同志倡导的"计算机普及要从娃娃做起"的号召，到1993年，我国已有9000所中小学，共装备12万台计算机，有4000所学校用计算机进行教学管理，有400万名中小学生接受了计算机教育，并有万余名专职和兼职计算机教师。国家教委还制定了1993—2000年我国中小学计算机教育的八年发展纲要，并根据经济发展的水平，分发达、中等发达、贫困三类地区，对高中、初中、小学分别拟定了到2000年应配备计算机教室的学校的比例，以及配一台以上计算机的学校的比例。这不仅将有力地推动计算机在中小学的普及，逐步强化学生的信息经济观念和技能，也将有力地加快计算机进入家庭的步伐。

此外，在成人的计算机普及教育方面，上海市已取得较大突破。上海市政府把电脑应用能力的考核，作为"上海90年代紧缺培训工程"的实施的重点之一，其考核的结果将作为优先录用的主要依据。这极大地推动了上海"电脑热"的学习热潮。1994年12月18日第三次报考人数达到9万人，业余自费学电脑者达10万人以上，按平均每人400元计算，仅此一项，自费培训总额就达

4000万元。现在南京、济南、沈阳、哈尔滨也仿效上海的做法，并与政府的人事局和党委组织部密切配合，有的还制订了全市处局以上干部轮训电脑知识计划。所有这些，都是具有中国特色的普及信息化人才的重要战略举措，值得认真总结推广。

7. 关于加强信息化的统一领导和建立国家级权威的管理机构问题

长期以来，在中国共产党领导下的社会主义制度的重大优越性之一，就是可在总体上分散、落后的情况下，能较快地集中力量办成几件在国际上产生影响的大事。众所周知的一个典型事例，就是在20世纪60年代国家比较困难的时期，集中全国力量成功地进行了"两弹一星"的试验，粉碎了来自国外的"核威慑"，使新中国在国际上树立起与安理会常任理事国相称的大国地位。"两弹一星"是在周恩来总理亲自领导下，由党中央和国务院有关部门的第一把手组成"中央专门委员会"的形式进行统一组织领导的。这一权威领导的日常办事机构当时设在国务院国防工业办公室。

21世纪的"信息威慑"将比冷战时代的"核威慑"更咄咄逼人。为了打破"信息威慑"，我国就应拿出当年抓"两弹一星"的决心和勇气，由党中央和国务院组建一个高层次的权威机构，而非单纯的协调机构，对各部委和各地区实施统一领导，并成立一个效率高的日常办事机构。据了解，俄罗斯的国家信息化委员会，经议会批准，正式编制有200人。我们建议国务院考虑，通过法定程序，在适当时候把国家经济信息化联席会议改名为"国家信息化委员会"，作为国务院的常设机构，以利于长期有效地推进国民经济和社会信息化的各项工作。

（系1995年5月14日在中国信息协会1995年年会上所做的主题报告，摘要发表于《经济研究》1995年第6期、《信息经济与技术》1995年第7期、《中国信息导报》1995年第8期、《信息与决策》1995年第3期、《四川经济信息》1995年第7期等）

国民经济信息化的战略思路

一 加快国民经济信息化的抉择

加快我国国民经济信息化进程，就是要建设国家信息基础设施和发展信息产业。这是同广泛采用先进技术装备社会生产各部门，重点改造国有大中型企业紧密相关的。关于发展信息化的重要性，《中共中央关于制定国民经济和社会发展"九五"计划和2010年远景目标的建议》（以下简称《建议》）已讲得很明白了。它把加快国民经济信息化进程同逐步实现整个经济由粗放经营向集约经营转变联系起来，将其作为与优化产业结构、大力发展科技教育、引导地区经济协调发展并列的经济建设第二项主要任务提了出来。《建议》把通信作为与农业、水利、能源、交通、科技、教育相并列的要重点加强的七个部门之一；把通信看作基础设施，与水利、能源、交通并列为要继续加强的四大基础设施之一；还把电子工业作为带动整个经济增长和结构升级的支柱产业，在机械工业之后而在石油化工、汽车制造、建筑业之前需要振兴的五大产业之一，要求电子工业重点发展集成电路、新型元器件、计算机和通信设备，以增强为经济和社会发展提供信息化系统和装备的能力，促进信息产业发展；提出要把握世界高技术发展的趋势，重点开发电子信息以及生物、新材料、新能源、航空、航天、海洋其他六个方面的高技术，而电子信息技术是被列为第一位的高技术。按《建议》规定，它应在一些重要领域接近或达到国际先进水平，积极应用于改造传统产业，并要求把信息咨询作为新兴的第三产业加以积极发展，即国民经济信息化必须根植于信息服务业的发展。

人们应从多角度来认识和把握国民经济信息化。从技术的角度看，它是在经济领域推广与应用信息技术的过程，首先是电脑化、电信化以及两者相互结合而出现的网络化过程；从知识的角度看，它是在经济领域开发与利用信息资源的过程，其实质是知识化、智能化的过程；从产业的角度看，它是信息产业成长与发展的过程，也就是信息产业化与产业信息化相伴而行的过程，同时还是产品的信息含量与产品成本的信息费用比重逐步提高的过程；从经济成长的角度看，它是反映工业经济向信息经济不断演进的动态过程，而工业经济向信息经济的演进是生产力发展的必然规律。信息化是当今世界现代化的主要标志，离开信息化就谈不上现代化。因此，加快国民经济信息化进程，就是为了早日实现社会主义现代化。

但是，加快国民经济信息化进程，必须从实际出发。目前，我国农业基础还不够稳固，工业化任务尚未最终完成，信息化条件仍然比较差。在这种情况下推进信息化，既要积极又要稳妥。不积极，就可能错过机遇；不稳妥，有可能造成巨大的浪费和损失。我国的国民经济信息化已经迈出了重要的一步，金桥、金卡、金关等重点工程进展顺利，电信基础设施建设发展迅速，电子工业取得了很大发展，信息咨询服务业蓬勃成长。当然，同时也遇到一些问题和困难，如重复建设问题突出、组织协调工作跟不上等，需要及时研究解决。真正做到从实际出发，加快国民经济信息化进程，务必注重调查研究，基本摸清对信息化的需求，基本掌握实现信息化的主要途径，基本确定推进信息化的规划和政策。

目前，加快国民经济信息化进程，既要为"两个根本性转变"服务，又要体现"两个根本性转变"的要求。信息化应为正在建立的社会主义市场经济体制创造良好的信息环境和通畅的信息网络。市场经济本质上是一种信息导向的经济，必须有相应的信息制度，以满足其发展的需要。在为增长方式转变服务方面，信息化可以发挥更大的作用。它通过信息技术的推广应用和信息资源的开发利用，来革新技术和改进管理，进而达到节约资源、降低消耗、提高质量、增进效益的目的。信息化能促进集约化，通过生产要素提高效率或优化组合，来增加或扩大产出。

这就要求人们，在推进信息化过程中，无论是信息设备制造企业还是信息服务企业，都应逐步建立现代企业制度，转换企业经营机制和建立技术进步机制。政府部门也要逐步理顺信息化所遇到的体制关系，为信息市场的公平竞争和有序开放建立新的经济运行机制。同时，信息产业和信息企业的发展，必须讲求质量和效益，走集约经营的路子；信息事业单位同样要节约与开源并重，在信息系统建设和信息工作实践中注重费用效益分析，提高设备和资源的利用率，杜绝浪费和损失，用较小的投入取得较大较好的产出。

二 强化企业信息化

实现国民经济信息化，需要信息基础设施先行。但是，信息基础设施的建设，不能只考虑政府部门的需求，要更多地考虑和反映企业信息化的需求。企业信息化是国民经济信息化的基础和主体。随着市场范围的扩大、技术进步的加快以及社会需求的多样化，企业面临着日益激烈的竞争。尤其是在世界市场和世界经济一体化的大潮流中，任何企业即使在国内市场也会遇到国外企业的竞争。企业在竞争中要赢得或保持优势，有必要走信息化的道路。竞争优势源于创新。而在当今世界，信息化是不断创新的主要源泉。信息化有利于企业实现产品创新和过程创新，从这两个方面得到技术上、组织上、观念上创新的种种裨益。企业通过创新在竞争中实现规模经济，求得成长和发展。

企业的信息化有两个方面：一是信息技术的战略应用；二是把信息资源用于竞争目的。过去，信息技术在企业的应用局限于生产的单一过程和管理的具体业务。现在，已从单一过程的应用扩展到生产销售全过程的综合应用，从具体业务的应用推进到现代管理的战略应用。这种应用创新的结果，不仅能提高企业的劳动生产效率，而且能增强企业对市场的反应能力，并使企业赢得或保持竞争优势。过去，信息资源在企业的利用局限于辅助企业内部管理和决策。现在，信息资源还被企业进一步用于竞争的目的。例如，了解竞争环境的变化，了解竞争对手的动向，制定出奇制胜的竞争战略。这就要求企业或帮助企业把信息工作的重点从内部信息转向外部信息，把信息工作从仅仅是信息部门的任务，提升到企业领导层必须亲自抓的战略管理的重要内容。

企业参与全球竞争，必须有本国政府作为坚强的后盾。这是当今信息时代企业竞争的一大特点。因此，国家建设信息基础设施的目的之一，就是要帮助企业提高在世界市场的竞争力。这就是说，在政府的支持下，企业通过信息技术和信息资源的开发利用，来增强自己的创新能力，积极提高自己的竞争力，在竞争中赢得或保持优势。否则，犹如逆水行舟，不进则退。

三 发展信息网络

信息化意味着网络化。日本有的学者就把信息经济称为网络经济。信息网络是汇集和交流信息的最佳形式，它是多向的、交互式的，可最大限度地实现信息资源共享。信息网络的建设与运行，不仅有技术问题，更复杂的是组织协调问题，而且有众多经济问题和社会问题。现代信息网络，指的是电子信息网络，或与远程通信相结合的计算机联机信息网络。这类网络的建设与运行，我国已取得了一些经验和教训。主要经验有：从实际出发，借鉴外单位的先进经验，采取适当超前的发展战略，建设有一定特色的信息网络；争取高层领导的重视和支持，创造强有力的推进体制；要有统一的规划和总体设计，与各部门搞好协调；需求导向，用户驱动，提高用户的素质；业务管理与行政管理要规范化、合理化、科学化，管理的信息流要同业务流相统一和相结合；加强人员培训和优化人员结构；加强国际交流与合作。主要教训有：偏重信息设备的采购和添置，而忽视信息资源的开发和利用，结果是数据库的上网和信息服务的提供这两头弱，而信息处理设备这一中间环节较强，形成闲置或低效运转；只注重信息网络的一次性投入而经常性维护往往被忽视，使建成的网络难以正常运行；各自独立而相关的信息网络之间缺乏必要的交流与合作，联网率低。

互联网络把全世界的计算机联结起来，形成网络化。它是电子信息网络的典范，也是未来信息高速公路的雏形。1969年以来，它发展很快，至1995年1月，已连接160多个国家，拥有4850万用户，已成为各国企业开展世界商务活动的主要途径之一，以及提高劳动生产率、增强竞争力的有用工具之一。对此，我们既要看到其成功之处，如实用方便、费用低廉、用户参与和受益等，又要注意其问题所在，如信息泛滥、信息安全缺乏保障、信息犯罪活动猖獗、收费标准和方式亟待改进、引发信息与经济贫富两极分化等。既要发掘和利用互联网的信息资源，做到"为我所用"，又要借鉴其经验教训，来改进国内信息网络的建设与经营。从我国的实际情况看，在发展电子信息网络的同时，还应充分利用和适当发展人工信息网络。因为，有些信息如动态实时信息适宜于采用电子信息网络来汇集和交流，有些信息如不便于用计算机来处理和传递的信息，则适宜于采用人工信息网络来汇集和交流。人工信息网络的发展，还有利于为电子信息网络打基础，特别是信息资源开发利用方面的基础。应看到，现代信息服务工作与传统信息服务工作的界限是相对的。随着信息技术在传统信息服务中渗透和推广应用，也就变为现代信息服务了。

（原载《人民日报》1996年7月6日）

正确处理信息化与工业化的关系

一 信息化在中国的演进

"信息化"的概念来源于日本。早在 1967 年日本的一个科学、技术与经济研究小组就依照工业化提出了信息化（Johoka）即 Informatization 的问题。当时，关于"信息社会"（Joho Shakai）即 Information Society 的概念在日本已很时髦，自 1964 年由一位记者提出后已在报上进行了约两年时间的讨论。日本的科学、技术与经济研究小组认为，信息社会是信息产业高度发达且在产业结构中占据优势的社会，而信息化是向信息社会前进的动态过程，它反映了可触摸的物质产品起主导作用向难以触摸的信息产品起主导作用的根本性转变。

中国提出信息化问题并展开讨论，是同 20 世纪 80 年代中期前后以信息技术为先导的新技术革命浪潮分不开的。1986 年 12 月于北京召开了首届中国信息化问题学术讨论会。随后，1987 年 11 月在温州召开了全国信息化与商品经济研讨会。1991 年 10 月还在上海召开了亚太地区促进信息化研讨会。在这几次研讨中，中国的学者们从不同的角度谈论了信息化问题。有些从信息技术（包括计算机、通信，以及由两者的结合而形成的信息网络系统）的推广应用方面，有些从信息资源（包括资料、数据、文献、知识、智力等）的开发利用方面，有些则从信息产业（包括信息设备制造业、邮电业、信息服务业）的成长和发展方面，论述了推动信息化进程对中国扩大改革开放和实现现代化建设以及国民经济与社会发展的重大作用和深远意义。

尽管由于统计数据不全，中国学者对中国经济和社会的信息化程度，一般测算偏低，例如，1982年、1987年中国信息部门（第一信息部门和第二信息部门）的附加值约占国民生产总值的15%、23%，1982年信息部门的从业人员占全国职工总人数的8.8%，1985年中国的社会信息化指数为1965年日本的37.88%。但是，中国的学者们一致认为，改革开放14年来，尤其在政府决定要建立社会主义市场经济体制后，社会信息化特别是经济信息化正在以强劲的势头向前发展。

信息化在中国的演进，集中表现在信息产业与准信息产业（政府与企事业单位内部的信息部门）的崛起与扩张上。例如：

（1）各种信息系统初具规模。中国近10年内投资200多亿元建设了国家经济信息系统、银行电子化信息系统、财政税务信息系统、国家统计信息系统、物资信息系统、邮电信息系统、科技情报信息系统等10多个多层次的大型信息系统，并在各项业务管理中发挥了辅助决策和提高管理水平的作用。中国还投资300多亿元在1万多个大中型企业内建设了不同类型的企业信息系统，从工业过程控制和电子数据处理（EDP）开始，到计算机集成制造系统（CIMS）和管理信息系统（MIS）、决策支持系统（DSS）等，有力地推进了工厂自动化和管理科学化。办公自动化（OA）的发展也很快。以国家计委办公信息系统为例，由于把信息技术引入政府业务管理活动，使办公环境和事务处理水平、管理决策水平有显著变化。

（2）政府和企业的信息机构遍地开花。从20世纪80年代中期开始到现在，政府部门和企业单位大都设立了信息机构或配备了专职信息人员。据统计，政府的信息机构已达2000多家。他们不仅为政府自身的宏观管理服务，并已开始为社会提供信息服务。

（3）信息服务企业犹如雨后春笋般涌现。据调查，到1989年年底，中国已有信息服务企业1万多家，其从业人员达15万人以上，年营业收入约为20亿元。集体、个人办的以及外资、中外合资的信息服务企业增加特别快。信息市场也十分活跃，仅科技信息市场的交易合同金额1989年年底就有80亿元左右。

（4）各类信息网络层出不穷。据了解，中国已有上百个跨地区、跨部门的信息网络，如全国的城市经济信息网、联合信息网以及化工、农药、木材、自行车等专业信息网。为了繁荣社会主义市场经济，中国正在规划和建设各种市场信息网络。

（5）电子工业异军突起。1978—1991年中国电子工业年均增长27%，为整个工业年均增长率12.6%的两倍多，1991年电子工业企业约有5000家，职工近180万人，其产品90%以上由市场调节，出口额达49亿美元，占全国外贸出口总额的8%左右。20世纪80年代后期中国计算机出口猛增，1989年比1988年增长40%，1990年又比1989年增长72%，微型机的国内市场占有率达67%左右。

（6）信息技术对改造传统产业作用巨大。"七五"期间，有3000多项计算机应用项目在冶金、机械、电力等20个行业和27个地区推广后，在节约能源、材料和提高产品质量、经济效益方面产生了显著的成效。

（7）邮电业和电信设备制造业增长迅速。据计算，1990年与1978年相比，邮电业务总量增长了600%。其中，函件增长92%、报刊发行数增长78%、电报增长110%、长途电话增长529%、市内电话增长352%、农村电话增长100%。以电话为例，1992年全国已有1900万台，普及率为1.63%。1978年以来电信服务年均增长率高达35%—40%。进入20世纪90年代后，电信通信能力以20%以上的速度递增。电信设备制造业已有9个大型集团公司，并能开发和生产光纤光缆。

（8）数据通信、电子数据交换、电子邮件、可视图文，以及移动电话、传真、电传、卫星通信等现代通信方式日益流行。1988年中国投入运行第一个公用分组交换网，联通了10个城市，1993

年又建立了新的公用分组交换网，由 31 个省市 32 个节点机组成。中国在广州、深圳、青岛已有电子数据交换业务，并正在建设国际上可以对接的全国性电子数据交换系统。中国已在北京、上海、广州、厦门、深圳、青岛安装了 6 个电子邮件系统，每个系统有 3000 个信箱，平均每个信箱有 10 万字节的容量。可视图文在中国已有上海和北京的两个试点系统，并在扩大中，预计 1995 年的用户数可达 5000 个。由于南方沿海地区经济发展的需要，中国正在积极发展数字移动电话，现有 36 万用户。至于这方面的研制工作早在 20 世纪 70 年代中期就开始了。今日中国有 20 万台传真机，1993—1995 年传真服务将以 20% 的年率增长。中国的 55 个城市有 51000 条线路的电传能力，1991 年年底电传用户接近 14000 户，比 1990 年增长 6% 还多。中国的卫星通信（包括国内的和国际的）系统在 70 年代早期就已开始建设，目前中国有 5 个 STD—A 地面站，分布在北京、上海、广州，可直接联通 48 个国家和地区，通过中转则可联通全世界 180 多个国家和地区。

（9）科技情报业面目一新。中国的科技情报业创始于 20 世纪 50 年代，改革开放以来，推行了有偿服务，1983 年建立第一个国际联机公用数据终端，现已有 50 多个城市开通国际联机检索业务，可与国外 12 个大型情报检索系统联机，能检索 500 个数据库的数亿条信息。据调查，到 1990 年已建立科技情报数据库 500 个，全年文献阅览服务 200 多万人次。

（10）新闻、出版、广播、电视、广告等行业广泛开展信息服务活动。新华社于 1990 年建成了一个信息处理设施和通信系统，它有 50 条国际专用线路，连接近百个国外分社和 30 多个国内分社的专用通信网，还连接多家报纸、电台、电视台的计算机发稿网，能接收 40 多个通讯社与新闻机构信息的收讯网。到 1991 年，中国有 500 多家出版社，出版图书 8 万多种，居世界第二位。目前中国发行的报纸有 1600 多种，期刊达 6000 多种，广播、电视普及城乡，信息服务节目大增。1979 年 11 月以来，中国的广告业也出现了新变化,已成为富有生气的知识型信息产业,现代化程度大为提高。

上述列举的事实充分说明中国的信息化是社会和经济发展的客观趋势,很难用几个量化指标进行综合概括,其实质在于信息活动的规模和作用在不断扩大和加强。

二 中国工业化的任务仍很艰巨

在中国,工业化是在农业很落后的情况下开始的,信息化也是在工业比发达国家落后的情况下开始的。旧中国是一个农业大国,中华人民共和国一成立很快就拉开了工业化的序幕。工业化在整个20世纪50年代呈加速态势。从工业占工农业总产值的比例看,1949年只有30%,到1960年就猛升到78.2%。从城乡就业结构看,1949年城市就业比重只有8.5%,至1961年时该比重就翻了一番多。尽管60年代和70年代由于国内外的主客观原因,工业化时进时退,有时还处于停滞状态,但跨入80年代后,特别是90年代,中国的工业化进程比50年代还快。整个80年代工业占工农业总产值的比重始终保持在70%以上,1989年达到了77.1%,同年城市就业占城乡总就业的比重上升至25.6%,而劳动力在非农业部门就业的比重则达到了40%。

西方经济发达国家的工业化,经历了二三百年的时间。而中国仅用了40多年的时间,就已建立了独立完整的工业体系,一些主要工业产品生产总量从世界的后排跃居前列。例如1988年与1949年相比,钢已从世界的第26位升到第4位,煤从第9位升到第1位,原油从27位升到第5位。但中国的工业化尚处于中期阶段,为了继续上升,必须调整产业结构,使其优化与高级化。

目前,中国农业基础仍较薄弱,农业生产还不够稳定。同时,基础设施和基础工业处于滞后状态,供给短缺,成了突出的"瓶颈"制约因素。相当多一部分产业技术水平较低,产品竞争力不强。鉴于上述情况，中国在进一步工业化过程中，必须高度重视农业，加快发展基础设施和基础工业，特别是交通运输、通信、能源、原材料等，把机械电子、石油化工、汽车制造、建筑作为支柱产业加以重点发展，并积极扶持高新技术产业，大力加强第三产业。总之，中国要加快工业化步伐，尽快把工业化推进到成熟阶段。在完成这个艰巨的历史任务中，一定要有正确的力度较强的产业政策，这是工业化起步晚的国家追赶工业发达国家的必然举措和重要保障。

三 工业化与信息化互补共进是历史的选择

从经济结构的升级看，工业化是农业主导型经济向工业主导型经济的演进，而信息化是传统产业主导型经济向信息产业主导型经济的演进。在工业化过程中，要正确处理工业与农业的关系。这方面，中国的经验是坚持农业为基础、工业为主导的原则，在信息化过程中，也要正确处理信息化与工业化的关系。工业作后盾，信息业应先导。由于中国的信息化不是出现于工业化成熟阶段，而是在工业从总体上说尚未臻于全面发达状态时来临的，中国决不能像西方经济发达国家那样，走先工业化后信息化的老路，更不能用信息化取代工业化，而必须同时推进工业化与信息化，用工业化培育信息化，用信息化促成工业化。这就是说，要把传统产业与新兴产业的关系解决好，即要把基础产业、支柱产业与先导产业的关系解决好。要在信息化的过程中，努力使现在的先导产业变成未来的主导产业。

工业化培育信息化，需通过如下途径：

（1）提供物质基础。生产信息材料和元器件的半导体工业、集成电路工业，制造生产用和消费用电子产品的电子工业，以及生产信息处理器、信息传输装置的计算机工业、通信设备制造工业等，都要由钢铁、机械、化工、仪器仪表，以及能源和交通等传统产业供应原材料、技术装备、动力和运输服务。

（2）扩大市场容量。信息产业不可能搞封闭式发展，必须以农业、采掘业、建筑业及其他非信息的制造业和服务业作为自己的销售对象，向传统产业找市场。

（3）积聚建设资金。信息产业是技术、知识密集型产业，也是资金密集型产业，新产业的兴起不能没有资金投入，尤其是建设信息系统的基础设施需要大量的资金投入，这就要依靠原有的老产业积累资金、聚集资金，给予资金支持。

（4）输送专业人才。信息产业的发展需要各种人才，特别是复合型专业人才，要通过教育系统去培养和造就，但也要靠其他产业部门的输送，而后一条途径往往是比较现实和有效的。

信息化促成工业化，则会从如下一些方面表现出来：

（1）技术上改造传统产业。信息技术渗透性强，信息产业的产品和服务对改造传统产业作用大，有利于实现工厂自动化。从生产过程控制到柔性生产系统，到计算机集成制造系统，再到人工智能生产系统，以至生产信息化与管理信息化的结合。

（2）管理上革新传统经济。信息产业特别是其中的信息服务业，有利于实现管理现代化和科学化，促使经济发展由速度型转向效益型、粗放型转向集约型。信息产业增值性大，是经济发展的倍增器。通过通信网络化、贸易无纸化、办公自动化，还可大大提高工作效率和经济效益，节约能源与物资的消耗，改进产品与服务的质量。

（3）有利于提高产业和经济的整体素质。信息产业特别是其中的通信业的发展犹如联系的纽带，把产业连成一片从而提高产业竞争力，使经济集成一体从而提高经济实力。产业结构与经济结构的高级化要靠信息产业的高度发达来实现。

（4）有利于既保证经济增长又改善环境质量和生活质量。"机器隆隆，浓烟滚滚"的工业化，虽能促使经济增长，但却会恶化环境，影响精神生活。信息产业的发展可增强人类处理信息的能力，带动技术创新和制度创新，并促进科学、教育、文化、艺术的普及与繁荣，从而有助于实现人的全面发展。

总之，信息化对工业化有三种作用：一是协同作用，信息经济越发展，越能使工业经济的发展有新机会和新途径；二是补充作用，信息经济越发展，越能弥补工业经济的不足，如高消耗、低效益等；三是替代作用，信息经济越发展，越能用信息资源来替代更大一部分的物质资源和能量资源。

（系1993年11月9—11日在北京召开的"信息化与经济发展"国际会议上宣读的论文，英文稿载 *Transnational Data and Communication Report* 1994年1—2月号，中文稿先后为《经济研究》1993年第12期、《现代化》1994年第1期、《甘肃经济与信息》1995年试刊号摘要采用）

中国在政府管理中促进信息技术的应用

一 20世纪80年代中国在政府信息系统建设方面的发展

中国在20世纪70年代末80年代初实行改革开放不久，就遇到了以信息技术为先导的世界新技术革命和社会信息化的挑战。当时，中国集中了一批来自不同学科的专家撰写了"世界新技术革命和我们的对策"的报告，其中提出了"加速建设和发展计算机信息系统和光导纤维通信技术"等建议。为了从组织上落实建议，在国务院成立了电子振兴领导小组（后改为电子信息推广应用办公室），在国家计委成立了经济信息管理办公室（后与其他单位合并成为国家信息中心）。1984年9月，邓小平高瞻远瞩地提出"开发信息资源，服务四化建设"的重要方针。在该方针的指导下，中国各界人士认识到信息化是历史的使命，1986年年末聚会北京，提出要为推进中国信息化而奋斗。

1. "六五"时期"抓应用、促发展"，在国民经济和社会发展中应用计算机，打开了局面，取得了效益

"六五"（1981—1985年）期间，中国把计算机的应用领域从原来的以国防、科研为主转向以经济、管理为主，贯彻了"抓应用，促发展"的方针，对改造传统产业、改变数据处理和业务管理的手工方式取得了进展和效益。1985年与1980年相比，全国大中小型计算机装机由2900多台增加到7000多台，微型机装机由600多台增加到13万多台，计算机应用项目由几百项发展为2万

多项，计算机应用技术人员达6万多人，占计算机科技人员总数的60%左右。

为了克服中文信息汉字处理的特殊困难，中国科技人员研制了多种汉字处理编码方案，并从中优选出易于推广的方法，从而极大地促进了计算机在管理中的应用。

但是，这个时期中国在政府管理中应用计算机还处于起步阶段，少数部委（如国家计委、财政部等）建立的信息机构都是计算中心，主要从事电子数据处理。1982年全国第三次人口普查的大规模数据处理任务的胜利完成，曾获得国际好评。

不仅如此，中国还较早地把计算机引入到经济模型的研制和运用中，特别是用于经济预测。1982年国家计委成立经济预测中心（现为国家信息中心的经济预测部），提供国内外短期和中长期预测信息，为编制经济计划和宏观经济管理服务。

2. "七五"时期积极推进计算机化，有重点地开始不同规模和不同水平的十几个大型信息系统的建设

"七五"（1986—1990年）期间，中国进入政府管理计算机化的大发展阶段，开始了邮电通信管理、银行业务管理、国家经济信息、统计自动化等十多个信息系统的建设，成立了43个部委局的信息中心，各信息系统的职工总人数比"六五"时期增加10多倍，达107万多人，投入的资金超过200亿元，中央政府各部门安装的大中型计算机有1300多台，终端有3万多台，微机有5万多台。据不完全统计，5年内各部委局开发的管理信息业务子系统有250多个，数据库有170多个。

中国在政府经济管理方面信息系统的建设，可用国家经济信息系统为例来说明。国务院于1986年批准该系统的设计任务书。为了统一领导还组成了由一位国务委员主持的国家经济信息系统领导小组，并成立了国家信息中心。经过5年的建设和发展，至1990年，国家经济信息系统的主系统就建成了30个省级信息中心，250个城市级信息中心，1500个县级信息中心，共拥有大中小型计算

机 142 台，微型计算机 5500 台，以及一支达万人的专业队伍。该系统在为宏观经济管理服务，为企业和社会提供信息导向以及信息系统技术支持方面，起到了重大的作用。

中国在政府行政管理方面信息系统的建设，可用国家计委办公自动化系统为例来说明。该系统自 1987 年开发和建设以来，已成为由微机局域网和为 20 多个司局开发的近百个应用软件，以及各种业务数据库构成的中、大型信息系统。局域网的硬件约有 10 台专用网络服务器、数十台外部设备、220 台工作站。网络操作系统已从 3$^+$ 升级为 LAN MANAGER。国家计委的文件和档案资料的保管和传递、日常事务的管理、高密级的签报查询等工作，都可用该系统作为重要的辅助手段，从而使日常办公的效率有很大的提高。

值得一提的是，自 1987 年开始至 1991 年完成的联合国经济与社会发展部对中国的援助项目"为国家经济信息系统进行技术转让和人员培训"（编号 UNDP/CPR/86/011），对中国的中央级 4 个信息机构和省市 10 个信息机构在经济管理与信息系统两个方面提高技术水平和人员素质起到了促进作用。项目执行期间，由美、英、法、德等 7 个国家的 25 位专家来华讲学和咨询，有 116 名专业人员到国外进修和学习，还有 55 个中高级政府官员组成的 7 个考察团赴美洲、欧洲、亚洲的 15 个国家和地区的政府信息部门和著名信息企业进行访问，以及通过部分设备的采购使北京、厦门、乌鲁木齐三市间 IBM 主机实现通信联网试验等，都对中国推进政府信息系统建设产生了良好的效果。

二 20 世纪 90 年代中国以"三金"工程为代表的信息基础设施方面的发展及其前景

"八五"（1991—1995 年）时期后，中国出现了在电脑技术与电信技术伴随着数字化革命而结合的基础上发展起来的信息网络热。但原有的信息基础设施制约着信息网络的发展。1993—1994

年，从美国开始的信息高速公路浪潮席卷全球，并且全球信息基础设施的建设也被提到议事日程上来了。中国十分关注世界上这一信息化潮流的新趋势。国家主席江泽民指出：实现四个现代化，哪一化也离不开信息化。中国充分认识到信息化对国民经济和社会发展的巨大而又深刻的影响，并结合本国社会主义现代化建设的实际，及时地着重强调要努力推进国民经济信息化。鉴于这个目的，于1993年年底成立了由国务院副总理邹家华任主席的国家经济信息化联席会议。当前，中国正在制定第一个跨世纪的社会主义市场经济条件下的中长期规划，准备把信息化和信息产业的发展，以及信息基础设施的建设提到应有的高度。

1. 以"三金"工程为代表的"金字"系列工程的启动与实施

1993年3—6月，中国政府高层领导人相继提出和部署了"金桥""金卡""金关"工程的建设。1994年2月和6月，国家经济信息化联席会议先后研究了上述"三金"工程的组织实施问题。

"金桥"工程即国家公用经济信息网工程，分两期实施。第一期为起步阶段，用3—5年时间建成一个覆盖全国的，联结中央各部委、30个省市区首府、数百个中心城市以及大型企业、重点院校与科研单位的，天网（卫星网）地网（光纤网）一体化的、中速传输（144Kbps—2Mbps）的，开放性交互式（国内联合、国际合作）的公用经济信息网。目前，"金桥"的网控中心已在北京基本建成，国家信息中心和24个省市的建站联网工作已经展开或投入运行。第二阶段到2010年，经过扩充、完善后成为宽带综合业务数字网（B-ISDN），即中国的信息高速公路。

"金卡"工程即电子货币工程，要推广卡基（Card-based）支付手段，为金融电子化和流通现代化服务。1993—1996年为试点阶段，在12个城市试点，发卡量约为3000万张；1997—2000年为推广阶段，扩大到30—50个城市，覆盖的人口数约为1亿，发卡量增加到6000万张；2000—2003年为普及阶段，扩展到400个大中城市，覆盖3亿人口，发卡量预计接近2亿张。为了保证"金卡"工程在规划、标准、制造、发行、管理上的统一，还专门成立了"金卡"工程协调领导小组。

"金关"工程即外贸专用网工程，要建立配额许可证管理、境外收汇结汇、出口退税、进出口统计四个系统，实现外贸、海关、税务、外汇、统计、银行等部门的计算机联网，完成电子数据交换（EDI）系统的推广，逐步做到与国际接轨。为达到此目的，还成立了中国促进EDI应用协调小组，派代表参加了EDI的国际组织，已使中国成为亚太地区EDI协调理事国。

上述"三金"工程的关系是："金卡"和"金关"工程是"金桥"工程通信网络的应用，"金桥"工程则是前两个工程及其他"金"字系列应用工程（如"金税"即增值税专用发票计算机稽核系统工程、"金宏"即国民经济宏观决策支持系统工程等）通信联网的基础。

2. 信息资源网的建设与SICnet的开通，以及同国际Internet联网后对国外信息资源的开发利用

与发达国家相比，中国的信息技术及其应用的总体水平差距不小，而信息资源开发利用的程度则差距更大。如果说一些主要的发达国家面临信息"爆炸"的今天，人们为筛选适用的信息资源需要耗费过多的时间和精力而担心的话，那么在较多的发展中国家由于信息资源开发利用很不充分，人们顾虑高速度、大容量的信息网络一旦开通后，在一段时期内有可能出现"有路无车""有车无货"的现象，不是没有道理的。因此，在中国，国家信息中心倡议在建设信息通信网（好比"修路"）的同时，要加紧信息资源网（好比组织车队和货源）的建设，并制定了国家经济信息资源网建设纲要。它的近期目标，在为政府服务方面，主要是建设宏观经济预测系统、企业和产品信息系统、价格和市场信息系统、经济法规信息系统、国外贷款项目管理信息系统、政府投资项目管理信息系统，以及世界经济信息系统等。此外，还要根据宏观经济调控急需的热点问题，建立信息采集和传递渠道，使政府能比较及时和比较

充分地获得宏观管理所需要的信息支持。

这方面的一个实倒,就是 1995 年 8 月底宣布开通的国家信息中心增值服务网即 SICnet。该网目前拥有的信息资源,主要有"每日经济""宏观经济""实时金融""价格电讯""中国旅游""外商投资""境外信息"等。SICnet 不仅为政府机关服务,同时为企业、团体、家庭服务。只要用户具备电脑、电话和调制解调器,就可从 SICnet 得到联机信息检索、电子邮件、电子公告、专题论坛,以及电子会议等各种电子信息服务。

1994 年春,中国正式引入国际 Internet 网络。迄今为止,中国联结 Internet 的出口已有 4 个。它们是:①中国科学院的中国国家计算与网络设施(NCFC);②中国科学院高能物理研究所网络(IHEPnet);③北京化工大学校园网(BCnet);④中国公用计算机互联网(China Net)。它们的出口都是 1 条或 2 条 64Kbps 线路。中国充分注意到 Internet 作为全球信息高速公路的雏形的发展趋势,并把它的引入视作促进全国计算机信息网络发展的一个契机。它不仅对推动科研和教育界在国内外的学术交流已发挥了较大作用,而且还必将促进国内政府信息网络和商业信息网络的迅速发展。在 Internet 网中,有大量的国外信息资源,包括政策信息、市场信息、金融信息、科技信息等,可供我们去发掘、整理和共享。至 1995 年 7 月,中国同 Internet 直接或间接联网的单位已近百个,节点机达到 6000 台左右,用户超过 4 万个。到 20 世纪末,预计分别会增加到成千上万个单位,数十万台节点机,近 100 万个用户。为了对联网工作进行有效的管理,中国拟成立相应的组织,来协助有关主管部门,进行具体的协调和联系,以及提供必要的服务。

三 中国在政府信息系统和网络建设中的经验和教训

近十多年来,中国在建设政府信息系统和网络的实践中,积累了若干经验,其中主要的有:

（1）从实际出发，与国情国力相结合，借鉴国外先进经验，采取适当超前的发展战略，建设有中国特色的信息系统和网络。中国正处于工业化中期，需要抓住全球信息化的历史机遇，采取工业化与信息化并举的方针，用信息化促进工业化，以提高国家的现代化水平。在信息化过程中，既学习和借鉴他国行之有效的一切经验，又重视和坚持从本国的实际情况出发，充分考虑国民经济和社会发展的需要和制约。中国的信息化水平大约比发达国家落后二三十年（据北京邮电大学钟义信教授等用信息化综合指数计算，1995年中国的信息化相当于美国1972年的水平），必须利用后发效应进行追赶，但不能脱离现实，使信息化发展过分超前。政府信息系统和网络的建设，旨在改进政府的经济管理和行政管理，提高政府工作效率。在中国，它必须服从和服务于政府职能的转变、政府机构的改组，以及政府管理的变革。同时，必须处理好引进先进设备、提高应用能力、开拓信息需求这三者之间的相互关系。

（2）高层领导的重视、支持，正确的信息产业政策，以及强有力的推进体制。继邓小平1984年强调"开发信息资源，服务四化建设"之后，中国的党政高层领导人士江泽民、李鹏等，对信息技术、信息产业、信息化以及它们对振兴中国经济的重大作用，有一系列明确的指示，并亲自提出要建设某些国家级信息网络工程。政府信息系统和网络的建设是以国家信息产业的发展为前提的。由于中国制定和执行了促进信息产业发展的一系列方针政策，如优先发展邮电通信业、振兴电子工业、大力发展信息服务业等，使信息产业超常发展，过去16年内其年均增速比国内生产总值高5—10个百分点，近几年高出更多。中国在政府信息系统和网络的建设中，不仅调动了各级政府及其下属部门的积极性，而且采取"第一把手"原则，组成相应的领导小组和实施机构，加以积极推进和具体落实。

（3）要有统一规划和总体设计，以及跨部门、跨地区的协调。为确保政府信息系统和网络的安全和可靠性，以及部门间和地区间的相应沟通，必须统一领导、统一规划、统一标准和规范，进行总体设计，避免分散、重复建设。中国为了加强国家经济信息网建设，1993年12月由国务院批准成立国家经济信息化联席会议，对跨部门、跨地区的信息工程进行"统筹规划和组织协调"。该组织于1994年提出的"统筹规划、联合建设、统一标准、专通结合"的方针，有利于克服各部门各地区在信息系统的网络建设中互相分割的倾向。

（4）需求导向，用户驱动，努力提高用户的素质。这是决定任何信息系统和网络的成败或兴衰的一个主要因素。中国在建设政府信息系统和网络时，首先要进行需求调查，明确不同部门的具体需求，并力求适应其变化动态；同时提倡建设人员与用户紧密结合，吸引用户参与建设，激发其应用的兴趣和热情，并对他们进行培训，包括转变其观念，使他们在信息系统或网络建成时会用和爱用。

（5）政府的经济管理和行政管理要规范化、合理化、科学化，管理的信息流要同业务流相统一和结合。信息系统和网络的建设必须适应管理的基础和水平，才能更好地为管理服务。管理的现代化要以管理的科学化为前提。中国在政府信息系统和网络的建设中，十分注重分析政府部门经济管理或行政管理工作的主要特点，防止出现管理中信息流和业务流的脱节现象。信息流以业务流为转移，要反映和服务于业务流。

（6）加强人员培训和优化人员结构。这里所说的人员包括政府信息系统和网络的建设者和应用者。这两类人员都有培训和优化结构的问题。中国深感上述任务之艰巨，但仍从基础教育、高等教育、专业培训（包括学校培训和岗位培训）等方面作了不懈的努力。上海等一些大城市在组织处、局级干部轮训学习电脑、普及信息知识方面还取得了较大的成绩。培养既懂政府管理又懂信息技术的新一代复合型人才是当今时代的需要。

（7）推进国际交流与合作。在政府信息系统和网络的建设方面，中国既有同其他国家（如日本、法国、印度、埃及等）的交流或合作关系，又有同各国大公司的贸易往来与技术合作关系，还有来自联合国的技术援助，如国家信息中心成功地完成的"为国家经济信息系统进行技术转让和人员培训"受援项目。中国信息协会和国家信息中心1994年在北京召开的"信息市场与国际合作"的国际会议，进一步促进了上述国际交流与合作。所有这些国际交流与合作，对中国改善政府信息系统和网络的建设都起了良好的作用。

除上述经验外，中国在政府信息系统和网络的建设中，也有些教训。按照中国传统的"失败为成功之母"的说法，教训是另一种形式的重要经验。主要教训有：

第一，重硬轻软，即偏重信息设备的采购和添置而忽视信息资源的开发和利用。例如，有些单位买计算机要大的、好的，而不考虑作什么用和由谁来用，错误地认为信息系统的建设就要"计算机开路"。这在每过18个月计算机芯片的功率增加一倍而价格降低一半的今天，将造成极大的浪费。一些信息系统不时酿成建成之日即为废弃之时的悲剧。

第二，重建设轻维护，即对信息系统的一次性投入有钱，而经常性维护没钱，建成后难以正常运行。由于财务制度不尽适应信息系统建设特点和数据库商业化程度不高等原因，不少数据库建设时耗资巨大，而启用后维护更新乏力，逐渐成了"死库""空库"，发挥不出预期的作用。

第三，各自独立的信息系统之间缺乏必要的信息交流与合作联网。由于政府各部门间信息共享的机制不健全，不同信息系统相互交流信息受到一定程度的影响。在协调部门利益的基础上，克服联网的阻力，把一个个"信息孤岛"通过网络连成一片，并且不满足于信息设备的联网，真正做到信息业务的联网，是我们努力的方向。

四　应用信息技术改进政府管理所面临的问题与困难

中国致力于深化改革、扩大开放、加快发展、保持稳定，当前正在改革经济管理体制，使原来那种高度集中的计划经济管理体制逐步过渡到社会主义的市场经济管理体制，同时正在转变经济发展模式（即增长方式），由粗放式经营或外延式扩大为主逐步过渡到集约式经营或内涵式扩大为主。在这种情况下，采用先进的信息技术来改善政府行政机关和事业单位的管理，必然会遇到以下一些问题：

（1）政府机构变动较大，政府职能尚在转变。政府信息系统和网络的建设通常以政府机构相对稳定、政府职能比较明确为前提。然而，中国的管理体制和发展模式正处在转型期，政府机构的设置时有调整，很难不变，同时政府职能又必须从直接管理为主转向间接管理为主，这就要求政府信息系统和网络的建设与之相适应，不因信息渠道和信息流向的变动以及信息需求的模糊性与多变性而失败。出路在于增强政府信息系统和网络的可变性和灵活性。

（2）政府工作人员亟须增强信息意识与提高信息技能。1984年邓小平倡导"计算机普及要从娃娃做起"，这是有战略意义的伟大号召。但计算机普及并非易事。目前中国每千人大约只有一台计算机，虽然，政府部门人均拥有计算机远多于企业和家庭，但是政府管理的主体是人，计算机化信息系统和网络只是辅助管理的手段。政府工作人员的信息意识和信息技能是关键。由于传统的政府工作方式和习惯的影响，相当一部分特别是年龄较大的政府工作人员，对政府管理信息化存在一定程度的戒心或疑虑。这需要通过实际事例的宣传教育与伴随着信息系统或网络建设的同步培训来解决。

（3）信息法规环境不够良好。政府信息系统和网络的正常运行需有一定的法规环境。政府是信息资源的主要拥有者和主要用户。在越来越多的政府信息部门加强为本部门和上级领导服务的同时，面向社会为企业和公众提供信息服务之际，加紧法制规章建设实属必要。但中国至今尚未出台政府信息资源管理法规、政府信息交流政策等特殊性政策法规，这与一般性信息政策法规的普遍滞后有关。大家知道，美国从第95届到第98届国会就颁布92项有关政府信息系统建设、信息开发利用、信息交流与传播等方面的法案，1980年通过的《文书削减法》还授权每个政府部门委派一名相当于部长助理的官员担任首席信息官，负责本部门的信息资源管理工作。这些做法值得我们发展中国家借鉴。

除上述问题外，中国在政府管理中采用先进信息技术还有两大困难：一是资金短缺，投入不足；二是人才奇缺，影响发展。为克服这类困难，中国正在研究政府信息系统和网络建设的投资融资方式的改革问题，多渠道、多方式集资，加强资金使用责任制，提高资金利用效益，把有限的资金用到主要的重点工程项目上去。同时，中国正在把人才培养问题，特别是把培养人才的教育队伍的加强问题，作为最重要的工作提到信息化日程上来。一些综合性大学纷纷设立信息工程、信息管理、信息经济等院系。

五 结论

改革开放以来，由于中国在政府管理中应用信息技术采取了正确的战略和政策，使政府信息系统和网络的建设出现了两次高潮，一次在20世纪80年代中期，以管理信息系统和办公自动化及其相互结合为特征，另一次在90年代上半期，以信息基础设施和电脑信息网络的建设以及国际联网为特征。尽管在实践过程中，遇到了各种问题和困难，但仍取得了巨大的成绩，使政府在宏观决策、宏观调控和日常管理中提高了水平、改进了方式和增进了效率，其经济效益尤其是社会效益也是明显的。同时，中国在这方面还积累了许多有益的经验，并吸取了不少教训。今后我们的任务是：在全球信息化的大潮流中，勇于迎接挑战，善于抓住机遇，利用信息技术（包括电脑技术、通信技术、网络技术等），改进政府管理（包括其他公共管理），大力推进国民经济和社会信息化，以期深化经济管理体制改革和转变经济发展模式（即增长方式），全面提高中国的综合国力和竞争能力，为发展社会生产力，提高人民生活的水平和质量服务。

（原载《信息经济与技术》1995年第11期，后又以《政府管理中促进信息技术应用的战略》转载《情报理论与实践》1997年第1期）

我国政府信息化的过去、现在与将来

近年来谈论"政府上网""电子政府"的时尚在各种媒体上风靡起来，人们不禁会问这同政府信息化有何联系和区别。其实，政府上网或电子政府只是政府信息化的部分内容或特定目标，只有把它们置于政府信息化的整个框架范围内和总体规划指导下加以推进，才能收到更好的效果。那么，什么是政府信息化呢？政府信息化就是通过现代信息技术在政府管理中的应用、普及，以及政府需要的和拥有的信息资源的开发和管理，来提高政府的工作效率、决策质量、调控能力、廉洁程度，节约政府开支，改进政府的组织结构、业务流程和工作方式，以密切与民众的联系和达到更好地为民众服务（包括信息服务）的目的。这是一个逐步前进的动态过程，从理论上说，就是工业时代的政府（即传统政府）向信息时代的政府（即现代政府）演变的过程。

一

我国政府早在20世纪80年代就已开始重视政府信息系统的建设。在政府管理中应用电子计算机，起步于"六五"计划。当时，国家计委、财政部等中央政府部门建立计算中心，进行电子数据处理。至"七五"时期，政府管理计算机化有了大的进展。我国建设了国家经济信息系统等十多个信息系统，43个部委局成立了信息中心。中央政府安装的大中型计算机达1300多台，终端有3万多个，微机超过5万台，数据库约170多个。联合国经济与社会发展部从 1987 年开始援助我国，向国家经济信息系统进行技术转让，并为其培训人员，使我国中央和省市的部分政府在信息系统、经济管理方面的技术水平和人员素质上有了较大提高。

20 世纪 90 年代初我国启动与实施了以"三金"工程为代表的"金字"系列信息网络建设工程，并从 1994 年起联通国际互联网。这个时期不仅重视数据通信网络建设，而且强调信息资源网络建设的重要性。如果说 80 年代中期我国政府信息化是以管理信息系统和办公自动化以及这两者相互结合为特征的，那么 90 年代上半期则是以信息基础设施和信息网络的建设以及网络互联为特征的，这为 90 年代末的"政府上网"做了准备。

中国信息协会与国家信息中心曾在 1996 年 6 月于北京召开过由联合国发展支持与管理服务部主办、联合国开发计划署协办的"政府与公共管理先进信息技术国际研讨会"。这次会议就是来自亚洲和非洲的十多个发展中国家的代表相互交流政府信息化经验、学习发达国家在政府公共管理中应用先进信息技术以发挥"后发效应"的一次盛会。

二

随着国际互联网在我国应用的普及，以及我国网络用户的迅猛增加，作为政府信息化重要一环的"政府上网"势在必行。一方面，国家信息基础设施建设的进展与信息网络技术的成熟，为政府上网提供了技术保障。另一方面，政府信息需求激增，这种需求在广度、深度、速度、系统性和综合性等方面都发生了重大变化，政府与外界尤其是社会民众沟通信息的必要性空前强化，这一切使政府上网产生了巨大的需求动力。信息产业部吴基传部长在第 31 届世界电信日的纪念会上宣布，我国政府上网工程主网站已正式开通。该主网站包括国务院 17 个部委局的网站。吴基传认为，政府上网能促进政府部门与社会各界的沟通，将有利于降低办公费用，提高政府工作效率和透明度。

政府上网工程启动前，我国政府类域名至1998年10月底只有815个，仅占全部域名的5%。政府站点建设需要有效的组织和规划，网页制作应精心设计。否则，可能有损于政府的形象，但政府上网不仅仅是设立网站制作网页的问题，更重要的内容在于把可公开的政府信息放到网上去，供社会了解和使用，而政府部门及其工作人员也要从网上去获取信息，包括政府内部的和政府外部的信息，特别是要在网上办理各种政府事务，包括与企业、公众互动的有关注册登记、纳税等业务。网站设立后，这些工作长期跟不上，也会有损于政府的声誉。所以，对政府上网这项复杂的系统工程，必须有政府主管部门的主持和电信部门、信息部门以及社会各界的参与、合作。

政府上网工程的实施，无疑会给电信企业、网络企业、国内外信息技术与信息服务的厂商带来巨大的商机。按中央政府和地方政府将建设的2000个政府网站计算，若每个网站的建设费为10万元，每个网站每年运行费为2万元，这就需要2亿多元投资和一年4000万元开支。把这块"饼"做大了，有利于促进信息市场的繁荣和信息产业的发展。但是，在保护厂商积极性的同时，切忌由于过度炒作而产生舆论误导，以至于影响政府上网的健康发展。

谁上网，谁付钱，这是天经地义的事情，只要上网成本低而效益好，谁都会愿意支付这笔钱的。然而，当前的情况是：上网速度慢、费用高，网络运行成本中通信费用所占比重就高达60%—80%，使用户有钱建网但无钱用网。中国电信承诺，对政府上网实行优惠，这将成为政府上网的一大推动力量。但政府是否上网，需由政府根据客观需要和主观条件自行决定，且不同的政府部门应视其具体情况而定。

三年前，我在"政府与公共管理先进信息技术"国际会议的国别报告《中国在政府管理中促进信息技术应用的战略与政策》中，曾对我国政府信息系统和网络建设中的经验和教训进行过总结，指出主要经验有："1. 从实际出发，与国情国力相结合，借鉴国外先进经验，采取适当超前的发展战略，建设有中国特色的信息系统和网络。2. 高层领导的重视和支持，正确的信息产业政策，以及强有力的推进体制。3. 要有统一规划和总体设计，以及跨部门、跨地区的协调。4. 需求导向，用户驱动，努力提高用户的素质。5. 政府的经济管理和行政管理要规范化、合理化、科学化，管理的信息流要同业务流相统一和结合。6. 加强人员培训和优化人员结构。7. 推进国际交流与合作。"主要教训则有："1. 重硬轻软，即重信息设备的采购和添置而忽视信息资源的开发和利用。2. 重建设轻维护，即对信息系统的一次性投入有钱，而经常性维护没钱，建成后难以正常运行。3. 各自独立的信息系统之间缺乏必要的信息交流与合作联网。"

上述十条经验和教训，对当前政府上网及其工程建设仍有一定参考价值。例如，要从实际出发，不"刮风"；要争取高层领导的支持，建立强有力的推进机制；要统一规划、总体设计，进行跨部门和地区的协调；要使政府管理行为规范化、合理化；要克服重硬轻软，重视政府信息资源的开发和公开；要重视建网，更要重视更新维护；要强调各级政府之间和同级政府各部门之间的信息交流与信息共享；等等。

我在该报告中还分析了我国应用信息技术改进政府管理所面临的问题与困难，指出主要问题有："1. 政府机构变动较大，政府职能尚在转变。2. 政府工作人员亟须增强信息意识与提高信息技能。3. 信息法规环境不够良好。"主要困难有二："一是资金短缺，投入不足；二是人才奇缺，影响发展。"

上述分析对现阶段政府上网遇到的问题和困难也有一定的适用性。虽然国务院机构改革已经完成，而地方政府的机构改革即将开始，政府上网不能不考虑这一因素。政府上网涉及政府信息资源管理及其法规问题，没有必要的法规与健全的管理，很可能会造成混乱。该上网的信息没有上网，不该上网的信息却通过网络传播出去了。据介绍，美国联邦政府的信息收集工作量近几年已达到每年70亿小时（约350万人年），美国联邦、州和地方政府在信息技术方面的开支每年预算约1200亿美元（约1万亿元人民币）。我国政府的信息工作量与信息技术应用的投入远比不上美国政府，但也是很可观的，而且，亟须研究政府信息化建设（包括政府上网工程）的投融资方式改革问题，多渠道、多方式、多元化集资，并加强资金使用责任制，提高资金利用效益，把有限的资金用到重点项目上去。

三

政府信息化还有很长的路程要走。但政府信息化的每个阶段、每项工作都必须讲究实效不摆花架子，瞄准这样一个目标，即为提高政府工作的效率和质量、发挥我国政府在社会主义市场经济中的作用服务。我曾在1997年9月3日山东省政府系统计算机联网动员大会上的报告中指出，政府在市场经济中的一般作用包括建设基础设施、促进技术进步、改进金融环境、建立和完善社会保障体系、防止环境恶化和美化环境、制定和完善各种规章制度等，而我国作为发展中国家和转轨经济国家，其政府对发展市场经济的特殊作用还有：建立市场体系并使其有效地发挥作用，改进信息系统并使其能保证客观环境迅速变化时所需的信息服务，帮助企业参加全球竞争和更好地为企业提供必要的服务。

各地政府信息化的发展很不平衡，东部沿海城市的政府上网领先内地城市，甚至还在国外建立镜像网站。但即使如此，也不宜过早地宣布"电子政府"即将建成。因为电子政府还有很多内涵，不仅仅限于电子信息交流、电子数据存储、电子公文处理，还包括电子采购与招标，电子税务、电子福利支付，电子身份认证等。

根据联合国经济与社会事务部高级顾问周宏仁博士的介绍，国际上政府信息化在各种层次管理信息系统基本完成的基础上，主要往以下五个方向发展：政府信息服务、电子商业用于政府、电子化的政府服务、促进公众参与政府决策、政府机构再造。1999年年初我在接受《中国计算机报》一位记者的采访时，谈到政府上网与政府信息化的联系与区别时，也曾讲到，政府信息化的内容不仅有政府的信息服务、百姓参与政策决定，而且有政府的电子贸易、政府的电子化服务，以及政府部门重构。需要强调的是，利用信息技术重建政府机构是世界各发达国家普遍关注的问题，也是联合国经济与社会事务部长期来试图帮助发展中国家政府要解决的问题。但这个问题在大多数发展中国家并不那么容易解决，因为从各方面情况看，许多条件还不成熟，尤其是政府高层领导的信息意识有待提高，否则，还可能产生抵触情绪，被误解为要更换现行政府的部分成员。

为切实推进政府信息化，首先需要提高政府公务员的信息意识和信息能力。同时，还应结合政府的重点工作，逐步推进政府信息化。不能急于求成，但要坚持不懈，紧密地与国民经济和社会信息化的其他方面相互协调、配合。

（原载《信息化建设》1999年第8期）

关于推进企业信息化的思考

一 企业信息化是现代企业生存和发展的必由之路

1. 现代企业的制度与行为

现代企业与现代一样是个动态的概念。在 20 世纪 90 年代所说的现代企业是指信息时代的企业，其含义明显不同于在 50 年代讲的"现代企业"，即工业时代的企业。

关于现代企业，有制度问题和行为问题，由于我国国有企业的改革提出了建立现代企业制度的目标，人们往往把建立现代企业制度只理解为国有企业的股份化改制问题。实际上现代企业制度的含义远比这种理解要广泛，它的建立要求企业按符合信息时代的现代方式来解决企业的激励机制和经营者选择机制问题。所以，不仅改制中的国有企业而且非国有企业都有建立现代企业制度的任务。即使是目前已完成股份制改造的国有股份公司也需要随着时代前进步伐不断完善其企业制度。

现代企业的行为一般地说要受其制度的影响，甚至是决定性的影响。但在具体生活中，企业行为与企业制度常有相互背离的情况，而且企业行为也可能对企业制度产生影响。企业信息化是现代企业的一种行为，在现代企业制度尚未建立或不甚完备的情况下，这种行为是否被采取及其成效大小无疑会受不小的影响，但当现代市场环境迫使企业走上信息化道路时，这种行为反过来会促进现代企业制度的建立或改善。

2. 企业信息化的外部压力与内在动力

在信息时代，企业要生存和发展，非搞信息化不可。这不是企业主观上愿不愿意的问题，而是客观上互有联系和影响的两种力量共同作用的结果。一种力量是企业外部竞争环境变化所造成的压力，另一种力量是企业内部结构调整所产生的动力。

从企业外部看，经济全球化与全球信息化呈加速趋势，国内外环境瞬息万变，市场范围不断扩大，竞争对手层出不穷，科技竞争、营销竞争、市场和人才的争夺日益激烈，这对企业形成了强大的压力。经济全球化意味着生产跨国化、贸易自由化、金融一体化，而全球信息化意味着数字化、网络化的发展和因特网的普及，企业行为受时空的限制将不断缩小，国内、国外两个市场有融合为一个市场的趋势。我国企业既要到国外市场去竞争，又要在国内市场同外国企业相竞争。在这种竞争范围扩大、竞争程度提高、竞争方式变化的情况下，企业为谋求竞争优势，就不得不采用信息技术、依靠信息资源来实现信息化。企业信息化已被世界上不少在全球竞争中处于优胜地位的企业视作其竞争战略的重要组成部分。

从企业内部看，为适应外部竞争环境，内部结构、业务流程、管理方式都需不断调整、重组、变革，以提高企业的应变能力、创新能力、竞争能力。我国企业既要适应经济体制从计划经济向社会主义市场经济转变和增长方式从粗放型向集约型转变的需要，又要适应国际社会从工业社会向信息社会转型的需要，以改进经营业绩、提高经济效益和社会效益。尽管企业的信息需求及其结构因其性质、规模、发展程度以及所在地区的不同而不同，但上述两个转变和一个转型的需要正在促使企业的信息需求及其结构发生共同的根本性变化，如市场信息、实时信息、预测信息、战略信息、技术创新信息变得越来越重要，外部信息与内部信息相比所占份额比以往大得多，数字化、网络化的信息起着越来越大的作用等。企业信息需求及其结构的变化导致企业重视和加强信息资源的开发和管理，并促进企业在业务活动和各管理环节广泛应用信息技术。同时为规范企业内外联系中的信息流程和更充分发挥信息技术及其网络的作用，企业还需进一步重组或再造组织结构，逐步提高供产销和经营管理的柔性化程度。这一系列因素就成了企业搞信息化的内在动力。

3. 企业信息化的发展阶段

企业信息化是一个发展过程，在20世纪它大体上经历了50年代至60年代的生产自动化阶段，70年代至80年代的管理信息化阶段，以及90年代以来出现的生产自动化与管理信息化相融合的网络一体化阶段。

从信息技术的应用方面来考察，企业信息化的发展同样可分为三个阶段。首先是替代阶段，即用电子计算机替代手工操作、进行辅助设计和辅助制造以及单项管理等。其次是强化阶段，即用电子计算机进行集成制造和集成管理等。最后是变革阶段，即在电子计算机与电信相结合形成信息网络后对企业的业务和管理的流程进行重组、创新。

从信息资源的管理方面来考察，企业信息化的发展也存在数据管理、信息管理、知识管理三个阶段。

上述三种企业信息化发展阶段的划分，虽然没有机械的一一对应关系，但是确实存在相应的有机联系。

我国企业信息化虽已有了20多年的历史，但大致还停留在发展的第二个阶段。我国企业信息化起步于20世纪70年代中期，一开始就比发达国家晚十多年；改革开放后在80年代掀起了高潮，进入90年代以来迈进了一个新的发展阶段；就目前发展水平看，仍落后于发达国家10—20年。我国各行业与各地区企业信息化的发展并不平衡。从行业看，制造业与金融业的企业信息化程度较高。从地区看，上海市与广东省的企业信息化较为领先。目前全国应用CAD（计算机辅助设计）和CAM（计算机辅助制造）两项信息技术的企业有1万多家，推行CIMS（计算机集成制造系统）的企业约有三四万家，引进MARPⅡ（制造资源计划）技术的企业已达上千家，试用 ERP（企业资源计划）技术的企业还只是少数先进企业。至于 MIS（管理信息系统）的应用，由于历史已久，在全国比较普遍。随着因特网的发展，企业内部网、联结供应商与用户的企业外部网也已出现。尤其在一些省市"信息港"建设的带动下，我国企业信息化呈现出强劲的发展态势。

二 通过企业信息化提高企业竞争力的可能性与现实性

1. 企业竞争力的内涵与重要性

物竞天择、优胜劣汰是自然界和社会的竞争规律。公开、公平、公正的竞争是市场经济健康发展的重要原则。竞争力是参与市场经济的竞争者的实力或能力，它表现为该竞争者在竞争中的地位和作用。企业竞争力是产业竞争力、国家竞争力的基础。企业是否拥有竞争优势是其竞争力强或弱的重要标志。企业竞争力的强弱取决于多种因素，不仅有主观因素还有客观因素。其中，主观因素与企业拥有的资源（特别是人力资源和无形资源）及其发挥作用程度有关，客观因素则与现实的、潜在的竞争对手（如同行业内现有的和未来的其他企业、非同一行业内现在或未来能提供替代品的相关企业等）有关。所以，企业与竞争对手进行比较的相对竞争力，比其绝对竞争力更有意义。

尽管对企业竞争力的内容可从其组成的具体因素以至从其评价指标体系来进行描述，但是从根本上说，企业竞争力是企业与其竞争对手相比运用信息技术等高技术开发利用信息资源和获取、应用、创造知识的能力。所以，企业竞争力与企业信息化有着天然的内在联系。竞争优势源于信息优势。现代企业往往对信息技术进行战略性应用，把信息资源用于竞争目的，以谋取竞争优势。但这种竞争优势可能得而复失，因为竞争对手会千方百计通过模仿、学习以及创新，重新使该企业陷入竞争劣势。因此优秀的现代企业在赢得竞争优势后为保持竞争优势，还必须继续推进信息化，并使其发挥更大的成效，来不断提高自己的竞争力。企业竞争力是企业活力之所在，也是企业生存的保障和企业发展的源泉。

2. 企业通过信息化提高竞争力的可能性

企业信息化提高企业竞争力的途径或者说可能性，是信息技术与信息资源及其结合所起作用的结果。这种可能性表现在可能产生的经济性效应与非经济性效应两大类效应上。

所谓经济性效应主要有：

（1）管理规模经济性效应。企业信息化促进企业管理的集成化、一体化和规模化，导致管理流程重组和管理结构改变，在管理层次减少的同时扩大每个管理层次的规模，提高管理效率，并通过内部沟通以及同外部沟通的强化来降低边际管理成本、内外协调成本，以及使有关方面得以共享成本。

（2）成长经济性效应。企业信息化促使企业更有效地利用积累的沉淀资源尤其是信息资源，从而以最小的追加成本和比其他企业更低的平均成本向市场推出追加产品。

（3）范围经济性效应。这是信息化企业提高竞争力最常见和最有效的途径之一。它源于信息技术的柔性（多方向变化的）特点。信息化通过生产成本、交易成本、管理成本的降低以及固定成本与可变成本之间比率的提高，通过横向的和纵向的、地区间和行业间的竞争范围的改变以及新的竞争领域的增加，可使企业增加产品或服务种类而降低单位成本。同时，企业信息化还通过提高技术、知识与资本的品位，为其他非信息化和低信息化企业进入竞争领域制造壁垒。

（4）差异经济性效应。信息化会增加产品或服务的差异性，包括消费品质差异性和用户偏好差异性，从而为企业在非价格竞争方面占据优势提供可能性。同时，通过差异成本的降低和差异效用的强化，企业既能获得因产品或服务的数量和种类同时增加而使单位成本降低的经济性效应，又能因其产品或服务的差异性而有利于差别化竞争。

所谓非经济性效应主要有：

（1）促进创新。信息化使企业熟悉国内外市场变化而产生创新动力，与高等院校、研究机构紧密联系而有利于参与和开展创新活动，因掌握科技发展信息和新产品、新技术信息以及通过信息网络来网罗人才而增强创新能力。企业要成为创新主体不能没有信息化作支撑。

（2）优化决策。信息是企业经营的耳目和企业决策的依据。企业通过信息化能为其改进经营和优化决策奠定坚实的基础。在价格竞争和非价格竞争中，企业信息化可帮助企业同时采用低成本、有差别、专一化等竞争战略，以及按不同方式组合的混合型竞争战略。

（3）树立信誉。信息化使企业通过网站、网页能更好地宣传自己，让社会了解企业，尤其是借助企业形象的推销和企业文化的影响，能发挥企业在市场竞争中的信号价值效用，以提高企业自身的信誉。

（4）提高素质。企业信息化的本质就在于提高企业及其成员的素质。信息化有助于企业改进学习和培训，使学习和培训取得更大的成效，信息化有助于企业获取和运用知识，使人力资源的素质不断提高，而人力资源正是企业的核心竞争力。

3. 企业对信息化的有效管理是使竞争力提高由可能变为现实的保证

企业基于信息化提高竞争力的种种可能性，能否和在何种程度上成为现实，还取决于企业对信息化的管理。要知道企业搞信息化是有成本的，而且成本往往很高昂，搞不好也可能收效甚微，甚至得不偿失。相反，企业对信息化管理得当，尽管投入很多，风险很大，最终必然会使信息化在提高竞争力中发挥无比的威力。

企业对信息化的管理怎样做才是有效的呢？当然有许多做法，但主要应做好以下几点：

（1）企业搞信息化首先要对其费用效益分析作预评估。要对搞信息化的预期费用同不搞信息化的机会成本、信息化可能带来的预期效益同没有进行信息化情况下的预期效益进行比较。尽管这种比较相当困难，但还是应当努力去做，哪怕做得较为粗略。否则，不搞预评估，企业信息化会有很大的盲目性。

（2）当企业决定对信息化进行投资时，则应根据投资的目的或动机，把握好投资的时机、方向、重点和结构。投资结构需以企业信息化所处阶段为转移，不同的发展阶段应有不同的投资结构。企业对信息化的投资每年都在迅速增长，这是全球性发展趋势，发达国家的企业表现得尤为明显。信息化的投资绝不是一次性的，而需要持续稳定地进行下去。因此，在信息技术的生命周期内投资就应有必要的回报，以使后续投资有所保证。

（3）要分析企业的竞争环境，特别是其主要竞争对手的状态和动向，来决定与同类企业相比信息化应先搞还是后搞，并选择哪种信息化模式更适合本企业情况，以赢得真正的竞争优势。企业信息化并不是越早搞越好，也不是越高级越好。这需同企业竞争战略的选择和企业信息化各种模式的比较结合起来进行考虑。

（4）企业决定搞信息化后还应对其实施条件进行系统分析。首先是需求分析，包括企业对信息化的需求方向和需求水平等。其次是对影响信息化进展的各种障碍，包括数据基础差、人员水平低、技术条件不理想等因素进行分析，并设法加以克服。在系统分析的基础上制订信息化的总体方案与发展规划，确定重点工程、关键环节和切入点等。有些企业从营销信息化入手，来带动管理、生产、设计等环节的信息化。对信息化进行系统分析应广泛吸收各种专家（技术专家、管理专家、经济专家等）与本企业实际工作者共同参加。

（5）由于企业本身承担不了信息化工程的全部任务而需把其中相当一部分任务外包出去，为此还要认真确定哪些任务外包、哪些任务由企业承担、哪些任务为企业和外包商共同完成，同时必须慎重选择外包商，并与其签订合同或协议。在外包中应正确评估外包的风险，考虑到可能发生的信息安全问题及其防范措施。

（6）为使企业信息化不偏离提高企业竞争力这个目标，企业在制订信息化战略方案的同时还应制订竞争战略方案，并使前者为后者服务。企业需对竞争对手进行认真分析，找出竞争对手缺乏的或不完善的竞争要素，并创新本企业在这方面的竞争要素，以构成对竞争对手的威胁，使其较难模仿和学习自己，并努力通过多种途径来确立自己在产品或服务的低成本、差异化、专一性、互补性、市场新潮流代表以及企业通过虚拟化进行无边界扩张等种种竞争优势。

据了解，目前我国企业搞信息化，并没有把注意力放在提高企业竞争力上。存在一种倾向：未搞信息化时企业都没搞，要搞信息化了，在政府的引导下，所有企业都争着搞。从企业信息化的成效看，多数企业认为比较一般，成效显著的企业不到10%，而另有10%左右的企业不是半途而废就是毫无成效。这正说明相当数量的企业对如何搞信息化缺乏恰当的管理。但是确有一些企业如海尔集团在企业信息化的管理中谨慎规划、重点突破、逐步推进、最后集成，为提高竞争力取得了卓著的成效。例如，该企业借助信息化采取产品差异化竞争战略，在国内市场连续推出大城市居民适用的"小王子"冰箱、夏天单身汉适用的和农村农民适用的各种洗衣机，赢得了强大的竞争优势。而且采取产品专一性战略，在美国市场推出100立升以下的各种小冰箱，一下子把市场占有率提高到20%，引起了美国惠普公司与通用电气公司等的关注，并连忙开会共商竞争对策。

三 实施企业信息化需要企业与政府的紧密配合

1. 企业信息化是企业行为

企业信息化是现代企业的自主行为，要靠企业自己来决策、推进和实施。政府对企业信息化的不合理干预或包办代替的任何做法，必然会损害或毁坏企业信息化的成效。

企业是否和如何进行信息化，需由企业自身根据客观的环境和需要、主观的条件和力量加以综合考虑来决定。由于企业信息化的外部联系特性，一个企业步入信息化行列，往往与所属产业的同类企业、所在地区的其他企业、不同产业和不同地区内有业务联系的企业推进信息化及其程度密切相关。

企业的信息化行为在外部市场中需纳入竞争轨道，为扩大企业的市场份额服务，在内部组织中需引入激励机制，以提高员工对信息化的积极性。要引导企业的信息化行为走向成功，还应学习参考发达国家企业信息化的经验，设置企业的首席信息主管（CIO）。由 CIO 来统一领导和管理企业的信息技术活动和信息资源组织，专门负责信息化工作的内外协调。CIO 不是企业信息部门的负责人，而是参与企业最高决策的企业主要领导人。这样一位企业信息总经理的存在，是企业信息化得以顺利推进的重要组织保证。

2. 政府应为企业信息化创造良好的环境

企业信息化主要靠企业，但不能没有政府的引导、推动和支持。企业在信息化过程中应贯彻执行政府关于国民经济和社会信息化的方针政策，遵守政府规定的有关信息化的法律规章和标准规范。

企业信息化需有良好的环境，包括外部环境和内部环境。外部环境如社会信息基础设施、国家政策法规、信息标准规范、财税金融体系、信息产业发展程度、信息化服务体系，以及信息化领域的国际交流与合作等，应由政府来建立和创造，自然也需要企业的配合与支持。内部环境如企业制度因素、企业组织结构、企业管理水平、企业技术力量、企业人员素质等，基本上应由企业自行解决，但有关企业的制度因素、组织机构等问题，对国有企业来说，在企业改革尚待深化的现阶段，仍需要政府的参与和决策。

此外，对中小企业的信息化，政府还负有大力帮助的义务。信息化给中小企业带来了难得的机遇，使它们可以利用因特网进入国际市场参与世界竞争。近几年来美国有网站的小企业数量每年以二三倍的数量增加，进行在线访问的小企业每年增加 100 多万家，从事电子商务的小企业数量每年增加 20 多万家。20 世纪 90 年代后期日本中小企业在政府的帮助下，企业信息化程度也有显著提高，仅电脑普及率就达到 70% 以上。我国中小企业数量庞大，占全部企业总数的 85% 左右，它们在市场竞争加剧的情况下，为提高竞争力对信息化的需求十分强烈和迫切，但因受经营规模的限制不像大企业那样有开展信息化的必要条件。因此，政府应发展企业信息化服务体系，加强对中小企业信息化的指导，向它们提供相关的咨询服务。

（写于 1999 年 4 月 12 日，应邀为 1999 年 4 月 29 日"中国宁波信息技术与产品展览会暨企业信息化研讨会"做报告而写，后又在北京大学信息管理系作过演讲）

信息经济学若干问题

一 信息经济学的历史

（一）信息经济学产生的时代背景

信息经济学是对经济活动中信息因素及其影响进行经济分析的经济学，也是对信息及其技术与产业所改变的经济进行研究的经济学。它的产生与其他经济学一样有特定的时代背景。

第二次世界大战后，令人注目的信息革命开辟了信息时代。信息时代的来临，是信息技术巨大发展及其对生产力产生革命性影响的必然结果。信息经济学正是信息时代的产物。它所处的时代具有下述主要特征：

（1）信息、知识、智力日益成为社会发展的决定性力量。

（2）信息技术、信息产业、信息经济日益成为科技、经济、社会发展的主导因素。

（3）信息劳动者、脑力劳动者、知识分子的作用日益增大。

（4）社会经济生活分散化、多样化、小规模化、非群体化的趋势日益加强。

（二）信息经济学发展的历史过程

信息经济学发展的历史不算长，从它在20世纪60年代初正式被提出算起，至今只有40年左右的时间，还不到整个经济学发展历史的1/6。

信息经济学有它的"史前"期。早在20世纪20年代，美国经济学家奈特（F. H. Knight）就已把信息与市场竞争、企业利润的不确定性、风险联系起来，认识到企业为了获取完备的信息必须进行投入的重要性。他在 1921 年出版的《风险、不确定性和利润》一书中，发现了"信息是一种主要的商品"，并注意到各种组织都参与信息活动且有大量投资用于信息活动。

但是，信息经济学一词的提出则是在 20 世纪 50 年代末 60 年代初。1959 年美国经济学家马尔萨克（J. Maxschak）发表《信息经济学评论》一文，讨论了信息的获得使概率的后验条件分布与先验的分布有差别的问题。以后他又研究了最优信息系统的评价和选择问题。① 另一位美国经济学家斯蒂格勒（G. J. Stigler）② 于 1961 年在《政治经济学杂志》上发表题为《信息经济学》的著名论文，研究了信息的成本和价值，以及信息对价格、工资和其他生产要素的影响。他提出信息搜寻理论，后来还在 1977 年指明，应当用不完全信息假设来替代有完全信息的假设，以修正传统的市场理论和一般均衡理论。

差不多在同一个时候，美国普林斯顿大学教授马克卢普（F. Machlup）把知识生产的理论研究与其统计调查结合起来，于 1962 年出版了《美国的知识生产和分配》。该书于 1966 年被译成俄文，1967 年出了第 3 版，1968 年又被译成日文，至 20 世纪 70 年代先后被译成法、德、意以及西班牙语。③ 书内提出知识产业与知识职业问题，并对 1958 年美国知识产业的生产进行了统计测定。④ 在美国国内对该书的引用与评论延续了 10 多年，甚至有学者认为知识产业的发展将会改变传统的经济及其经济学。1980 年至 1983 年，马克卢普又扩展上述专著，并对美国知识产业的统计

---

① 研究这一问题的还有日本学者宫译。
② 他是 1982 年诺贝尔经济学奖获得者，被誉为信息经济学的创始人。
③ 该书在我国也即将被译成中文出版。
④ 据他测算，1958 年美国知识产业的产值占国民生产总值的 29%，在知识产业部门工作的就业人数约占全部就业人数的 31%。

测定进行更新，陆续发表《知识：它的生产、分配和经济意义》多卷本著作，其中第一卷为《知识与知识生产》。

从20世纪60年代初信息经济学出现起，到80年代初信息经济学被公认止，这是信息经济学的发展时期，无论是对信息的经济学分析或对经济理论中信息的分析，还是对信息经济的研究，在这一时期都有长足的发展。

就前一方面的分析而言，不少经济学家在考察作为经济行为变量的信息的不完全性和不完备性以及需要支付成本等因素的同时，进一步分析了信息的非对称性对市场运行的影响，导出了种种理论。如阿克洛夫（G. Akerlof）[1] 在1970年提出的"柠檬"（即二手货）理论、斯彭斯（M. Spence）在1973年提出的"信号"理论、赫什雷佛（J. Hirshleifer）在1971年提出的"信息市场"理论、格罗斯曼（S. J. Grossman）和斯蒂格利茨（J. E. Stigliz）在1976—1980年提出和补充的市场信息效率与市场效率的"悖论"，等等。其中，阿罗（K. J. Arrow）[2]、维克里（W. Vickrey）和莫里斯（J. Mirrlees）[3] 对信息经济理论的贡献也很突出。阿罗把信息同经济行为、经济分析、风险转移联系起来，对信息的特性、成本以及信息在经济中的影响等问题作了开拓性研究，并于1984年出版了《信息经济学》论文集。[4] 维克里在所得税和投标、喊价的研究中解决了在信息分布不对称条件下使掌握较多信息者有效地运用其信息以获取利益并优化资源配置的问题，莫里斯则在维克里研究的基础上建立和完善了委托人和代理人之间关系的激励机制设计理论。

就后一方面即信息经济的研究而言，波拉特（M. V. Porat）在

---

[1] 阿克洛夫同斯彭斯、斯蒂格利茨一起因研究信息不对称理论荣获2001年诺贝尔经济学奖。
[2] 1972年诺尔经济学奖获得者。
[3] 两人因从事非对称信息条件下的激励理论研究而同获1996年诺贝尔经济学奖。
[4] ［美］肯尼思·阿罗：《信息经济学》，何宝玉等译，北京经济学院出版社1989年版。

马克卢普对知识产业研究的基础上于 1977 年完成了《信息经济》(*The Information Economy*) 9 卷本内部报告。其中第一卷是他的基本观点和主要方法的总结。他把产业分成农业、工业、服务业、信息业，把信息部门分为第一信息部门（向市场提供信息产品和信息服务的企业所组成的部门）、第二信息部门（政府和企业的内部提供信息服务的活动所组成的部门），通过产出与就业两个方面，运用投入产出技术，对 1967 年美国的信息经济的规模和结构作了详尽的统计测算和数量分析。[①] 这种方法不仅引起美国商务部的重视，而且于 1981 年被经济合作与发展组织（OECD）所采纳，用来测算其成员国的信息经济的发展程度。霍肯（P. Hawken）在 1983 年出版的《下一代经济》一书中对企业生产的产品和提供的服务所含的信息成分与物质成分的比重即"信息与物质比"作了探索性研究，他认为企业的信息经济就是其产品的"信息与物质比"高的经济。除美国学者外，日本学者梅棹忠夫、增田米二等也研究了信息产业、信息经济问题。增田米二还认为信息经济学就是研究信息产业及其发展规律的，它是超出传统经济学范围的新经济学。

尽管上述时期不同经济学家的著述从不同角度研究信息经济学的不同问题，对信息经济学的理解和表述也很不一致，但信息经济学作为一门独立的经济学科的地位终于在 20 世纪 70 年代末 80 年代初得到了公认。例如，1976 年美国经济学会在经济学分类中正式列出信息经济学，1979 年首次召开了国际信息经济学学术会议，1983 年《信息经济学和政策》（*Information Economics and Policy*）国际性学术杂志创刊。与此同时，还出现了一批信息经济学教材，如澳大利亚国立大学教授兰伯顿（D. M. Lamberton）于 1984 年出版的《信息经济学的出现》《信息经济学与组织》等，系统地介绍

---

① 据他测算，1967 年美国信息产业的产值占国民生产总值的 46%，在信息部门工作的就业人数约占总就业人数的 45%，而该部门劳动者的收入则占全国劳动者总收入的 55%。

信息经济学的产生与发展过程。

到了20世纪80年代中期，随着世界新技术革命尤其是信息技术革命的兴起以及它的影响的扩大，信息经济学开始从发达国家向发展中国家传播。我国学术界对信息经济学的研究正是从这一时期开始的。

进入20世纪90年代以后，在世界范围市场经济发展的推动下，在全球信息化浪潮风起云涌的形势中，信息经济学又有了新发展。这主要表现在：传统的经济学理论，如生产力要素理论、边际效益递减理论、规模经济理论、企业治理理论、经济周期性理论等，不断受到信息经济学研究的进一步审视，并得以修正和完善；有关信息基础设施经济问题的研究，国际信息贸易与其相关的投资、金融等问题的研究，以及电子商务、数字经济、网络经济、知识经济等问题的研究急剧增长，并使信息经济学的结构，即理论信息经济学与应用信息经济学的比重、微观信息经济学与宏观信息经济学的比重，发生了应用的、宏观的信息经济学份额迅速扩大的重大变化。

（三）信息经济学在中国的发展

我国对信息经济学的研究，始于20世纪80年代，与国外相比晚了20多年。最早是从新技术革命浪潮中研究信息与经济信息等问题起步的。1986年国家哲学社会科学"七五"重点科研项目安排了"经济信息合理组织及其效益问题研究"，同时国家经济信息系统"七五"科技攻关项目中也安排了"信息经济学及其软件系统"的课题。这两个课题都取得了相应的研究成果。[1][2][3] 1987年和1988年先后召开了"全国经济信息理论研讨会""全国信息经济理论研讨会"，为中国信息经济学会的成立打下了思想基础和进行了组织准备。1989年8月8日，中国信息经济学会在北京宣告成立，同时举行了全国信息经济学学术研讨会。

---

[1] 乌家培：《经济信息与信息经济》，中国经济出版社1991年版。
[2] 张守一：《信息经济学》，辽宁人民出版社1991年版。
[3] 张远：《信息与信息经济学的基本问题》，清华大学出版社1992年版。

20世纪90年代，中国信息经济学会领导了一系列全国性学术活动，对信息经济学各领域的有关问题进行了深入的研讨，其主题就有信息系统建设的经济问题[1]、信息产业发展问题、信息市场培育与管理问题、信息资源管理与开发问题、信息革命对经济与管理的影响问题、信息经济及其管理问题、网络经济及其对经济理论的影响问题，以及信息经济与知识经济、信息管理与知识管理的关系问题，等等。中国信息经济学会还组织了国外的学术交流活动，如1992年中国信息经济学代表团赴美国考察访问，同美国从事信息经济学研究的主要学者取得了联系，为后续的合作创造了条件[2]。

中国信息经济学会团结了一批有志于研究信息经济学的专家学者，包括在高等院校讲授信息经济学的老师和学习信息经济学的学生，推动了许多高等院校信息经济、信息管理的院系建设，促进了各种信息经济学著作与教材的写作和出版。1996年在中国的应用经济学的专业目录中单独列示和介绍了"信息经济学"这一学科。[3]

近五六年来，信息经济学在中国的发展有三个特点：第一，从信息系统经济问题的研究扩展到信息网络经济问题的研究；第二，从应用信息经济学的研究扩展到理论信息经济学的研究；第三，从单一的信息产业和信息市场的研究扩展到全方位的多样化的信息经济问题的研究。

二 信息经济学的内容

从信息经济学发展历史出发，结合全球信息化和各国经济发展的实践，进行"实证分析"，来确定信息经济学实践研究的具体内

---

[1] 乌家培：《新兴的经济信息系统建设》，计划出版社1991年版。
[2] 乌家培：《信息与经济》，清华大学出版社1993年版。
[3] 全国哲学社会科学规划办：《哲学社会科学各学科研究状况和发展趋势》，学习出版社1997年版。

容，把它加以归纳和系统化，这比脱离历史与现实，从事"规范研究"，抽象地议论信息经济学应该包括哪些内容，要更为科学和更贴近生活。当然，信息经济学的发展史还会延续下去，新情况新问题层出不穷，信息经济学的内容也将随之扩展和细化。但迄今为止，信息经济学的框架完全可由以下三大方面的内容来构筑①。

（一）信息的经济研究

1. 信息的费用与效用问题

信息与劳动力、劳动工具、劳动对象一样，可以作为生产要素投入生产过程。信息又与劳动产品或服务一样，可以作为产出，满足生产消费或生活消费的需要。信息还可以成为商品，但它是一种特殊商品。与一般商品不同，信息是不可分割的和可以重复使用的。作为商品的信息有使用价值、价值、成本、价格。但信息商品的供求有其固有的特点，供给不仅取决于生产，还与传播有关，需求在满足过程中会诱发新的需求。同时信息商品的成本往往不以该商品的使用程度为转移，而信息商品的价格也有特殊的形成规律，它的高低不仅受成本的影响，而且与信息商品的效用大小相关。总之，信息商品不同于物质商品的特性，是信息经济学首先要研究的问题。

2. 信息资源的分配与管理问题

信息是宝贵的资源，被称为软资源，其作用在于改进管理和决策，使物质和能量之类的硬资源得以更有效地利用。信息资源有狭义与广义之分，前者只是信息本身的集合，后者还扩展到与信息相联系的人财物等资源要素。社会越发展，越需要对信息资源进行合理的分配和科学的管理。在分配中，要做到在恰当的时候向恰当的对象提供恰当的信息。在管理中，要处理好集中与分散、节约与效率的关系，达到信息共享、支持决策的目的。

---

① 本文未涉及信息经济学的研究对象问题，这不仅是因为在这个问题上众说纷纭，而且由于现代科学发展已使学科的划分较难用特定的研究对象作标准，边缘的、交叉的、综合性的学科之兴起，导致不同学科同时研究相同的对象，只是所用的研究方法各异而已。

3. 信息系统或信息网络的经济评价问题

信息系统、信息网络都是信息资源的组织形式，其建设与运行需要昂贵的经费支持，同时却可取得很大的经济效益和社会效益。它们所产生的间接效益往往远大于直接效益。以尽可能少的费用建立和完善效益尽可能好的信息系统或信息网络，是必须贯彻执行的重要原则。政府和企事业单位用于信息系统、信息网络的资金等投入日益增加，为使这种投入发挥更大的作用，亟须研究对信息系统、信息网络进行费用与效益分析的评价方法和方法论问题。从生产的观点看，信息系统、信息网络能提供信息产品或服务，而从基本建设的观点看，信息系统、信息网络也是一种特殊的信息产品。这就决定了信息系统、信息网络的经济评价远比一般的信息产品的费用效益分析复杂得多，且有质的差别。

4. 最优信息系统的实现问题

这里所说的信息系统，与前面作为信息资源组织形式的信息系统不同，是指信息内容的一种集合。企业家要向智囊团征求决策咨询，这时智囊团就成了企业家的信息系统。最优信息系统并不一定是信息量最大的信息集合，而是从中为取得必要信息所支付的总值减去预期成本后能得到的净值为最大的那种信息系统，即所获效用与所需费用之间的差额为最大的系统。寻找最优信息系统的途径有两个，一是信息搜寻，二是系统选择。从信息搜寻看，由于信息分布的离散性，经济活动参与者的信息差别在扩大，使信息搜集既有必要也有可能。调查是信息搜寻的一种典型方式。信息越离散，搜寻越有价值。搜寻成本与搜寻次数成反比。搜寻的预期收益等于搜寻的预期成本时的搜寻次数为最优搜寻次数。从系统选择看，在一定环境下对信息系统的某种选择会产生不同的结果，这与选择者的决策规则、系统所处的环境状态、实际事件出现的概率都有关系，判断和比较信息系统的优劣需以收益与成本相抵后的预期效用为准。对古典的信息搜寻理论和信息系统选择理论进行应用和创新，乃是发展信息经济学的一大课题。

（二）信息经济的研究

1. 信息产业的形成、发展及其规律性问题

信息产业的出现是信息技术与信息的产业化的结果，它有不同于农业、非信息的制造业与服务业的特点。信息产业是为其他产业服务的特殊产业，有"第四产业"之称。信息产业在发达国家已成为主导产业或龙头产业，而在发展中国家还只是先导产业或新的经济增长点。它的发展有不同于传统产业的特殊规律性，如需遵循风险投资与预期市场增值规律等。它只有在具备明显的自然垄断、规模经济、范围经济和经济差异性特征时，才可能对推动经济增长发挥重要作用。对信息产业的界定、分类、结构、组织管理、发展战略和长远规划、政策法规，它与非信息产业的关系，以及它在国民经济中的地位与作用等问题，都需要信息经济学做深入研究。

2. 信息市场及其相关问题

信息市场的出现是信息商品化的结果。信息市场是信息商品的交换场所或交换关系的总和。它在整个市场体系中占据着特殊的重要地位。这不只是因为信息市场兼具产品（包括服务）市场和生产要素市场的双重身份，更重要的是由于信息市场既是独立的有形的市场，不同于其他市场并为其他市场服务，又是寓于其他市场的无形市场，与其他市场相结合而成为其他市场的要素。信息市场寓于其他市场又高于其他市场，这个特性对金融市场、股票市场、期货市场、外汇市场、技术市场等非实物化市场提高市场效率来说，尤为重要。随着我国经济和世界经济市场化程度的提高，随着国内外信息产业突飞猛进的发展，研究信息市场的培育、发展和管理问题，我国信息市场的逐步开放及其与全球信息市场的衔接问题，已刻不容缓。

3. 信息经济的含义、测量与发展规律等问题

信息经济是相对于物质、能量型经济而言的一种后工业化经济，它是经济信息化的产物。凡是与信息产品或服务的生产、分配、交换、消费有关的经济活动，都属于信息经济的范围。信息经济以信息技术等高技术为物质基础，以信息产业化与产业信息化为主要特征。在这种经济中，信息活动的作用空前强化，产品内信息和知识的含量激增，信息或知识劳动者的总数与比重超过其他劳动者，信息部门占经济总量的份额和对经济发展的贡献迅速增大。信息经济的规模与效率在现阶段反映一国的现代化程度和竞争力强弱。对信息经济的规模有多种测量方法，其规模要适度，需与整个经济的发展水平和物质产品的现实规模相适应。在研究我国信息经济问题的同时，还需研究国际信息经济问题，这在经济全球化的大潮中尤为必要。信息经济最终将发展成为信息社会的经济，对这种经济可以有种种称谓，如数字经济、网络经济等。同时，信息经济在其发展过程中有可能演变为知识经济、智能经济。

4. 信息基础设施的建设和经营中的经济问题

信息基础设施是工业社会发展到信息社会的物质技术基础。它的建设与经营会遇到许多复杂的经济问题和管理问题。例如，重复建设如何避免和解决，怎样缩短建设周期以减少技术进步不确定性的影响，如何筹措资金、提高投资效益、做到低收费又不亏损，国家信息基础设施和全球信息基础设施之间的衔接、协调和管理问题，等等。

5. 国民经济信息化的有关问题

国民经济信息化有技术问题，但主要是经济问题，因为它意味着对企业和产业进行现代化改造，以提高其素质、生产率和竞争力。党中央和国务院十分重视国民经济信息化工作，多次强调要"加快国民经济信息化进程""推进国民经济信息化"，使"国民经济信息化的程度显著提高"。我国是在工业化任务尚未完成的情况下迎来信息化新使命的，因此需要研究如何正确处理信息化与工业化之间的关系问题。当然，与此同时，还需要研究信息化内部不同要素、不同环节、不同方面之间种种关系问题。例如，信息技术与信息资源的匹配磨合问题，信息采集、加工、传递、应用之间的动态平衡问题，政府信息化、企业信息化、家庭信息化的合理顺序问题，等等。

（三）信息（或信息学）与经济（或经济学）间关系的研究

1. 信息的非对称性对经济主体行为的影响问题

信息与经济间存在着相互作用的关系。经济活动产生信息并伴随着信息流转，而"信息是每一个经济的生命线""如果没有可靠的信息，市场就不可能很好地运转"。[①] 信息的特性会直接影响人们的经济行为。尤其是信息的非对称性对市场参加者委托人与代理人之间的关系有重大的影响。代理人掌握了较多信息，而委托人掌握较少信息，两者之间有信息差别，双方在信息不对称的条件下进行决策时就需要有合同等社会契约。这就要解决激励相容或激励一致性的信息机制问题，既使委托人达到利益最大化的自身目的，又使代理人愿意接受。这种关系解决不好，就可能产生逆向选择或不利选择（Adverse Selection），即掌握信息较多的一方利用另一方的信息劣势来获取额外利益，还可能产生道德风险或败德行为（Moral Hazard），即签约的一方利用隐蔽的信息损害另一方利益而另一方又由于不掌握对方信息而无法加以确定。这就是著名的委托代理理论。信息经济学通过信息机制的设计和契约制度的安排，研究市场参加者之间的经济关系，使人说实话、不偷懒，以防止交易活动中的欺诈行为，弥补市场效率因信息不对称而产生的缺陷。

2. 信息在稀缺资源配置中的作用问题

在信息不充分、不完备的条件下，特别是因信息非对称而产生逆向选择和道德风险的条件下，市场机制配置社会稀缺资源的效率往往不高。单纯的市场经济体制同单纯的计划经济体制一样，通常不如混合的经济体制有较高的资源配置效率。资源配置的效率与不同的信息结构有关。信息结构有垂直的或纵向的、水

---

① 世界银行：《1998/1999 年世界发展报告〈知识与发展〉》，中国财政经济出版社 1999 年版。

平的或横向的、纵横混合的三种不同形式。混合的信息结构又有两种不同形式，一种是纵向的多于横向的，另一种是横向的多于纵向的。除这些形式外，由于信息技术特别是网络技术的发展，还出现了纵横交叉有节点的网络式信息结构。在一定的信息结构下，通过信息的集中或分散的最佳结合，可以提高资源配置的效率。反映信息发挥作用的程度的信息效率是优化资源配置和促进经济发展的重要因素。在资源配置中既要发挥价格体系和市场机制的作用，又要重视信息因素、网络作用、行政干预、政策法规等外来的影响。

3. 信息技术的经济评价与对经济发展的作用问题

信息技术的选择和采用，有一个经济比较和经济评价的问题，这需要运用费用效益分析等技术经济方法。由于信息技术更新换代快，采用先进的技术往往有较大的风险，不一定是最经济的。在新的集成化信息技术不断涌现的条件下，这种经济评价就更趋复杂化。信息技术对经济发展有强大的驱动和促进作用。无论对传统产业的改造还是对新兴产业的发展，都离不开信息技术的应用。当信息技术的应用与信息资源相结合时，在经济发展中，提高利用信息捕捉机遇的能力以搞活经济；提高快速反映市场需求的能力以实现敏捷生产；提高应用人工智能的能力以充分发挥智慧的作用；调整产品、企业、产业的结构，使之不断升级，并与消费结构的变化相适应，以达到经济增长逐步优化的目的；这些必将更为明显。在研究这些实际问题时，还应研究借助信息减少技术不确定性对经济发展影响的理论问题。

4. 信息学与经济学的相互交叉和结合问题

无论是狭义的信息论还是广义的信息科学，都日益被运用于经济学研究。信息学的原理与方法，对经济学的发展有重要的作用。信息学方法是一种抽象思维与经验处理相统一的方法，它在经济学中的应用已产生了成效。尤其是其中的信息模型及其识别方法，成效尤为明显。例如，它促进了经济学加强从静态分析到动态分析、从均衡分析到非均衡分析、从微观与宏观的分析相脱节到微观与宏观的分析相沟通的发展趋势。与此同时，经济学的原理与分析方法，特别是其中的经济原则与费用效益分析方法，运用于信息研究，也起到了明显的作用。它加速了信息学转化为生产力的过程。信息学与经济学的交叉体现了自然科学与社会科学之间一种跨学科的联合。信息经济学同经济信息学一样，含有信息学与经济学按不同方式相互渗透、融合的成分。

三 信息经济学的分类

（一）理论信息经济学与应用信息经济学

信息经济学按其研究的性质，可分为理论信息经济学和应用信息经济学。

理论信息经济学主要研究信息及其特性对经济主体的行为与相互关系的影响，旨在借助信息以减少或消除不确定性因素所带来的影响。这种不确定性因素包括市场的、技术的、政策的以及其他的不确定性因素。所以，信息与经济间关系的研究成了理论信息经济学的重点领域。对这一领域的研究会起到如下几个作用：一是分析经济发展的成因，特别是信息（包括知识）作为经济中重要投入要素的作用，这种作用具有边际效益递增的趋势；二是了解信息的可靠性和完整程度以及披露方式对市场有效运转的重要作用，信息失灵必然导致市场失灵；三是加深认识，越是复杂的经济活动（如金融、环保等）越要依赖于信息，信息对这类活动的作用在增大，缺乏信息，缺乏必要的信息处理能力，都会影响这类活动的效率，甚至导向失败；四是有助于揭示信息分布的非对称性对激励机制、商业谈判、制度安排的影响，借以减少风险成本，并使管理更有效。

应用信息经济学是从研究信息产业（包括知识产业）和信息职业（包括知识职业）开始的。它主要研究信息产品（包括服务)、信息资源的开发和利用、信息系统和信息网络、信息基础设施建设、信息产业、信息市场以及信息化等方面的经济问题。在信息革命推动下,随着信息化进程的加快,应用信息经济学要研究的问题越来越多。信息经济的研究成了应用信息经济学的重点领域。这种研究有着十分重要的意义。首先,可以认识和掌握信息产业的发展规律,通过发展信息产业来提升和优化经济结构,以达到改造传统经济和发展新经济的目的。其次,有利于加速发展生产力,促进信息经济和知识经济早日到来,为人类从工业社会向信息社会演进奠定经济基础。

理论信息经济学与应用信息经济学的区分是相对的。作了这样区分,并不等于说,理论信息经济学不讲应用,应用信息经济学没有理论。事实上,理论信息经济学的研究成果正在走进现实生活,如委托代理理论已被广泛应用于制度设计中;应用信息经济学的研究也在不断形成各种理论,如信息产业理论、信息市场理论、信息经济理论等。信息经济学的这一分类只是说明理论信息经济学与应用信息经济学研究的角度和问题各有不同而已,但它们的研究内容都可归结为信息及其产业化对经济发展产生影响的后果。

(二) 微观信息经济学与宏观信息经济学

信息经济学按其研究的层次或范围,还可分为微观信息经济学与宏观信息经济学。

微观信息经济学是从微观经济学中分化、独立出来的。由于信息在传统的微观经济学中只是一个常数,以往的经济学家们把它看作像空气和阳光一样,认为信息总是充分的、完备的,得到它不需要任何成本,对它的特性和作用也缺乏认识,他们就在这样的前提下导出了一系列经济理论的结论。随着市场经济的成熟和日益发达,越来越多的经济学家发现信息在经济活动中是一个重要的变量,它常常是不充分的、不完备的,而且是有成本的,其分布还是不对称的。因此,经济学的信息假设改变了,随之而来的是经济学原有的一些结论也需加以改变。经济学家们从信息的研究中认识到市场是有缺陷的，也会失灵。从这个意义上说，微观信息经济学是经济学一种新的透视或分析方法。

微观信息经济学主要研究市场信息对经济行为的影响及其后果，它与理论信息经济学有重叠之处。但是，微观信息经济学还对信息进行经济学研究。由于在经济学中对微观和宏观的划分，有两种不同的理解。除微观研究个量问题而宏观研究总量问题这种理解外，还有一种理解认为微观是研究企业问题的，而宏观是研究企业层次以上的国家和世界问题的。根据这种理解，在应用信息经济学中也有与企业问题相关的微观信息经济学研究。所以，不能把微观信息经济学完全等同于理论信息经济学。

宏观信息经济学至今还没有足够的依据能被视为一种新的宏观经济分析方法。信息对宏观经济总量的影响很复杂，目前研究还不多。但是，信息产业对国民经济的影响，以及信息经济对世界经济发展的作用等这类研究，却日益增加。宏观信息经济学主要是研究国家和世界的信息产业、信息贸易等经济问题。信息经济的研究是宏观信息经济学的重点领域。所以，宏观信息经济学与应用信息经济学有重叠之处。然而，宏观信息经济学不研究企业范围的信息经济问题，因此，它与应用信息经济学还是有区别的。

（三）信息经济学的研究内容与不同分类的关系

我们在前面讨论了信息经济学两种分类方法的异同。从中看到，理论信息经济学与微观信息经济学之间，应用信息经济学与宏观信息经济学之间，互有交叉，既有相互重合的部分又有不重合的部分。从我们列举的信息经济学研究的三大方面 13 个问题还可以看出，无论是信息的经济研究，还是信息经济的研究，或者信息与经济间关系的研究，每个部分都兼有理论研究和应用研究、微观研究和宏观研究的内容。信息经济学及其不同分类的关系如图 1 所示。

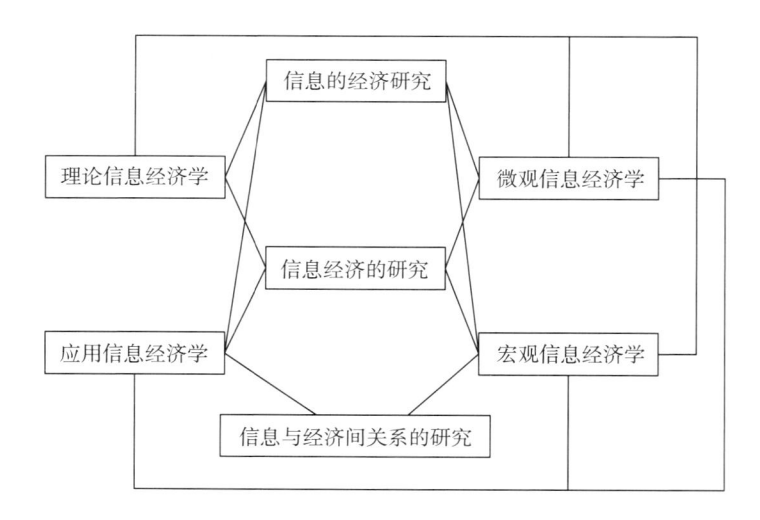

图 1　信息经济学及其不同分类的关系

四　信息经济学与其他学科的关系

（一）信息经济学同信息学、经济学、管理学以及它们的子学科的关系

信息经济学是一门信息与经济的交叉、边缘学科。因此，信息学与经济学共同构成信息经济学的理论基础。

信息学以信息为研究对象，通过对信息的本质与运动规律的研究，达到扩展人类的信息功能特别是智力功能的目的。信息学在信息的概念、描述、测度以及信息的传递、再生、认知等方面，为信息经济学提供了强有力的思想武器，同时还用信息的分析综合方法给信息经济学以锐利的工具。反过来，信息经济学为信息学架起了与经济学相沟通的桥梁，为信息学研究信息及其施效问题增加了一个重要的视角。信息经济学与经济信息学密切相关，两者有更多的交叉与重合。尽管后者目前不如前者发展，且属于信息学的范畴，但就其研究对象经济信息而言，比信息学更接近于信息经济学。在信息经济学的研究中，主要涉及市场信息等经济信息，但也涉及技术信息等非经济信息。

经济学与信息经济学的关系是一种整体与局部的关系。信息经济学的理论与方法同经济学的理论与方法不能截然分割，但是信息经济学绝不是简单地运用经济学的传统理论，而是以一种新的透视角度对后者进行重新认识，并加以发展，同时还根据信息经济的实践，为经济学增添新理论。信息经济学的发展有利于促进经济学的变革，例如，更新市场理论中的"理想竞争""普遍均衡"等陈旧观念，考虑影响经济理论的新因素，如国际贸易理论中跨国数据流的巨大作用等。信息经济学需为经济学从工业时代步入信息时代确立自己的地位做出应有的贡献。信息经济学同经济学的其他分支学科如数量经济学、技术经济学存在着更紧密的关系。数量经济学为信息经济学提供数量分析和经济计量方法，技术经济学则为信息经济学提供费用效益分析方法。这对推动信息经济学的深入研究有着不可低估的作用。信息经济学同不确定性经济学、经济对策论（或经济博弈论）既有联系又有区别。信息经济学和不确定性经济学都研究经济活动中的不确定因素。但信息经济学不是研究人们在经济行为中如何适应客观存在的不确定性问题，而是研究如何缩小或排除不确定性因素的影响问题。如果说，不确定性经济学的研究具有被动的性质，那么应当说，信息经济学的研究具有主动的性质。信息经济学和经济对策论都研究经济活动中信息不对称问题。但经济对策论研究的是一群经济人在对策互动的情况下其决策结果可能会怎么样的问题，而信息经济学研究的则是倒过来，即在信息不对称的情况下先预计应有什么样的结果，再据此要求制定何种游戏规则，使其结果对大家都为最好，以兼顾公平与效率，并强调具有激励作用的机制设计的重要性。

信息经济学与管理学的关系是不容忽视的。管理学是研究人类管理活动的规律及其应用的科学。它对信息经济学的实用化起着重大作用。信息经济学只有通过管理才能转化为生产力。应用信息经济学的发展需要管理学的参与和帮助。信息系统、信息网络、信息资源、信息产业、信息市场、信息经济等问题的研究，都应延伸到管理问题。从这一点看，信息经济学还与管理学有较多的交叉。信息经济学各部分的研究为相关管理问题的研究开拓途径和创造条件。信息经济学与信息管理学（或信息资源管理学）的关系尤为密切。前者属经济学，后者属管理学，但两者在发展过程中的关系往往较难分清，相互渗透的现象甚为常见。经济中有管理问题，管理中有经济问题，需要信息经济学与信息管理学共同去研究，在合作中求发展。

（二）信息经济学同其相邻学科或隶属学科的关系

信息经济学适应信息社会的需要，体现信息经济的发展，充分反映经济活动中信息及其交流的特征，积极为提高生产率和竞争力、节约和开发资源、优化资源配置、发挥组织机构的作用服务。随着经济领域信息活动的细化，以及对这些细化部分所做经济研究的发展，出现了一系列与信息经济学相毗邻的其他经济学子学科。这些子学科对信息经济学来说，一方面有相对的独立性，另一方面与信息经济学之间存在着这样或那样的一定的隶属关系。

关于上述子学科，从信息内容的扩展来看，有广告经济学、情报经济学、知识经济学等；从信息过程的阶段区别来看，有通信经济学、传媒经济学、计算机经济学、软件经济学、网络经济学等；从信息的生产、分配活动的广义扩展来看，有研究与开发经济学、教育经济学等。

这是经济学领域内一个互有联系的庞大学科群。它们由于各自发展的土壤和条件不尽相同，总的看处于一种不平衡发展状态。有些子学科如情报经济学等比信息经济学更成熟些，有些子学科如软件经济学等相比信息经济学不太成熟，有些子学科如教育经济学等其成熟程度与信息经济学比较接近。上述子学科可以说是信息经济学的姊妹学科，但也有把它们看作是信息经济学的分支学科的，这时信息经济学就不是狭义的信息经济学，而变成广义的信息经济学了。

（原载《华侨大学学报》（哲学社会科学版）2002年第2期）

加强信息经济学的研究*

一 信息经济学发展的时代背景

人类社会的发展，用生产关系作标志，分为原始社会、奴隶社会、封建社会、资本主义社会、社会主义社会、共产主义社会；用生产力作标志，分为游牧社会、农业社会、工业社会、信息社会。

生产技术的革命，推动着时代的前进。人类从石器时代、铜器时代、铁器时代发展到蒸汽时代、电气化时代、原子能时代，又进一步发展到微电子时代、计算机时代、信息化时代。

信息时代是一种普及全球的时髦提法，同时又是一个反映新技术影响的社会运动。18世纪下半叶，提出工业化的口号，结果是工业社会成了现实。20世纪下半叶，提出信息化的口号，意味着信息社会将要来临。

美国是推动世界进入信息时代的大变革的主要发源地。在美国，信息的生产、存储、分配已成为社会经济的主要活动。早在20世纪70年代中期，美国经济的主导趋向就已涉及与信息有关的各种活动，45%以上的国民生产总值来自信息的生产和分配，1/2左右的劳动力从事信息工作。继美国之后，日本、法国、英国、加拿大等经济发达国家，信息技术、信息产业、信息经济也有惊人的发展。发达国家几乎拥有全世界90%的电子计算机，75%的电话。

---

* 本文系作者在中国信息经济学会成立大会上的讲话摘要。

在全世界 3000 个数据库中，美国就占了一半。

对发展中国家来说，信息革命既是严峻的挑战，又是难逢的机遇。一些新兴的工业化国家和地区，如新加坡和韩国，以及我国的香港和台湾，在发展经济过程中高度重视和充分利用先进的信息技术，以缩短与发达国家之间存在的差距。

如果说农业革命花了人类整整一百代人的努力，那么工业革命经历的时间只有农业革命的 1/10，而信息革命在时间上又只有工业革命的 1/10。信息革命的特点不仅在于缩短了变化的时间，而且更重要的是大大地扩展了受影响的广度和深度，它的冲击波遍布世界的各个角落和人类生活的各个方面。

信息时代是人类的脑力劳动大解放的时代。在这个时代里，有以下基本特征。

1. 信息、知识、智力越来越成为社会发展的决定性力量

十几年前，世界上能源还是经济发展的动力，许多国家曾担心因缺油而陷入黑暗。现在情况变了，在世界上信息成了经济发展的动力，越来越多的人担心因信息不灵而处于与世隔绝的孤立状态。信息的流通，会造福于国家和世界。信息资源的开发、管理和利用，直接关系到个人、企业和国家的发展。知识和智力都是以信息为基础的。知识是信息的积累，智力是知识的激活。知识产业将会比工业、农业以更快的速度扩展。完备的信息网络是先进的智力分配方式，将会打破囿于附近信息源的传统束缚，为人类发展开拓创造性前景。

2. 信息技术、信息产业、信息经济越来越成为科技、经济、社会发展的主导因素

信息技术是一种高技术，有很强的渗透性，其应用遍及各个领域，并对人类活动的各个方面几乎都有巨大影响。电子计算机与远程通信的结合，产生了魔术般的力量，使全球经济更紧密地连接在一起，从而使信息成为世界通用的新"通货"。信息技术不只是经济发展的"成果"，而且是经济发展的"种子"。它通过产业结构

和就业结构的变更开创着各国国内的信息经济，还通过传统的国家市场的突破和崭新的全球市场结构的孕育，开创着世界的信息经济。在信息时代，世界经济的重要性将超越国家经济。

3. 信息劳动者、脑力劳动者、知识分子的作用越来越大

从事信息的生产、存储、分配活动及其有关活动的工作者人数和比重，将急剧增加，而超过任何其他工作者。从20世纪70年代初至80年代初，以信息工作为职业的工作人员在世界范围内从1000万增加到6000万，平均每年增加500万。美国在70年代出现的1900种新工作，约有90%属于脑力劳动，需要"白领"工人去做，对"蓝领"工人的需求只有10%。知识分子的社会地位与作用将大大提高。提出"后工业社会"这个概念的美国教授贝尔认为，未来属于"书呆子"（知识分子）。由于知识成了改革与制定政策的核心因素，技术是控制未来的关键力量，专家与技术人员将成为卓越的社会阶层，发挥伟大的历史作用。

4. 社会经济生活分散化、多样化、小规模化、非群体化的趋势越来越强化

工业革命用机器解放了人的体力劳动，但同时使人服从于机器的运转，要求在社会经济生活中推行集中制、单一的标准化、大规模经营、群体化行为。信息革命把人从机器的束缚中解放出来，电子计算机及其通信网络不仅加速了信息流动，而且改变了人们赖以行动的信息结构，从而使生产与生活的分散化、多样化、小规模化、非群体化有了可能。信息时代的生命线是通信及其网络。由电话、电子计算机、电视机组合的集成通信系统，以及卫星通信，大大缩短了信息流动时间，使分散在全世界各地的信息成为瞬间即可供人类分享的资源。对信息资源的多种选择，是实现未来社会经济生活多样化的保证。

从上述信息时代的基本特征可以看出，各国迈向信息时代的步伐，随其工业化成熟程度的不同而有大小快慢之别。中国正从落后的农业国向先进的工业国过渡，还处于工业化阶段。目前我国的信

息化程度很低，20 世纪 80 年代的信息活动规模，仅仅相当于日本 50 年代初、美国 20 年代的水平。如以电子计算机为例，生产仍停留在落后的手工业生产方式，研制出来的 200 多个机种只有 9 个型号的产量超过 100 台；电子计算机的应用基本上是单机使用，大体相当于国外 60 年代中后期的水平；全国拥有的电子计算机利用率目前低于 30%。再以大众化通信工具电话机为例，1987 年全国拥有 805.6 万部，每百人仅有电话机 0.72 部，这种状况相当于日本 1963 年、英国 1960 年、联邦德国 1964 年、法国 1969 年、苏联 1967 年、美国 1911 年的水平。所以，总的说，我国离信息时代还很遥远。但是，奔向信息时代的强大世界潮流，没有例外地冲击着发展中的社会主义中国。"万念启之于信息"。中国如何在推进工业化的基础上迎接信息时代的来临，正确处理好工业化与信息化的关系，用信息化指导工业化，用工业化促进信息化，将是能否在全球性信息革命的浪潮中站稳脚跟、自立于列强之林的关键。

二　信息经济学是 21 世纪的经济学

从发展前景看，信息经济学有可能成为信息时代的主要经济学，它有下一世纪经济学之称。这门新兴经济学体现信息经济的特点，为提高生产率和竞争力、节约和开发资源、优化资源配置、发挥组织结构的作用服务。同时，信息经济学的发展可能引起经济学的变革，要求改变经济行为分析的一系列假设（如生产函数的连续性假设、不付代价就能取得信息的假设等），抛弃一些陈旧的观念（如"理想竞争""普遍均衡"等），考虑经济发展的新因素（如跨国数据通信对国际贸易及其理论的作用等）。

信息经济学最早是由斯蒂格勒（G. Stigler）在 1961 年提出的，他发表了《信息经济学》的著名论文，研究了信息的成本和价值、信息对价格和工资以及其他生产要素的影响。阿罗（K. Arrow）于 20 世纪 70 年代发表了《信息经济学》论文集，也对信息经济理论作了开拓性研究。他们两人对信息经济学的研究偏重于微观、理论方面。马克卢普（F. Machlup）1962 年提出知识产业的问题，对知识的生产、分配和经济意义进行了研究。在此基础上波拉特（M. Porat）于 1977 年完成了《信息经济》的报告，对信息经济的规模和结构作了详尽的测算、分析。他们两人对信息经济学的研究偏重于宏观、应用方面。

此外，日本的宫泽等研究了信息系统的评价原理和方法、信息系统的效益和费用等问题。霍肯（P. Hawken）则研究了单位产品（与服务）的价值构成中物质成分与信息成分的比重，指出物质经济正在变为信息经济。

尽管信息经济学历史不长，多从某个侧面研究一些局部问题，尚未形成体系，但是它一开始就显露出对经济科学发展的特殊意义，而很快被确认为一门独立的经济学科。1976 年美国经济学会在经济学分类中就列示了信息经济学，1979 年首次召开了国际信息经济学学术会议，1983 年《信息经济学和政策》国际性期刊创刊。

在我国发展信息经济学，不能照搬国外的成果，而应从中国的实际出发，结合中国信息系统建设和信息工作开展的实践，参考和借鉴国外情况，建立有中国特色的信息经济学。

目前，我国的信息系统正在建设和发展中。以国家经济信息系统为例，包括横向按部门的分系统和纵向按地区的子系统，近 100 个信息中心已拥有固定资产 5 亿多元，电子计算机大中型的 80 多台，小型的 200 多台，微机 2000 多台，专业技术人员 9000 多人。这样初具规模的信息系统，它的工作实践为信息经济学的发展提供了一个坚实的基础。

信息经济学是一门研究信息活动的经济问题与经济活动的信息方面的综合性经济学科。它的研究范围还在扩展中。根据我国的实际，它的研究内容主要包括以下三大方面八个部分：

1. *信息的经济研究*

（1）信息的费用与效用。信息与劳动力、劳动资料一样，可以作为生产要素投入生产领域。信息又与劳动产品或服务一样，可以作为产品，满足消费的需要。信息还可以作为商品，但它是一种特殊商品。与一般商品不同，信息是不可分割的和可以重复使用的。作为商品的信息有使用价值、价值、成本、价格。信息的生产体现规模经济的要求，信息的供求则影响商品化信息的价格。信息的取得需付出代价。商品化信息的价格有它的特殊形成规律。

（2）信息资源的分配与管理。信息是宝贵的资源。社会越发展，越需要对这种资源进行合理的分配和科学的管理。在分配中，要做到在恰当的时候向恰当的对象提供恰当的信息。在管理中，要处理好集中与分散、节约与效率的关系，达到信息共享、支持决策的目的。

（3）信息系统的经济评价。一般地说，信息系统的建设与维护是昂贵的，但它的社会效益和经济效益却是很大的。信息系统所产生的间接效益远远大于它的直接效益。国家用于信息系统的资金日益增多，迫切需要研究信息系统运行费用与效益评价的方法和方法论问题。以尽可能少的费用建立效益尽可能好的信息系统，是必须贯彻的重要原则。

2. 信息经济的研究

（1）信息产业的形成与发展。信息产业是一种为产业服务的产业，有"第四产业"之称。它的分类、结构、组织管理、政策法规、与非信息产业的关系、在国民经济中的地位与作用等问题，都需要研究。通常用投入产出分析等数量方法，计算信息产业的产出在国民生产总值中的比重和信息产业的职工在整个劳动就业人数中的比重。在信息经济学中，把企业化和商品化的、独立的、营利的信息部门，称为第一信息部门，把为政府和企业内部管理、协调、决策服务的，非营利的，附属的信息部门，称为第二信息部门。对信息部门作这样的划分，完整地反映了信息产业的全貌。

（2）信息经济的含义与测量。信息经济是相对于物质经济而言的，这是后工业化经济。在这种经济中，产品或服务的价值构成中信息处理费用所占的比重，就大大增加了。经济的信息化程度可用信息化指数等多种方法进行测量。在当前中国，要处理好工业化与信息化的关系，以工业化养信息化，以信息化促工业化。信息化经济是知识密集型经济，它不同于工业化经济，要实现自动化的劳动，主要已不是体力劳动，而是脑力劳动。

（3）信息技术对经济发展的影响。信息技术是高技术的前沿领域，具有知识与智力密集的特点。电子计算机与远程通信的发展，标志着信息技术的又一次革命。除信息的处理与传递技术外，信息的采集、存储、复制等技术也发生了革命性变化。这对经济发展具有巨大而深远的影响，它首先表现在经济的部门构成与就业构成的本质变化上。这种影响还扩展到经济以外的社会、政治、文化、生活等各个方面。

3. 信息（学）与经济（学）关系的研究

（1）信息与经济的相互关系和作用。经济系统本身就是一种信息系统。信息系统的组织结构、功能状况、复杂程度、现代化水平，成为反映国家或地区经济发展规模和水平的标志。而国家或地区的经济实力往往是发展信息事业的决定性因素。把信息活动从经济活动中分离出来，加以研究和改进，而后服务于提高经济效率、节约经济资源、增强经济活力与竞争力，这对企业和国家都是很重要的。信息系统犹如整个经济的"神经"系统。信息在经济中起着组织社会生产、引导居民消费、调节市场供求的作用。怎样开发与利用信息，怎样发挥与加强信息系统的作用，是经济发展与经济改革必须考虑和解决的重大课题。

（2）信息学与经济学的相互交叉和结合。无论是狭义的信息论还是广义的信息科学，正在日益运用到经济研究和分析中来。在经济中运用信息学的原理与方法，有特殊的重要性。信息学方法，即抽象思维与经验处理相统一的方法，特别是信息模型及其识别方法，在经济学中的应用已产生一定的成效。在传统的经济学中，把信息看作同空气和阳光一样的自然资源，所有的经济理论是以拥有充分的信息为前提的。对信息学的研究，使经济学把信息作为需要支付代价的经济资源来处理，并把经济理论置于信息不充分的现实环境中。信息可以帮助经济学消除不确定性问题。信息学原理和方法的引入，还使经济学加强了从静态分析到动态分析、从均衡分析到非均衡分析、从微观与宏观的分析相脱节到微观与宏观的分析相沟通的趋势。信息学与经济学的交叉促进了自然科学与社会科学之间一种新的跨学科的联合。

从上面信息经济学研究的内容可以看出，信息经济学的兴起是以信息技术与信息经济的发展为条件的，是以信息科学与经济科学的演变为源泉的，同时还与信息资源的开发利用在社会进步中日益显得重要有关。

我国新修订的经济学科分类目录中，已增添了经济信息管理，但就该学科的内容看，它相当于我们前面所说的第一个方面第二个部分的有关内容，只是信息经济学的一个具体的专业方向。信息经济学的覆盖面远比它所包括的经济信息管理宽广得多。这件事说明目前信息经济学还没有被高校教育所理解和重视。我们应加强研究和宣传，尽快争取使信息经济学像数量经济学一样被公认为一门重要的新学科。

在发展信息经济学的同时，我们还应探讨和开拓与信息经济学紧密联系的通信经济学、计算机经济学、软件经济学、知识经济学这些姐妹学科。在这个经济学新学科群滋长的土地上灌溉耕耘，用我们的辛勤劳动去换取丰富多彩的科学硕果。

（原载《经济学动态》1989 年第 9 期）

数据库在中国的发展

一 数据库在中国的发展历史

数据库最早在 20 世纪 60 年代中期出现于美国。70 年代中期，随着美国数据库的蓬勃发展，欧洲各国和日本相继建立和发展数据库。进入 80 年代后，数据库联机检索系统开始在经济发达国家兴起，还出现了光盘数据库。

中国的数据库建设是从 20 世纪 70 年代中期逐步发展起来的。它大体上经历了起步、普及、提高三个阶段。

1. 起步阶段（1974—1979 年）

一些专家学者学习和研究国外的数据库，从理论上进行探讨，从技术上进行试验。1974 年为研究汉字处理技术，中国科技情报所引进日本高千穗 TK70 汉字处理系统，对汉字的生成、输入、输出等技术作了试验，并制定了汉字编码字符集国家标准。1975 年国家计委和国家统计局的计算中心，开始建设全国统计数据处理系统。1977 年该中心与中国科技大学在安徽黄山联合召开数据库技术研讨会，讨论了数据库的理论、技术、应用，以及数据库管理系统的设计和实现等问题。这次会议对宣传与推广数据库起到了开创作用，已作为第一届全国数据库学术会议[①]载入史册。1979 年联合

---

① 全国数据库学术会议每一两年召开一次，1994 年在湖北武汉召开了第 12 届全国数据库学术会议。

国教科文组织在北京举办了"现代化与联机检索"学习班，探讨国际联机检索问题，并与意大利数据库系统联机试验成功。

这个阶段的特点是引进、吸收和利用国外数据库与联机检索的已有成果，重点解决汉字处理技术，为数据库建设作了技术和组织上的准备。

2. 普及阶段（1980—1986 年）

1980 年，石油部在国内首先实现了用电传数据终端与美国 Dialog 系统联机，中国建筑技术发展中心等 9 个单位在香港地区通过大东电报局进行国际联机检索试验。同年还召开了第一届全国计算机情报检索会议。1983 年起，在北京、上海、沈阳等地设立了国际联机检索终端，开始向用户提供检索国外数据库的服务。1983 年还出版了中国人民大学萨师煊教授主编的系统阐述数据库原理与技术的教材《数据库系统概论》。1984 年中国加入国际科技数据委员会（CODATA），由中国科学院组织国内各有关部门，成立了 CODATA 中国全国委员会。20 世纪 80 年代上半期，国家计委和国家统计局的计算中心利用人口普查和工业普查的数据，建立了宏观人口库、微观人口库、工业库、农业库等有关的统计数据库，采用了"先建库后出表"的总体方案，并在计委系统内普及推广微机数据库。微机适用的各种数据库以其效率高、代价小、简单易学、方便用户等优点，迅速得到了普及推广。

这个阶段的特点是各部门、各地区纷纷建设数据库，从书本走向实践，从学术走向应用，培养了人才，锻炼了队伍，微机数据库的开发和应用逐步成为各类信息系统建设的重要内容。

3. 提高阶段（1987 年至今）

1987 年国家信息中心成立，该中心设置了数据库部，把数据库建设作为信息系统建设的核心技术来抓，并通过调查，拟订了建设 134 个数据库的计划，其中几个重要的数据库（如国家固定资产投资项目数据库等）建设项目，还被列入国家"七五"重点科技攻关项目。1988 年国家信息中心颁发"国家级数据库群'七五'

建设方案"。20世纪80年代后期至90年代初期，多次召开数据库建设经验交流会。人们对数据库建设的艰巨性与复杂性有了新的认识，开始强调管理与基础数据的重要性，注重建立与社会主义市场经济体制相适应的数据采集与更新、数据库维护与管理的机制。这一时期，关系数据库管理系统的先进技术得到了推广应用；数据库与网络通信、人工智能、程序设计语言等相关领域的结合有所进展；全文本型、分布式、多媒体的数据库等各种原型系统的设计与实现也有一定成果；一批中小型数据库面向社会提供服务，取得了明显的经济效益和社会效益。

这个阶段的特点是数据库的运行与管理变得日益重要，数据库的商品化与产业化开始提上日程，数据库的生产与经营更着眼于经济，面向市场，注重实用。

二 中国数据库的发展现状

为了掌握中国数据库的现状，国家信息中心与其他部门合作，正在组织数据库与电子信息网络的调查。由于该项调查的结果尚未出来，我们只能根据国家信息中心数据库部与其他两个单位于1990年10月合搞的数据库调查资料[1]，以及国家科委科技情报司于1992年5月所搞的数据库调查资料[2]，对中国数据库的现状作些描述。

中国的数据库主要是按行政体系纵向地发展起来的，但它已突破科技领域而扩及国民经济和其他社会领域。据对科技、经济、国防军工、教育、文化体育、卫生医药、政法、金融、商贸、工业、交通、农林、地矿、政府机关、社会团体共15个门类数据库的调查，至1990年上半年，已建和在建的数据库共有655个。从行业

---

[1] 见《国内外数据库建设与政策研究》，1990年10月印发。
[2] 见《数据库指南》，1992年5月编印。

分布看，主要集中在文教和科技，文教 202 个，占 30.84%，科技 125 个，占 19.08%。从地区分布看，主要集中在华北地区，其中北京 262 个，占 40%，其次为华东地区，其中，上海 82 个，占 12.5%。从数据库的类型看，文献型有 290 个，占 14.27%，事实型有 162 个，占 24.73%，数值型有 105 个，占 16.03%，混合型有 98 个，占 14.96%。

据 1992 年调查，至 1991 年年底，中国的数据库增到 806 个，从行业分布看，经济、金融、商贸方面的数据库增加较多，但文教、科技方面的数据库数量仍居首位和第二位。

综观中国的数据库，有以下 5 个特点：①自用库多，公用库少。在自用库中，政府建的多，民间建的少。在公用库中，非商用的多，商用的少。②数据库中二次信息（目录、文摘信息等）多，一次信息（全文、图形信息等）少。这些信息主要是文字信息，它分中文和外文两种。中文的受汉化技术限制，外文的受外文水平限制，这都影响数据库的建立和应用。③各部门分散开发的多，联合开发的少。因此，重复雷同的多，而通用性差，共享程度低。④脱机服务（如销售微机软盘、光盘数据库等）多，联机服务少。⑤数据库的集团用户多，而个人用户少。

以上这些特点说明数据库在中国发展很快，各种形式的数据库及其多样化服务方式都已有了，但是从作为信息服务业一个基础行业的要求来衡量，差距还很大。

三　中国数据库存在的问题

中国的数据库在发展过程中存在如下几个主要问题：

1. 数量少、容量小、利用率低

1991 年年底，全世界共有数据库 7637 个，而我国只有 806 个，仅占 10.59%。从数据库的规模看，1991 年世界全部数据库平均容量为 52 万条记录，而我国的数据库平均容量只有 5 万条记录，容量少于 1 万条记录的数据库占 56%。世界文字信息数据库的年检索率 1991 年为 3400 万次，而我国同类数据库检索率当年只有 4.5 万次左右，使用频率很低。

2. 重开发、轻维护

数据库的开发、建设固然重要，维护、更新更为重要。这关系到数据库的质量，弄不好，建成的数据库不是"活库"，而成为"死库"或"空库"。由于体制不顺，机制不活，数据更新难度大，数据库维护缺乏资金，时而发生这样的情况，即"数据库建成之日也就是其开始死亡之时"。

3. 商品化、产业化程度不高

在 806 个数据库中有一定规模、能连续生产、可向社会提供服务的数据库约有 137 个，占总数的 17%。已经商业化的数据库更少，其比重更低，不到 10%。据估计这类数据库的销售额不到 1 亿元。中国数据库的投入产出比约为 10∶1。这说明对数据库的投资额并不大，约为 10 亿元。数据库的生产、销售、服务专业化分工不发达，尚未形成相应的产业规模。

4. 管理制度不规范、不健全

数据库的建设缺乏科学论证，没有统一的标准化制度，对数据库服务收费高低不一、差别极大。至今还没有建立数据库的行业管理制度，条块分割，各单位自行其是的现象较为严重。

5. 政策保证条件差

信息时代数据的重要性，不亚于工业时代水、电、煤气的重要性。数据库的发展犹如自来水厂、发电站、煤气公司的建设一样，也需有相应的政策环境。对公益性的基础数据库与营利性的商用数据库，应有不同政策。要用政策来引导数据库面向需求，参与市场竞争。目前，数据库在中国的发展缺乏总体规划和宏观调控，政策、法律、规章制度等保证的条件不够好。

四 中国数据库发展的对策

要进一步推进数据库在中国的发展，应针对现状与问题采取如下各项对策：

1. 刺激需求、改进供给、发展技术、创造环境，走社会主义市场经济条件下振兴数据库业的道路

那种在计划经济条件下建设数据库群的思路应被在市场经济条件下振兴数据库业的思路所取代。为此，首先，要刺激需求、开拓需求。随着科技发展、经济繁荣和社会进步，人们对数据库的需求有增无减。但推动数据库业发展的需求，是有支付能力的需求，它的增长需要培育和疏导。其次，要改善供应、协调供应。从数据源、数据库设计与建立、数据库运行与维护、数据库检索，一直到数据库销售、服务，构成数据库业的生产营销链，它涉及许多部门和单位的利益，必须搞好全面协调，才能使整个链条转动起来，提高数据供应能力。最后，要发展数据库业的各种支撑技术和创造数据库业赖以振兴的必要环境，使开拓需求、协调供应成为可能。

2. 立足于开发建设国内数据库，同时积极引进和利用国外数据库，采取两者相互结合的发展模式

国内数据库的开发和建设，是发展数据库业的根本。开发、建设的数据库，应以实用为原则，要为政府所用，更要为企业和公众所用，还应满足外销出口的需要。由于数据积累旷日持久，数据库的成熟有一个长过程，而国外数据库资源是现成的，质量又较高，应根据效益原则积极引进、大力利用。这不仅可以满足科研教育、财政经济、金融贸易的眼前需要，而且有利于促进国内数据库水平和服务质量的提高。采取国内和国外相互结合的模式，可以充分利用两种资源、两个市场来发展数据库业。

3. 有条件地逐步开放政府部门拥有的数据库，面向社会，为企业与公众服务

目前已开始这样做了，但有的部门利用自己掌握的数据，要价颇高。所以，真正做到这一点，还需要立法，使政府部门公开一部分可以公开的数据，鼓励民间企业去建立和经营数据库。

4. 动员各方力量，点面结合，全方位、多层次发展各种数据库

在数据库业的发展过程中，政府起主导作用，但必须发动民间的积极性，在政府统一规划下，把基础数据库和个别大型的应用数据库作为重点，同时积极发展一批专业性商用数据库。中央和地方、国家和企业、集体和个人，根据需要和可能，共同兴办数据库。可以独办，也可以联办，还可以吸引外资和外商来办。

5. 加快专业化分工，以销促产，形成数据库的产销体系

数据库业的发展，要求把数据库的销售同生产分离开来，促进专业分工，确立"贸工技"的顺序，把数据库销售业提到重要位置上来。这样的产销体系有利于数据库达到一定规模、建立更新机制、做好售后服务。这三点正是目前中国发展数据库的薄弱环节。

6. 重视和抓好数据库的标准化工作

标准化包括数据库的索引词典、检索方式、人机界面以及数据编码的标准化。它有利于不同数据库的兼容和共享，特别是有利于降低数据库的成本和方便数据库用户的应用。尽管标准化的呼声很高，但由于政府尚未建立数据库的管理部门，落实起来很困难。这种局面亟须改变。

7. 加强数据库立法步伐，强化对数据库发展的政策引导

数据库业的发展，既要依靠市场机制的作用，又必须有强有力的政府干预。政府干预的主要手段，一是法规，二是政策。经济激励或经济制裁，也总是同政策联系在一起的。关于数据公开、数据保护等问题，都需有明确的法规。有关政策的制定与执行，有关矛盾的协调与解决，都需有相应的主管部门。任何放弃或削弱政府领

导的倾向，必然有损于数据库业的健康发展。

8. **切实培训数据库的专业人员和使用人员，提高数据库开发和利用的水平**

数据库业是一种高新技术产业，专业性强，它的发展要以开发人员和应用人员的知识与技术为基础。所以，培训十分重要，必须切实抓好。在培训中，对专业检索人员的培训是一个不可忽视的方面，因为用户使用数据库经常需有专业检索人员的帮助。

（系参加1995年5月23—24日在香港召开的"中国内地与香港信息服务与技术"国际会议的论文节选，原载《信息经济与技术》1995年第4期）

网络安全管理是信息管理的重要内容

网络安全管理问题随着因特网应用的普及日益显得重要起来。网络安全关系到国家安全以及人民大众的根本利益。但网络安全决不会自动实现，需要通过有效的管理来加以确保。在网络安全管理中，有许多实际问题，如黑客攻击、病毒侵蚀、政治上反动和内容腐朽的有害信息的散布等，需要我们采取切实的措施，加以抵御、防范和清理，把它解决好。同时，还有不少理论问题。如网络安全管理的体制和机制问题、信息产权的确认和保护问题等，也需要我们通过调查研究进行探讨，提出适用的建议。总之，网络安全管理是信息管理中一项重要的内容和紧迫的任务。

对这个问题，谈几点看法：

（1）要正确处理网络安全管理与网络效用发挥的关系。因特网是信息化的基础设施，是社会和经济活动的信息平台，是比报刊、广播、电视更有特色的新媒体，是人类信息荟萃和知识积聚的宝库。正如江泽民同志所说的，因特网的迅猛发展，对世界经济增长和各国人民加强交往具有重要作用。但是，这种作用并不会自发地实现，它需要通过必要的和有效的管理使其成为现实。对信息网络，我们必须积极发展，加强管理，趋利避害，为我所用。管理也不是一件简单的事情。过去，在计划经济条件下，我们经常碰到一个难题，那就是"一管就死，一放就乱"。这种现象会不会在网络管理中出现呢？我想，真正管好了，是可以不让它出现的，那就是管而不死、活而不乱。加强管理，是为了促进发展，特别是在确保安全条件下的健康发展。另外，网络发展了，我们可以把它变为新的政治思想文化阵地，还可以使它成为社会和经济管理的一种新手段，这就会有利于保障国家和社会的安全。所以，关键在于我们能否把网络安全管理与网络作用发挥两者之间的关系处理好。

（2）要正确处理法律与道德的关系。在网络安全管理中，立法无疑是重要的，依法管理，取缔违法活动、惩处违法行为，实属必要，但这不是规范网络行为和维护网络安全的唯一手段。另一种有效的持久的并能起到潜移默化作用的手段，那就是道德。道德的力量是无穷的，它可促使网络行为者自律。道德的作用不仅在于当事人的自我约束，而且在于社会舆论的诱导和谴责。如果人们公认未经授权进入他人电脑是不道德的行为，在网络中窃取他人隐私是可耻的举止，那么就会有更多的人自觉地不去干了，即使干了也会感到良心不安，甚至会遭到众人指责。所以，法律手段与道德措施并用，是合适的。两手比一手好，至于这两手如何配合，在何种条件下以哪一手为主，需视具体情况而定，切忌一概而论。

（3）正确处理信息管理与信息经济的关系。网络安全管理是一种特殊的信息管理，它是有成本的，同时它会带来效益。当成本与效益相比，前者小于后者，从经济上看这种管理才是成功的，否则就是失败。真正有成效的信息管理应当有利于信息经济的发展。反过来，信息经济发展了，信息安全产业发展了，信息安全管理也就有了物质基础。所以，不要就管理论管理，改进管理的目的在于发展经济。对网站是要管理的，既要有微观管理，也要有宏观管理。但管理的结果，决不能是网络产业和信息经济的萎缩，应当是，而且必须是网络产业和信息经济的大发展。

（写于 2000 年 9 月 27 日，为该月 29 日召开的"互联网在线论坛的未来研讨会"致辞而作）

论信息及其产业化、商品化是决定生产力发展的重要因素

信息理论是信息的本质或信息活动的规律的反映。没有信息理论指导的信息工作，是盲目的，失败的可能性就大。结合信息工作的实践来研究信息理论，有现实意义，也有学术价值。这里，就信息及其产业化、商品化对生产力发展的影响进行一些论述。

一　信息是最重要的生产力软要素

信息同物质、能源一样是宝贵的资源。由于它能促进物质、能源在生产中增加数量和提高质量，在使用中节约消耗和提高效益，而被称为软资源。

与上述观点相对应，我认为，信息同生产力或生产的要素即劳动者、劳动工具、劳动对象相比，是一种依附于或渗透于这些硬要素之内的软要素，其作用在于提高硬要素的素质、功能、禀赋，以及促进它们之间的组合。因此，信息对生产力或生产的发展，具有极其重大的影响。

关于生产力的要素问题，历来有不同的意见。归纳起来，主要有以下三种：

（1）两要素说。认为生产力指的是人类作用于自然的能力，由"用来生产物质资料的生产工具，以及有一定的生产经验和劳

动技能来使用生产工具、实现物质资料生产的人"① 共同组成。

（2）三要素说。认为生产力指的就是生产总量，生产过程的要素也就是生产力的要素，因此还包括劳动对象，它的发掘与变革对生产力作用的增长正在使它作为生产力要素之一的事实明显化。

（3）多要素说。认为生产力指的是劳动生产力，与生产率为同义语，因此除上述三要素外，还包括"科学的发展水平和它在工艺上应用的程度，生产过程的社会结合……自然条件"②，以及教育、信息等。

我在这里不评论各种观点的是非，只想指出：生产要素也好，生产力或生产率的要素也好，如果撇开自然条件这个纯外生因素，那么从世界三要素（物质、能源和信息）实质上是两要素（物质、能源为硬要素，信息为软要素）的观点看，都可以分为两大类，即硬要素（实体性要素）和软要素（非实体性要素），软要素是通过硬要素及其组合而使各要素及其整体效应提高的要素，如果说硬要素是纯客观的物质要素，那么软要素虽非纯主观的精神要素，却是客观作用于主观、主观反映了客观、物质与精神相统一的要素。如果说硬要素是有限的，那么软要素则是无限的，硬要素的有限性要靠软要素的无限性来克服。

我说的硬要素，包括劳动者、劳动工具和劳动对象，软要素则包括科技、教育、管理和信息。信息既是一种有形的独立要素，如社会生产、信息系统的规模、水平、发挥作用的程度等，又是一种无形的内含于其他各要素中的非独立要素。下面就来分析信息对其他要素的制约和决定性影响。

劳动者是生产力中的首要因素。劳动力包括体力和智力。体力由劳动者的体质和能量所决定。智力由劳动者的经验、技巧、知识和智慧所决定。说到底，这是一种获取、传递、处理和运用信息的

---

① 《斯大林选集》下，人民出版社 1979 年版，第 442 页。
② 《马克思恩格斯全集》第 23 卷，人民出版社 1972 年版，第 53 页。

能力，并且是劳动中长期积累信息的结果。体力是智力的基础，而智力或者说信息力则是体力的延长、扩大和发展。随着社会劳动分工的发展，出现信息劳动者，他们在全部劳动者中所占的比重，以及所处的地位和所起的作用，有日益增加、提高和加强的趋势。

劳动工具是生产力中起积极作用的活跃因素。生产力发展阶段的划分是以劳动工具的质的变革为标志的。但是，劳动工具的制作、使用、改进，以及创造发明，都离不开信息。即使是简单的劳动工具，也有物化于其中的一定的信息含量。而复杂的高级的现代化的劳动工具则信息含量更大，有所谓智能化工具之称。

劳动对象是不可能缺少的生产要素。它来源于自然界，其发展又不限于自然界的供给，人工制造的材料在种类和数量上有日益增加的趋势。新的劳动对象的发现和原有劳动对象利用的改进，都离不开信息的作用。特别是信息本身也可以作为劳动对象，加以开发和利用。这种作为劳动对象的信息及其产品，增长极其迅速，而使物质或能量型的劳动对象由于蕴藏量的限制而逊色。

科学技术对生产力的促进作用常为人们所忽视或低估。现代科技的迅猛发展及其在社会经济生活中的决定性影响，唤起了人们的觉悟。早在20世纪70年代，不少学者就从马克思主义经典著作中寻找"科学技术是生产力"的论断。现在，邓小平、江泽民同志先后指出"科学技术是第一生产力"，就是要强调科技在发展生产力中的革命性作用。科学技术通过劳动者的科技水平、劳动工具的科技含量、劳动对象的开发利用对科技的依赖程度，对生产力有全面的决定性作用。同时，还应看到，科技成果本身体现着信息（包括知识）的力量，它在社会生产中的推广应用也要依靠信息的作用。离开信息（包括科技情报信息）的帮助，科技就会一筹莫展。信息科学与信息技术作为一种新的高科技，在科技中富有强大的生命力。它的先导作用和渗透作用已越来越明显。

教育对生产力来说是一种长期的和潜在起作用的重要因素。没有教育，科技是上不去的。教育是百年大计、千年大计、万年大计的神圣事业。早在20世纪60年代，有些学者就已把教育与信息联系起来，认为教育是传授和分配信息（系统化知识），以及示知如何获取和加工信息的信息（方法）的过程。在这一过程中，教育者使被教育者分享或共享人类所积累的有用信息。不仅教育过程是一种信息活动，而且信息交流也可以说是一种教育活动。所以，教育与信息是相互交融的。

管理是通过对劳动者、劳动工具、劳动对象以及它们的组成元素进行组合、协调以发挥它们的综合效益而促进生产发展的。我国的企业管理素质和国民经济管理素质都比较低，是影响经济发展的关键所在。管理的关键在于决策，而决策的基础是信息。只有掌握管理对象、管理环境、管理目标和管理效应的信息，才能进行科学的决策和有效的调控。管理本身就是一种信息活动的全过程。同时，信息及其系统也是管理的对象。信息管理是生产管理的基础和前提。前者通过对后者的影响而影响生产的发展。这种情况在复杂多变的其联系日益向世界范围扩展的社会化大生产中越来越清晰了。

综上所述，信息作为一种软要素，对生产力或生产的作用，一方面是通过对其他各种要素的决定性影响，另一方面是通过对这些要素的有序化组织和总体性协调来实现的。这种作用的特点表现在：间接作用与直接作用相结合以间接作用为主，隐性作用与显性作用相结合以隐性作用为主，长期作用与短期作用相结合以长期作用为主，单项作用与综合作用相结合以综合作用为主。

二 信息产业化是发展生产力的要求

信息产业化有两层含义：一是信息技术的产业化；二是信息产品和服务的产业化。前一种产业化，使第二产业中出现了新的电子信息技术装备业，为传统产业的改造和第三产业的发展提供了高新技术的物质基础。后一种产业化，使第三产业中出现了新的信息产业，为带动传统信息产业和产生第四产业开辟了途径。

信息技术产业化是信息技术转化为生产力的过程。信息技术是扩展人类信息器官功能的技术。按照不同的标志，如社会功能、支撑科学、物质基础、运用范围等，它可以区分为各种类别，这里不加细述。现阶段常说的信息技术，从功能来看，主要为计算机技术和通信技术；从支撑科学看，主要为电子技术。信息技术是一种高新技术，它的先导性高、渗透性强、增值性大。海湾战争再次显示了信息技术的威力。推广信息技术在国防、经济、社会各方面的应用是刻不容缓的事情。无论是计算机技术、通信技术，还是两者的结合，发展都很快，用"日新月异"来形容其变化并不过分。从发展动向看，计算机技术有微型化、网络化、人工智能化、应用多样化的趋势，通信技术则有数字化、复合化、全球化的趋势。信息技术对社会和经济的深刻影响，要通过产业化的途径来实现。邓小平同志指出："发展高科技，实现产业化。"高科技包括信息科技的生命力在于应用，不搞产业化，起不到促进生产力大发展的作用。江泽民同志认为，我国应在"八五"和20世纪90年代把电子信息产业与能源、交通、原材料等支柱性产业并列为同等重要地位加以推动，拿出当年抓"两弹"的魄力来抓电子信息产业。当前，国内发展电子信息产业的重点是大规模集成电路、电子计算机、通信（尤其是远程通信）、软件。国内外一些学者把信息技术产业化所形成的信息技术产业，统统从工业中划出来列入信息业，从广义上说，由于它从基础设施上为信息业服务并与信息业的发展紧密相关，这是有道理的。但严格说来，信息技术产业特别是其中的信息设备制造业仍然是一种工业，它的产品是物质产品而非信息产品。其中，软件业属于知识生产，是真正意义上的信息产业。信息技术服务业也与信息设备制造业有区别，不是第二产业，而可视为第三产业。

信息产品和服务产业化是信息工作通过改善管理促进生产力发展的过程。在政府和企业的管理部门中，信息工作日益发展。随着社会对信息需求的增长和劳动分工的深化，在信息技术的支持下，原来属于内部管理的一部分信息工作逐渐独立出来，而成为提供信息产品或服务的新型产业。对这类产业的研究，目前还很薄弱。从世界上看，它的发展是近 20 年来的事情。然而，它发展很快，对全球经济的影响深远。据统计，美国、日本、西欧的信息产品和服务产业的市场容量 1989 年分别达到 724 亿美元、316 亿美元、246 亿美元，各占其国民生产总值的 1.4%、0.91%、0.54%。而我国 1989 年信息产品和服务业的收入约为 50 亿元，不到国民生产总值的 0.1%。这种信息产品和服务业的分类尚无定论，主要有数据库业、经济预测业、联机服务业、咨询服务业、调查服务业、音像视听业、软件服务业、通信服务业等。把它们统称为信息服务业是合适的。这样既可与信息技术制造业相区别，又可与传统的信息服务业如图书馆业、档案馆业、新闻报道业、广告业、出版业等相统一。传统的信息服务行业正在经历电子化、计算机化的改造和变革。信息服务业行业多、领域宽、涉及面广。当然，信息服务业不是信息产业的全部。在信息产业中，还包括教育、科研等知识生产业、各种信息系统的建设业等。信息产业应当是生产各种各样信息产品和提供形形色色信息服务的产业部门的总称。国内外一些学者把依附于企事业单位和政府机关的信息部门视作"准信息产业"，从其他产业部门中划出来，这从其活动成果也是信息产品或信息服务来说，是有道理的，但由于这些成果体现在所属产业部门的总体成果中而非向社会提供的独立的信息产品或服务，因此只具有分析意义，并无实质性的管理意义。这同把从属于各企业、部门而未社会化的生产性或消费性的服务活动，当作独立的服务业来处理，从产业管理上看是没有意义的完全一样。

信息技术业是信息服务业的基础，信息服务业则是信息技术业的延伸。信息技术业的发展，使制造业更大程度地依赖于服务业。信息服务业的发展，向第二产业提出给第三产业以更大支持的要求。

信息产业化是与产业信息化相伴而行的。产业信息化需要信息产业化，信息产业化促进产业信息化。信息产业化是产业结构高级化的表现，也是社会生产力发展的标志。信息产业化程度高的国家，其生产力水平也就高，反之亦然。据美国学者计算，美国1967年按附加价值计算的信息产业（相当于这里所说的信息技术与信息服务业之和）、准信息产业占国民生产总值的比重分别为25%、21%，两者合计为46%。[1] 据我国学者用同样方法计算，中国1987年信息产业、准信息产业占国民生产总值的比重均为12%，两者合计为24%。[2] 拿中国的数据与美国的数据相比，中国1987年的信息产业比重比美国1967年还低13%，不及美国的一半，准信息产业比美国低9%，不到美国的2/3，两项比美国总计低22%，为美国的一半多。尽管上述计算比较粗略，可信度不一定很高，但它能够说明我国20世纪80年代中后期信息产业化程度还比不上美国60年代中后期的水平。这从侧面反映了我国生产力水平相当低下。

为了发展生产力，我国必须加快信息产业化的步伐，提高信息产业在国民经济中的比重。信息产业是为产业服务的产业，它具有技术密集与知识密集的特点。发展信息产业除了加强研究开发外，还必须开拓市场容量。信息产业化还需由信息商品化来配合。生产离不开流通，产业化离不开商品化。

三 信息商品化是发展生产力的条件

商品经济是生产力发展到一定阶段的产物，又是促进生产力进一步发展的必要的组织形式。商品经济的消亡是共产主义高级阶段的理想，过早地消灭商品经济，必然会破坏生产力。商品经济非资本主义社会所特有，前资本主义社会和社会主义社会都存在商品经

---

[1] 参见波拉特《信息经济》，中国展望出版社1987年版。
[2] 参见薛国英《信息产业研究》，信息经济学及其软件系统研究报告之七，1990年11月。

济。商品经济的范围是逐步扩大的。在商品经济高度发达的社会，不是商品的东西也会被商品化。

商品有物质商品与信息商品之分。任何商品的构成，都包括物质成分与信息成分两个部分。物质商品的构成以物质成分为主，信息成分依赖于物质成分。信息商品的构成以信息成分为主，物质成分只是信息成分的载体。物质商品与信息商品在一定条件下可以相互转化。例如，出土文物在现代出售时是信息商品，而在古代买卖时则是物质商品；书报杂志在当作废品收购而成为再生纸的原料时是物质商品，但在出版发行而被售卖时则是信息商品。

信息产品与物质产品一样，只有当它作为劳动产品用来交换以满足人的某种需要时，才转化为商品。这时，它是使用价值与价值的统一体。信息商品的价值与使用价值既有一般的共性，又有特殊的个性。这个问题我们已在另一篇文章中作过分析。①

信息商品化一般指信息产品中商品比重日益提高的过程。由于商品货币关系向信息部门的扩展，一部分信息产品变成了信息商品。例如，政府部门提供的经济预测，本来是信息产品，但经济预测工作商业化后，由专门的信息企业来提供时就成了信息商品。信息商品化导致信息商品的种类和数量增加。目前，商品信息化也会使信息商品有所增加。由于信息成分超过了物质成分，物质商品会转化成信息商品。例如，一幅空白的画卷、一套普通的机械装置，本来都是物质商品，但经名画家绘作彩画、经科学家改装为智能化机器人，就都成了信息商品。

信息商品的价格与物质商品的价格一样，也是价值的货币表现，但它在反映价值时更为多样化和复杂化。例如，价格受供求关系、稀缺性、获利可能性等因素的影响更大。因此，其定价方式显得有些特殊。例如，为确保买卖双方能比较合理地得到信息商品所

---

① 参见乌家培、朱幼平《论信息商品与信息市场》，《财贸经济》1991 年第 6 期。

获总利益的一定部分而规定的专利价格，是物质商品所没有的。[①]

信息商品与物质商品都进入商品市场。但由于信息商品的特殊性，还出现了特殊的信息市场。这是一种适应社会对信息的需求运用价值规律进行经营服务的市场，它在经营方式、组织结构、管理引导等方面都有自己的特点。[②]

提供信息产品和服务，可以是无偿的，也可以是有偿的。随着信息商品化的发展，有偿方式的比重将会迅速提高。把信息作为商品来经营，必然是有偿的。但有偿服务不一定完全按特定价格买卖信息商品，它可以收取全部或一部分工本费，而不以赢利为目的。即使这样，有偿方式与无偿方式相比，仍能促进信息机构的经济核算，减少浪费，提高效率，改进自我发展的状况。对信息服务付费，既是防止用户随便索取信息的制约因素，又是用户监督信息机构工作质量的有效手段。无偿服务实际上是以事先的大量资源投入为前提的，这在信息事业发展的初期是对信息机构的必要的扶植，但从长远看，在我国应提倡和发展信息服务的有偿方式。一个信息机构即使是非营利单位，也可实行部分的有偿服务。提供信息产品和服务的有偿方式，是对信息资源进行有效开发和合理利用的重要保证。

在我国有计划商品经济的条件下，推进信息商品化，将通过信息流量的增长和信息流向的扩大，通过信息活动中引入竞争机制促使信息企事业单位优胜劣汰，通过独立核算的企业化经营的信息单位在整个信息产业中所占比重的提高以及由此而来的信息增值作用的充分发挥，通过生产要素的优化组合和经济资源的合理配置，为生产力大发展创造非常有利的条件。

（写于 1991 年 7 月 23 日，原载 1991 年 9 月出版的《中国信息协会 1991 年会刊》）

---

① 参见乌家培、朱幼平《论信息商品与信息市场》，《财贸经济》1991 年第 6 期。
② 同上。

电子商务的理论与实践*

1996年12月美国政府发表了题为《全球电子商务政策框架》的重要文件。该文件认为因特网正在使传统的商务活动发生深刻变化，新型的买卖关系和交易模式即将出现，不仅提出了在国际范围内促进因特网上电子商务等5项原则，而且从财务、法律和市场三个方面讨论了海关和税务等促进全球电子商务的9大问题。1997年7月美国总统克林顿又公布了一项为促进互联网络贸易所采取的自由放任政策，即把互联网络视为全球自由贸易区，政府不增加新的税收。他还说，互联网络是未来经济增长的发动机。

欧盟亦在积极鼓励电子商务在欧洲有活力地增长，强调欧洲电子商务的扩张需依靠市场驱动。他们认为影响电子商务开展的几个主要因素为：促进电子商务所需要的技术和基础设施；保证有一个能促进欧洲和全球电子商务的法规框架，以增强利用电子商务的投资者与消费者的责任和信心；创建有利于电子商务的经济环境；协调欧洲与全球的关系以便有效地参加国际合作与谈判。

日本在迈向数字经济时代的过程中，为了改善其在全世界的竞争地位，也就电子商务问题作了积极的筹划。他们比较注意通过技术和市场同时解决问题。在电子商务所涉及的主要原则、跨越国界交易的海关和税务、电子支付系统、统一编码、技术标准、知识产权保护、隐私、安全、信息内容、普遍服务、政府管理等方面都有

---

* 本文系1997年9月16日主持中国信息协会等单位举办的"国民经济信息化论坛"第7次关于"电子商务的理论与实践"研讨会的讲话。

一些自己特色的相应规定。

另据了解，1996年因特网上的贸易额还不到10亿美元，但国外预测，到2000年上述贸易额可增加到几百亿至几千亿美元，即比现在增加几十倍至几百倍。这说明电子商务或网络贸易随着网际网/网内网的强劲发展，近几年内将会在全球范围出现一次新的高涨。它同电子政府、远程教育、远程医疗、网络娱乐一样，是信息高速公路的重要应用方向之一，也是各国企业在经济全球化的形势下提高竞争力的必由之路。

我国在加快国民经济信息化进程中，在发展电子数据交换、金融电子化、流通信息化等方面已做了大量的工作。但对电子商务的理论与实践问题，至今研究不多。面对主要发达国家积极促进全球电子商务的挑战，我们应根据中国的国情，大力组织这方面有关问题的研究，尤其是跨国与跨境的电子商务的政策法规研究，以便在国际谈判与合作中争取主动权。同时，我们还应抓住这一机遇，积极推动国内电子商务的发展，以便将来与全球电子商务接轨。

对用电子方式进行商务活动即所谓的电子商务，我们或多或少有些认识。这是从个别商务活动电子化开始的。先是在某些商务环节应用特殊的电子信息工具，产生了如条形码（barcode）、电子订货（EOS）、商店收款机（POS）等新事物。后来又把商务活动中票据和单证流转的相关环节，如纵向的材料采购、产品制造、出入库销售和发送，以及横向的金融、保险、运输、税务等业务活动通过标准化商业文件的联网传输和自动处理整合在一起，产生被誉为"无纸贸易"和"结构性商业革命"的电子数据交换（EDI）。现在又出现了电子市场（electronic marketplace）、虚拟商店、网上购物、网络贸易以至商业互动（commercial interaction）模式。以上这一切都是向电子化商务系统发展的过程。电子商务有利于降低交易成本，提高商务效率，加强企业竞争力，促进生产力的极大发展。它不仅使传统商业发生了革命性变化，而且还孵化出新型商业即信息服务贸易。

除电子商务的特点、作用和发展规律性等一般理论问题外，当前我们亟须研究电子商务的实践问题，主要有：在我国对电子商务的需求分析，国内外电子商务的实证研究，我国发展电子商务的对策建议，政府在促进电子商务中的作用和管制方式以及同其他国家在电子商务领域进行合作与谈判的必备知识和应有策略等。

（原载《中国计算机报》1997年9月22日）

对信息高速公路要全面理解

一 对信息高速公路的误解是产生某些认识分歧的原因之一

信息高速公路是信息基础设施（Information Infrastructure，以下简称 II）的一种形象比喻。它使人对 II 易于理解，也可能产生误解。最常见的误解就是把 II 只归结为信息传输通道，而忽视它所包含的信息资源开发和利用这个重要内容。信息高速公路的建设，有信息通道问题，有信息设备问题，还有信息资源和信息应用问题，后一个问题包括信息系统的建立和互连、信息标准和法规、信息用户上网的需求和培训等。

信息高速公路的宣传应力求科学，以推动我国信息高速公路的有效建设。国内有的观点认为，除科研教育的信息需求外，在社会经济对电子信息需求不旺的情况下，只要努力提高通信（主要是电话）的普及率就足够了，不必侈谈什么高速、宽带的信息传输。这是对信息高速公路的误解。

基础设施先行，是经济建设必须遵循的规律。我国在工业化中基础设施的"瓶颈"一直制约着经济发展。在信息化中，应当避免这种现象的重现。因此，及早建设信息高速公路实属必要。但是，对信息高速公路必须有全面的理解。

信息高速公路的要害是信息。高速度、大容量、多媒体、多功能、交互式的一体化信息传输网络，固然很重要，能使信息交流的时空差距缩小到最低限度。但是，信息传输网络必须同信息资源网络相匹配，正如电网必须同它输送的电流相适应一样。信息传输手段和信息处理设备要为信息内容服务，使其更好地交流和增值。正是信息资源的现实状况和未来需求决定传输网络的规模、结构与发展方向，而不是相反。信息传输网络的建设应以需求为导向、相关条件为依据。信息需求具有自我诱发新需求的特点。因此，传输网络的建设适当超前是必要的。我国的现实是传输网络严重滞后，已影响经济发展和社会进步。而信息资源网的建设更为落后，尚未摆脱封闭、割裂、分散的局面，社会化和共享程度很低。这不仅会动摇人们对建设信息传输网的信心，担心"有路无车"的问题，也会影响经济增长的质量和效益，以及各项社会活动的效率。所以，对信息高速公路建设的宣传不应"降温"，而应升温。

二 信息高速公路的建设不单纯是技术问题

1993年6—7月，美国报刊曾展开关于信息高速公路的大讨论，讨论中提出了许多问题，例如信息高速公路归谁所有、由谁来指导、交给谁使用、谁能从中获益等。显然，这些问题都不是技术问题，却很重要，如解决不好就难以促进信息高速公路的建设。在信息高速公路计划的实施过程中，美国政府还提出如何排除信息高速公路上的各种障碍，如何确保信息安全、促进信息畅通，如何利用信息使管理工作效率更高、成本更低等问题。这里，有一系列政策问题和组织问题。在信息高速公路的宣传中，应尽可能多地报道它将会产生的经济效益和社会效益，例如它在增加国民生产总值、创造就业机会、提高劳动生产率、促进科研教育和医疗保健工作改变面貌、完善政府管理和加强企业竞争力等方面的具体作用。这就需要进行有科学根据的预评估。同时，对信息高速公路存在的实际问题，也应实事求是地有所反映。例如，美国有些学者已开始抱怨信息高速公路不能帮助用户"过滤"和"消化"信息，认为信息高速公路的发展会受到人们使用信息的时间和精力的限制。

美国政府继 1993 年 9 月提出国家信息基础设施（NII）计划之后，又于 1994 年 9 月提出全球信息基础设施（GII）倡议，其目标是不让边界使信息停流，其措施是把国际合作提上日程。从 NII 到 GII，涉及的问题更多，不仅技术问题更复杂了，而且政治问题、外交问题、文化问题、经济竞争与国际联盟问题、国家保密与知识产权保护问题等，都向我们涌来了，想回避也不大可能。对此，人们应加以思考和探索，尽早研究对策。

三　信息制度建设是社会主义市场经济的紧迫需要

信息高速公路的建设是与信息制度的改革紧密相连的。每个社会客观上都有自己特定的信息制度。这种制度包括信息技术和信息产业的发展战略和决策、信息资源的管理、信息流向的设定、信息商品的经营及为人民群众提供信息等各种方针政策、法规制度、组织机构。信息制度主要表现为信息工作的管理体制和信息企业的经营机制。它们是随着经济管理体制的改革与经济发展阶段的推进而不断变化的。我国从高度集中的计划经济逐步转变为社会主义市场经济，信息制度随之发生了根本性变化。美国为了赢得全球经济竞争的胜利，正在彻底修改半个多世纪以前形成的信息制度，其新的政策目标是要使任何电信公司都能向任何顾客提供任何信息服务。

市场经济是由信息引导的经济。各项经济活动一方面产生和发出信息，另一方面接收和使用信息，受信息的引导。信息可解决经济行为的趋向问题。信息导向作用的大小与好坏，在很大程度上取决于信息制度的合理与否和完善程度。新的信息制度的建设，与法律制度的建设一样，是发展社会主义市场经济的需要。我国由于信息制度不健全，导致信息流通不畅、信息效率不高。改革开放 16 年来，政府部门和企业内部的信息机构林立，各类信息服务企业发展也很快。但是，对信息事业和信息行业的管理跟不上，尤其是缺乏国家的统一领导和宏观管理。近年来，随着国民经济信息化任务的提出，上述情况开始有所改变。建设新的信息制度，应坚持决策、管理、经营三者相互分离的原则。建设信息高速公路的过程应成为建设新的信息制度的过程。否则，信息高速公路即使建成了，也不可能发挥应有的作用。

（原载《人民日报》1995 年 5 月 31 日，《信息经济与技术》1995 年第 5 期和《冶金信息工作》1995 年第 4 期以《信息高速公路的要害是信息》为题作了增补）

用互联网促进经济发展和社会进步*

人类在 21 世纪就要共同进入信息社会。信息社会是互联网大发展的社会。党的十五届五中全会提出，为在 21 世纪前半叶实施第三步战略部署，在我国基本实现社会主义现代化，必须加快国民经济和社会信息化。在世纪之交这一关键时刻，讨论 21 世纪互联网新发展及其走向，是一件具有重大意义的历史性事件。

（1）对互联网的发展应有足够的认识。迄今为止，互联网的强劲发展，可以说是出乎人们意料的。人们对互联网的认识落后于它的发展实践。据估计，到 2000 年年底，也就是 20 世纪末，互联网可连接 100 多万个各类网络，1 亿台主机，5 亿左右的用户。网民人数等于世界总人口的 1/12。值得注意的是，下一代互联网在不久的将来即可问世。这是一种高性能的集成化和智能化的信息网络，它对开发和利用全球信息资源必将起到更大的作用，进而更深入地影响人类社会的一切方面。

（2）及早认识互联网的经济效应和社会效应。互联网彻底改变了人类的交往方式，它使人类有可能通过信息流来引导、支配和管理物流、资金流、人流、服务流等。因此，它的经济效应和社会效应都是无比巨大的。经济效益最明显地表现在电子商务上。电子商务不仅交易额增长快，而且效率高、成本低、方便消费者。社会效应广泛地表现在电子政府、网络教育、远程医疗、信息文明等诸

---

* 本文系 2000 年 12 月 15 日在上海浦东新区召开的"跨世纪中国互联网发展论坛"开幕式上致辞的部分内容。

多方面。互联网增进了文化的重要性。网络技术固然重要,网络文化对企业、国家的成败也很重要。

鉴于互联网的发展及其带来的效应,对互联网我们既要积极发展又要加强管理,趋利避害,用来造福人民。

有人说:"无网而不胜。"反之,可以说:"有网则全胜。"网络正在改变我们的生活,我们也要主动改进网络,使中国在全球互联网发展大潮中居于有利地位。

(写于 2000 年 12 月 10 日)

信息化与西部大开发[*]

一 西部大开发的时代背景

实施西部地区大开发，是全国面向 21 世纪发展的一个大战略。它对于进一步推进全国的改革开放和社会主义现代化建设，对于促进我国各民族大团结、东西部协调发展和共同富裕、巩固边防、使全社会长治久安，具有重大的经济意义和政治、社会意义。

江泽民同志说过，"我所以用'西部大开发'，就是说，不是小打小闹，而是在过去发展的基础上经过周密规划和精心组织，迈开更大的开发步伐，形成全面推进的新局面"①。

根据西部大开发战略的要求，当前全国上下正在精心研究西部大开发的政策、办法、实施步骤和组织形式等。

研究上述这些问题，需要加深认识世纪之交提出和推进西部大开发战略方针的时代背景。对时代背景有了正确的了解与把握，才能站稳脚跟，不至于使思考偏离现实。

从国内来说，我国已经提前实现国民生产总值比 1980 年翻两番的发展目标，而且在人口不断增长的情况下，实现了人均国民生产总值翻两番，社会生产力和人民生活水平都上了一个大台阶。当前我国正处于经济体制转轨、经济结构调整、增长方式转变的重要

---

* 本文系应邀为"2000 年上海国际工业博览会论坛"西部开发的主题报告会而作。
① 1996 年 6 月 17 日在西安召开国有企业改革和发展座谈会上的讲话。

转折时期。同时，这个时期还是东部发达地区与中西部欠发达地区加强相互支援和合作，不失时机地促进地区经济协调发展的重要历史时期。今后5—10年，我国将加快现代化进程，尤其是西部地区的现代化进程，为实现社会主义现代化建设的第三步战略目标奠定坚实的基础。

西部大开发既要看当前的国内背景，更要看21世纪的国际背景。国内背景反映了国际背景，但还以国际背景的变化为转移。美国开发西部，花了80多年的时间。我国西部大开发的任务，也不是一朝一夕所能完成的，可能需要几代人前赴后继的不懈努力。因此，看国际背景还应看得远一些，切忌近视。

从世界看，人类已进入了信息时代。它在现阶段表现为网络时代。信息时代的到来，是信息革命的结果。信息技术和通信技术的巨大变革，通过数字技术融合在一起，形成了信息革命。信息革命不仅是技术革命，同时还是产业革命，进一步又会引发社会、政治、文化等方面的变革。在信息革命的推动下，全球信息化如火如荼，使全球经济、市场的一体化进程空前加快，对人类的生产、管理、生活、工作、学习以至思维的方式的变化正在发生深刻的影响。在当今世界，不搞信息化，也就没有现代化。江泽民同志说得好，"四个现代化，哪一化也离不开信息化"。

尽管人们对信息化有种种不同的理解和解释，但从它最早于1967年在日本提出的历史或最终在全世界要实现的结果看，信息化乃是从工业社会（起点）到信息社会（终点）逐步演进的动态过程。1995年在布鲁塞尔召开的发达国家七国集团部长级会议和1996年在南非召开的"信息社会与发展大会"部长级会议，以及2000年7月在日本冲绳举行的八国集团首脑会议及其通过的《全球信息社会冲绳宪章》，都先后讨论了人类面向信息社会的问题。信息社会并非遥远的未来，而是正在通过信息化向我们走来的现实。

如果从生产力发展水平出发考察社会的性质，我国东部地区已是工业农业社会，而西部地区总体上说还停留在农业工业社会。无疑这两个地区以至整个中国，按照国际社会的发展方向，都必须走信息化的道路，实现社会转型，或迟或早地要进入信息社会。

所以，西部大开发不能不考虑这样一个大的时代背景。在大开发的长期过程中，既要考虑到国内经济转型的需要，包括经济体制转轨中继续完善社会主义市场经济体制，经济增长方式从粗放型向集约型的转变，以及经济结构的战略性调整，同时又必须考虑到国际社会从工业社会向信息社会转型的大趋势。

在时代背景上，满足于工业社会的发展要求来考虑西部大开发问题，就会使许多方面的认识和实践落在社会前进步伐的后面。例如西部地区拥有富饶的自然资源，按工业社会的传统思考方式，只要根据这些资源的特点和优势加以开发，采取一种资源导向型战略，似乎就可改变西部地区的落后面貌了。其实不然，在信息社会向人类招手的今日世界，自然资源的相对重要性已比不上智力资源，而且一切资源正在全世界的范围内进行优化配置，改用市场导向型战略，既调动区内资源，又调动区外、国外资源，则更易于取得成功。

二 信息化差距是发展差距的标志和原因

发展总是不平衡的。因此，不同国家不同地区之间存在发展差距，是常见的现象。形成这种差距的原因是多种多样的。差距在发展中产生，也只有在发展中才能得到解决。

改革开放20年以来，虽然我国西部地区经济发展同东部和中部一样，快于以往任何历史时期，但是西部慢于中部而中部又慢于东部的经济发展基本格局一直未变。进入20世纪90年代以后，这种发展速度上的差距又进一步拉大了。

西部地区经济发展相对滞后，既有历史原因，也有地理条件方面的原因，还有国家在改革开放初期优惠沿海地区实行梯度推进的地区发展战略和政策的原因。

不管是什么原因，对地区间出现的发展差距扩大问题，我们必须认真对待，正确处理。正如江泽民同志所说的，"应当把缩小地区差距作为一条长期坚持的重要方针"[①]。

在研究缩小地区发展差距问题时，有一个重要的差距即信息化差距，至今尚未引起人们足够的重视。

可以说，信息化差距是一个综合性的差距，它反映了信息差距，知识差距，科技差距，教育差距，以至管理差距和体制、机制的差距。

世界银行1998—1999年《知识与发展》报告中指出，国与国之间尤其是发达国家与发展中国家之间的发展差距，主要表现为信息差距和知识差距。而这两种差距的存在，同信息技术推广应用和信息资源开发利用的程度，即信息化发展程度，密切相关。

中国与其他国家的发展差距，也可用信息化差距来说明。自1994年以来，由于加快信息化进程，我国的信息化水平明显地提高了。按环比计算的信息化指数，1996年比1995年提高16.25%，1997年又比1996年提高13.11%，1998年比1997年进一步提高32.23%[②]。但是，同一些发达国家比较，我国信息化整体水平落后的差距近几年还有拉大的趋势。据IDC公司和World Times公司1998年年初公布的世界55个国家和地区的社会信息化指数排名，中国排在第49名，而美国为第一，加拿大、英国、日本、澳大利亚、德国、法国的名次分别为第6、第10、第11、第12、第15、第18位，中国香港和台湾则依次为第14和第21名[③]。我国要在世界发展中增强国家竞争优势，以缩短与发达国家的距离，大幅度提

[①] 1999年9月28日在党的十四届五中全会闭幕时的讲话。
[②] 按国家统计局国际统计信息中心课题组《中国信息化水平测算与比较研究》的成果加工计算而得。
[③] 参见王汉栋等《上海信息化水平测算及国际水平比较》，《现代信息技术》2000年第1期。

高国民经济和社会信息化程度乃是必要的选择。

我国西部地区与东、中部地区的发展差距在信息化差距上有明显的反映。20 世纪 80 年代以来西部地区的信息资源丰裕系数（指人均信息产品生产量和信息设施拥有量的综合数值）一直低于东部和中部地区，而且还有进一步降低的趋势。例如，1985 年西部比东部低 0.177，至 1992 年则低 0.266，差距扩大了 90% 以上。全国信息资源最富裕的前 10 名省区市中，没有西部地区的任何一个省区市[①]。若按 1998 年全国 31 个省区市中信息化水平总指数的排名，西部地区除陕西省在前 10 名之内，其他省区市的信息化指数值几乎都低于全国平均值，排名最后的甘肃、贵州、云南、西藏 4 个省区全是西部地区的[②]。这种悬殊的信息化差距，对西部地区发展相对落后来说，既是一种主要表现，同时还是一个重大原因。

提高西部地区信息化水平，这本身就意味着西部地区要发展科技、振兴教育、强化管理、改革体制、搞活机制，特别是要重视信息和知识的作用。

在西部大开发中，固然要开发和利用自然资源，但更重要的还在于充分发挥人力资源的无比力量。人才是人力资源的精华、信息与知识的最重要载体。培养和用好当地人才，完善人才脱颖而出并发挥其才干的机制，加速人才回流，同时吸引外来人才，服务于西部大开发，乃是关键之举、成败之所系。

三 加快信息化进程应成为西部大开发的重要内容

信息化是影响地区差距的一个重要因素。它可能使地区差距缩小，也可能反而扩大。究竟如何，则取决于各地区对信息化的认识和实施信息化的努力程度，同时还取决于中央政府在地区协调发

---

① 参见乌家培《加快促进西部经济发展是跨世纪的战略任务》，《地区经济研究》1996 年第 3 期。

② 参见国际统计信息中心《中国信息化水平测算与比较研究》（内部报告）。

展、实现共同富裕方面运用信息化手段所采取的政策及其力度。

国务院为开发西部正集中力量大抓这一地区的基础设施建设、生态环境保护和建设，发展有地区特色的优势产业、发展科技和教育，以及改善投资环境，进一步扩大西部地区的对外开放。

在建设基础设施方面，有公路、铁路、机场、电网、水利工程、天然气管道等传统的工业基础设施，也有通信、广播电视等现代的信息基础设施。在发展优势产业方面，也包括与信息化有关的高新技术产业。在传统企业的技术改造方面，还包括信息技术的扩散、渗透等应用。至于科技与教育，更与信息化发展有密切联系。

西部地区大开发过程中，除加大改革开放力度外，应发挥资源禀赋与市场潜力的优势，引进资金和技术；在参与地区垂直分工的同时积极参与国内外的水平分工体系；选准经济的增长点和发展点，突出重点产业尤其是以信息产业为代表的高技术产业；在区外追求均衡发展的同时在区内推进非均衡发展，不断选择重点区域进行集中开发；在保护环境与生态平衡的前提下，加强乡镇企业和地方工业的发展，以振兴农村经济、开发山区经济、扶持少数民族地区经济；在地区间合理分工的基础上，广泛开展多层次、多渠道、多方式的经济技术协作。

与此同时，还应把推进国民经济和社会信息化，提到西部大开发的日程上来。进入 21 世纪后，信息化将越来越成为经济发展、社会进步的主要因素和强大动力。信息化有助于西部地区用信息技术改造传统产业，特别是农业和一般加工业；用信息资源增强企业竞争力，使企业通过信息交流和共享而获益。信息化还有助于西部地区在产业结构调整中达到生产要素配置优化和产业升级的目的；在生态建设和环境保护中促进城镇化的发展；在大开放中转变观念，加快思想认识上与国际接轨。

全球信息化与经济全球化的大潮为西部地区带来了以蛙跳方式发展的契机。但西部地区应尽快跳出这样一种循环，即由于社会、经济各方面发展落后，导致信息化程度低，而这又进一步导致发展与其他地区比相对更落后。我们认为，西部地区应通过大开发，抓住信息化的机遇，采取有效的信息技术战略，破解信息障碍，缩小知识差距，实现跨越式发展，争取进入另一种新的循环，即提高信息化程度，促使经济和社会趋向发达，进而使信息化程度更高，以致社会和经济尽快接近别的地区，甚至比别的地区更为发达。

尽管整个西部地区是我国信息化的后发地带，但该地区内，信息化基础与水平差异很大，陕西、重庆、四川等地信息化相对发达，而青海、甘肃、贵州、云南、西藏等地比较落后，宁夏、新疆则处于中间状态。即使在每个省区市内，信息化发展也是不平衡的。这就需要及时发现和选定条件好、发展快的信息化先行区域，加以支持和扶植，发挥其示范和带动作用，由点到线、由线到面，逐步扩展、不断提高，用信息化来促进西部大开发。

信息化发达地区，如上海、广东等省市，应积极"西进"，为西部大开发出力，从技术、资金、人力等方面，支援西部地区的信息化。这不仅有利于西部开发，也将有利于经济发达省市拓宽其信息产品和服务的市场，达到"东西双赢"的目的。

国家在信息化的地区布局上，要突出重点地区，兼顾一般地区，走以重点带一般、分步渐进的道路。根据这一原则，在西部开发已成为国家另一个大局的新形势下，在继续支持东部发达地区加快信息化步伐的同时，亟须把信息化部署与西部大开发结合起来，积极为西部开发创造信息化环境和提供信息服务。国家在必要时，应在西部地区动员力量建设几个信息化重大工程，建立几个影响大、扩散快的信息枢纽，发展一批有市场、有效益、有竞争力的信息产业基地。

西部大开发，信息要先行。东部和中部地区则要"信息支西"，用信息、知识、智力援助西部地区。当然，西部地区的各级政府、各类企业、广大民众，也应更新观念，提高对信息化的认识，敢于迎接挑战，善于抓住机遇，把工业化与信息化结合起来，加快信息化进程，用信息化带动工业化，使信息和信息化更好地服务于西部大开发。

（写于 2000 年 8 月 24 日）

编选者手记

本论文集或许称为作者"自选集"更为准确，事实上，文集中所收录的论文均由乌家培先生亲自精心挑选，并分类整理。

乌家培先生著述颇丰，先后出版了《经济数量分析概论》（1983）、《经济信息与信息经济》（1991）、《信息经济学与信息管理》（2004）等著作，《经济数学方法研究》（1980）、《数量经济学若干问题》（1985）、《信息与经济》（1993）、《经济、信息、信息化》（1996）、《信息经济与知识经济》（1999）、《信息社会与网络经济》（2002）等文集。综合上述9本著作，加上另外177篇文章以及访谈录、特写与报道等资料，被汇编成10卷本《乌家培文库》（中国计划出版社2010年版）。其中，第一册为《经济数学方法研究》（1959—1977）、第二册为《经济数量分析概论》（1978—1981）、第三册为《数量经济学若干问题》（1982—1983）、第四册为《经济及其研究的数量化与信息化》（1984—1986）、第五册为《经济信息与信息经济》（1987—1991）、第六册为《经济、信息、信息化》（1992—1995）、第七册为《信息经济与知识经济》（1996—1998）、第八册为《信息社会与网络经济》（1999—2001）、第九册为《信息经济学与信息管理》（2002—2003）、第十册为《与时俱进的经济学与管理学》（2004—2008）。此外，还先后出版过《乌家培选集》（1987）、《乌家培序集》（2011）等文集，主编了若干部著作、教材和辞典。

乌家培先生的理论贡献主要集中在数量经济学和信息经济学两个领域。山西经济出版社于1987年出版了《乌家培选集》，所收录的论文主要侧重于数量经济学领域的研究成果,时间跨度为1959—1986年。本文集考虑到应与该选集既不重复又可相互补充,因而重点收录了作者主要在信息经济学领域的研究成果,时间跨度为1987—2002年。具体而言,文章选自《乌家培文库》第五册至第九册,尤其是,选自其中的《信息与经济》《经济、信息、信息化》《信息经济与知识经济》《信息社会与网络经济》等文集,涉猎信息与信息资源、信息产业与电子商务、信息经济与信息社会、信息化及其影响、信息经济学与信息管理等方面的内容。这些代表作可以从一定角度反映出作者关于信息经济学的研究状况。

当然,由于篇幅有限,部分代表作仍然无法入选文集。若需要全面地了解乌家培先生的相关研究成果,建议读者不妨进一步阅读《乌家培文库》中的相关论述。

李仁贵

2018 年 10 月

《经济所人文库》第一辑总目(40种)

(按作者出生年月排序)

《陶孟和集》　　《戴园晨集》
《陈翰笙集》　　《董辅礽集》
《巫宝三集》　　《吴敬琏集》
《许涤新集》　　《孙尚清集》
《梁方仲集》　　《黄范章集》
《骆耕漠集》　　《乌家培集》
《孙冶方集》　　《经君健集》
《严中平集》　　《于祖尧集》
《李文治集》　　《陈廷煊集》
《狄超白集》　　《赵人伟集》
《杨坚白集》　　《张卓元集》
《朱绍文集》　　《桂世镛集》
《顾　准集》　　《冒天启集》
《吴承明集》　　《董志凯集》
《汪敬虞集》　　《刘树成集》
《聂宝璋集》　　《吴太昌集》
《刘国光集》　　《朱　玲集》
《宓汝成集》　　《樊　纲集》
《项启源集》　　《裴长洪集》
《何建章集》　　《高培勇集》